주의력 강화와 정서 관리, 목표 성취를 위한
8단계 프로그램

# ADHD를 위한
# 마음챙김 처방

리디아 자일로스카 지음

조현주 · 김선일 · 조향미 · 김찬우 옮김

북스힐

# 역자 서문

현대 산업사회는 빠른 성장과 변화로 매일매일 엄청난 정보를 쏟아 내고 있다. 현대인은 이런 정보의 홍수 속에서 한 번에 여러 일을 처리하는 멀티 태스킹에 능숙해지기도 하지만, 하나의 자극에 온전히 집중하지 못하고 주의가 쉽게 다른 자극으로 분산되어 정서적 균형을 잃기도 한다. 그리고 때때로 과도한 자극에 압도되어 멍한 상태가 되거나 자극을 습관적으로 처리하는 마음챙김 없는(mindlessness) 상태가 되기도 한다. 넓은 의미에서 현대인은 어느 순간 주의집중력 부족인 ADHD 증상을 경험하게 되는 것이다. 이와 반대의 차원인 마음챙김은 개방적이고 비판단적인 자세로 주변이나 내면에서 일어나는 경험에 지속적으로 주의를 기울이고 알아차리는 태도이다. 꾸준한 마음챙김 훈련은 주의력 증진뿐만 아니라 정서적 안녕감에 기여하는 것으로 알려져 있다.

이 책의 저자인 리디아 자일로스카(Lidia Zylowska) 박사는 성인 ADHD 전문가인 정신과 의사로서 마음챙김 훈련이 현대인의 주의집중력 부족뿐만 아니라 ADHD를 지닌 사람들에게도 주의력 조절 훈련과 정서 조절 훈련에 좋은 처방이 될 것이라고 제안한다. 그동안 ADHD에게 주로 약물만 처방하던 정신과 의사가 마음챙김 훈련에 관한 책을 출간한 것은 그만큼 마음훈련이 임상적 효과에 큰 영향을 준다는 것을 시사하는 고무적인 일이다.

ADHD에서는 주의 조절의 어려움이 있다. 마음챙김 훈련은 그런 주의를 자주 의식하게 하고 그것을 마음대로 이끌 수 있게 한다. 호흡에 집중하는 연습에서 언제 호흡에 집중하고 있는지를 알아차리고 주의가 분산되었을 때 주의를 호흡으로 되돌리는 훈련을 함으로써 주의를 집중하는 능력을 키운다. 나아가 마음챙김 훈련은 주의의 장을 열고 순간순간 일어나는 어떤 것이라도 알아차리는 자각의 수용 능력을 키우게 한다.

ADHD 성인은 충동적인 반응을 조절하는 데 어려움을 느끼며 이런 어려움이 일의 수행 과정과 인간관계에서 문제를 일으킨다. 마음챙김은 느낌을 잘 인식하게 하고 연민과 균형감을 가지고 느낌을 다루도록 도와준다. 마음챙김 훈련에서, 당신은 느낌을 밀어내지도 그것에 빠지지도 않으면서 "관찰하는" 관점으로 자신의 느낌을 보도록 배운다. 그런 전략은 강한 정서적 반응으로부터 한발 물러나 충동적인 행동에 저항하도록 도와준다. 마음챙김 훈련은 우리를 충동성 없이, 집착에 끌려가지 않고, 의도를 가지고 현재 순간의 충실한 삶을 주도하게 만든다.

이 책은 주의가 산만하여 마음을 한곳에 두지 못하거나 충동 조절이 어려운 일반인에서부터 ADHD를 경험하는 성인에 이르기까지, 마음챙김 훈련을 통해 주의를 자기가 주도하고 정서적으로 균형 잡힌 삶을 살도록 안내해 준다. 일상생활에서 쉽게 공감할 수 있는 다양한 사례를 통해 바로 자신에게 적용할 수 있도록 안내하였고, 단계적으로 혼자서도 훈련할 수 있도록 부록 CD를 제공하고 있다. 그러나 명상 훈련 경험은 개인마다 매우 다르므로 명상 전문가의 지도를 받으면서 훈련하면 더욱 효과적이다. 마음챙김 훈련은 신체 훈련과 마찬가지로 반복이 필요한 정신 훈련이다. 반복적인 마음훈련은 뇌의 가소성 원리에 따라 뇌회로까지 변화시키고 삶의 질을 높인다. 그러므로 하루에 단 1분간의 호흡의 알아차림이라도 반복하는 것이 변화의 핵심이 될 것이다.

이 책은 명상의 심신의학에 대한 과학적 개입을 다루는 것이므로 원서의 단어 하나하나, 문장 한 줄 한 줄 대조하면서 임상적 의미와 마음챙김의 훈련의 함의를 저자의 의도에 맞게 번역하는 과정을 거쳤다. 그럼에도 원저의 의미를 충분히 담지 못한 부분이 있을 줄 알지만, 마음이 분주한 독자들에게 하루라도 빨리 도움을 주고 싶은 마음에서 이 책을 세상에 소개하게 되었다. 이 책이 나오도록 지원해주신 (주)도서출판 북스힐 조승식 대표님과 이승한 과장, 책의 내용이 독자에게 어떤 형식으로 전달되어야 하는지를 전문적으로 가이드하고 편집해준 이진경 과장에게 감사의 말을 전한다.

2015년 12월
역자 대표

# 추천사

의학박사 대니얼 J. 시걸(Daniel J. Siegel)

주의를 집중하고, 정서적으로 균형을 이루고, 대인 관계를 개선하고, 삶의 질을 향상하는 데 도움을 주는 실용적인 접근법이 '당신의 손 안'에 있다. 너무 그럴싸해서 믿기 어려운가? '당신이 마음에 집중하는 것이 실제로 당신의 뇌 구조를 바꿀 수 있다.'라는 이 책의 제안을 뒷받침하는 연구가 있다. 농담이 아니다. 이 책의 훈련 단계를 거치면 더 집중하여 살게 하는 뇌의 연결성을 강화할 수 있다. ADHD를 가진 사람이나 아닌 사람도 그들의 삶에서 마음챙김 자각(mindful awareness)을 계발하면 혜택을 받을 수 있다. 이 책은 주의력 계발을 원하는 사람이 특별히 쉽고 적절하게 이용할 있도록 맞추어져 있다.

그러면 이 책이 왜 마음챙김에 도움이 되고, 또 마음챙김 자각을 얻는 데 도움이 될까? 이렇게 생각해보자. 주의는 에너지가 우리 안으로 흘러들어오는 길이다. 때때로 우리는 어떤 사람이 우리에게 말하는 것을 듣는 데 에너지를 집중할 수 있지만, 그때 라디오 소리가 우리의 귀를 사로잡거나 TV 영상이 우리 눈을 사로잡으면 친구의 말은 우리의 주의 집중에서 멀어진다. 그러한 주의 분산은 다른 사람이 말한 것을 기억하는 능력을 잃어버리게 만들 수 있고 대인 관계에서 스트레스를 만든다. 그것은 좋은 것이 아니다! 그 사람이 친구, 배우자, 선생님 혹은 직장 상사라면 그런 주의 분산은 크고 지속적인 문제를 만들 수 있다. 우리는 불편해지고 그 사람은 무례하다고 느낄 수 있다. 주의가 산만하면 누구든지 힘이 든다. 젊은 사람이 주의를 집중할 수 없다면 자신을 긍정적으로 바라보기가 어려울 수 있다. '해야 할 일을 안 한다.'라는 말을 반복해서, 끊임없이 듣는 것은 힘든 일이다. 그만하면 충분하다!

여기에 그러한 ADHD에 도전하는 새로운 처방이 있다. 지속적으로만 하면, 통상 처방받는 약과 함께 사용할 수 있는 실용적인 접근법이다. 의학박사 리디아 자일로스카(Lidia Zylowska)는 UCLA 마음챙김 자각연구센터에서 우리의 예비연구를 이끌었다. 그녀는 센터의 공동연구자들과 함께 주의력 장애를 가진 성인과 청소년을 위해서 집중력과 다른 집행 기능을 눈에 띄게 개선하는 마음챙김 기반의 프로그램을 만들었다. 이러한 초기의 예비연구로부터 얻은 교훈은 추가 연구를 통하여 확정될 필요가 있지만, 그녀는 그 연구의 결과와 환자로부터 얻은 임상경험을, ADHD를 가진 사람이 쉽게 활용할 수 있도록 이 책에 소개하였다.

책에는 당신을 위한 무엇이 있을까? 책을 통해 당신은 삶을 바꾸는 실제적인 도구들을 사용할 수 있게 된다. 새로운 방법으로 주의를 집중하는 것을 배움으로써, 주의를 집중하고 유지하도록 도전하는 뇌의 바로 그 영역을 실제로 강화할 수 있다. 또한 정서적인 균형을 이루고 더 유익한 대인 관계를 만들고 키우는 방법을 배울 것이다. 놀랍겠지만, 모두 사실이다. 더 이상, 뇌의 방황하는 집중력 때문에 괴로워할 필요가 없다. 이제 이 책 전체에 있는 도움 되는 활동들을 훈련하면서 주의에 대한 마음챙김 기법을 배워 당신의 뇌와 친해질 수 있을 것이다.

어떤 사람들은 "내가 ADHD와 같은 유전적 문제를 가지고 태어났다면, 약 말고 다른 것이 뇌에 도움이 될까?"라고 묻는다. 지금까지 축적된 연구에 기초해서 분명하게 말할 수 있는 것은, 기분, 불안감 혹은 주의력 문제 같은 태생적인 문제를 가진 사람도 마음을 훈련해서 뇌를 변화시킬 수 있다는 것이다. 이러한 변화에 대한 비법은 주의를 훈련하는 것이다. 우리는 이 책에서 그 방법을 배울 것이다.

주의는 왜 뇌를 변화시킬까? 그리고 우리가 어떻게 이런 일들이 일어나는지를 알 수 있을까? 주의는 신경계를 통하여 에너지를 집중하는 것이다. 뇌의 기본 세포인 뉴런들은 주의를 발사할 때 실제적으로 그것들의 연결을 바꾼다. 마음챙김 자각 상태로 있는 것과 같은 훈련을 할 때는 주의, 정서 조절, 반응에서의 유연함, 통찰력, 공감, 심지어 현명해지는 것까지 관여하는 뇌의 집행 회로가 활성화되고 강화된다. 이 훈련을 하는 것은 절대 바보스러운 일이 아니다. 우리는 마음챙김 자각 훈련을 배운 사람의 뇌를 광범위하게 연구한 것으로부터 이것이 일반적으로 사실이라는 것을 알게 되었다. 마음챙김 훈련은 주의를 집중하는 것을 포함한다. — 이러한 집중은 에너지를 뇌로 보내어 마치 운동이 우리 몸의 근육을 강화하듯이 뇌를 강화하는 것이다. 이 책의 훈련 과정인 마음챙김 자각 훈련은 마음의 근육을 형성한다.

그러니 한번 해 보라. 득 볼 일만 있다. "해보자!"라는 기꺼이 하려는 마음만 있으면 된다.

바로 시작해서, 많이 배우고, 즐겨라.

**의학박사 대니얼 J. 시걸**
UCLA 의과대학 정신의학 임상교수
UCLA 의과대학 마음챙김 자각연구센터 공동 디렉터
마인드사이트 인스티튜트 전무이사

# 감사의 글

넉넉한 마음과 다양한 방법으로 이 책에 도움을 준 많은 분들께 감사를 전한다. 우선 트럼피터북스의 편집자들에게 감사한다. 집필하는 내내 값진 조언을 해준 이든 스타인버그(Eden Steinberg)와 책이 출판되도록 이끌어준 벤 글리슨(Ben Gleason)에게 감사한다. 또한 나의 저작권 대리인으로 지원해준 스테파니 테이드(Stephanie Tade)와 초고 교정을 해준 캐럴린 오트(Karalynn Ott)에게도 감사를 전한다.

이 책은 많은 동료들의 헌신 없이는 나오지 못했을 것이다. UCLA 로버트 우드 존슨 임상학술프로그램(UCLA Robert Wood Johnson Clinical Scholars Program)을 통하여 멘토를 해준 케네스 웰스(Kenneth Wells) 박사께 무한한 감사를 드린다. 그리고 UCLA 마음챙김 자각연구센터의 교수진에게도 많은 도움을 받았는데, 특히 내 연구에 직접 기여한 수전 스몰리(Susan Smalley) 박사, 다이애나 윈스턴(Diana Winston), 데버러 애커먼(Deborah Ackerman) 박사와, 이 책을 펴내는 데 수년간 끊임없는 지원과 추천사로 공헌해준 대니얼 시걸 박사에게 감사한다.

내가 마음챙김 명상을 더 많이 이해하도록 중요한 역할을 해준 임상의와 멘토 들에게도 감사를 전한다. 카킷후이(Ka Kit Hui) 박사는 심신 의술을 내게 소개해주었고, 제임스 파인리(James Finely) 박사는 마음챙김에 대한 홀륭한 통찰력을 보여주고 내 작업을 격려했으며, 제프리 슈워츠(Jeffrey Schwartz) 박사는 마음챙김에 대한 선구적인 신경과학적 접근에 관해 나와 토론했다. 존 카밧진(Jon Kabat-Zinn) 박사, 진델 시걸(Zindel Segal) 박사, 마크 윌리엄스(Mark Williams) 박사, 존 티스데일(John Teasdale) 박사의 저술과 작업은 ADHD에 대한 내 작업에 모델이 되었다. 나는 그들과 마음챙김 교사들의 정성어린 노력에 존경을 표한다.

책을 쓰는 데 격려를 해준 동료 마크 버틴(Mark Bertin) 박사와 미미 핸들린(Mimi Handlin), 엘리샤 골드스타인(Elisha Goldstein) 박사, 애리 턱만(Ari Tuckman) 박사에게 감사드린다. 에드워드 핼로웰(Edward Hallowell) 박사는 이 책을 고맙게도 검토해주었다. 내 부모님은 자신들의 사례를 제공해주었다.

나의 첫 번째 책 집필 과정은 도전이었지만 보람이 있었고, 나는 이 여정 동안 여러 가지 방법으로 도움을 준 어머니와 가족 그리고 친구들에게 감사를 전한다. 이들은 내 인생에서 현명하고 친절하며 자애로운 존재들이다. 이 책을 쓸 때 최초의 아이디어를 검토해준 언니 아그니에슈카와 형부 마이클 괼러에게 특별히 감사한다.

내가 글을 쓸 때 현재의 순간을 놀랍도록 상기시켜준 나의 고양이 부츠에게도 고마움을 전한다. 끝으로, 그리고 가장 중요한 것으로, 정신없이 책을 쓰는 내 곁을 지키며 끼니를 챙기고 온전한 정신을 유지할 수 있도록 도우며 또한 책에 대해 조언을 아끼지 않은 사랑스런 남편 제프에게 감사를 전한다.

# 들어가는 말

자극과 반응 사이에는 공간이 있다.
이 공간에, 반응을 선택할 우리의 힘이 존재한다.
우리의 반응 안에 우리의 성장과 자유가 있다.

― 빅터 프랭클(Victor Frankl), 《의미에 대한 인간의 추구(*Man's Search for Meaning*)》*

- 만약 당신의 주의, 충동 조절 그리고 삶의 질을 개선할 심리 훈련이 있다면 시도해보겠는가?
- 만약 당신이 오랜 패턴과 반응에서 벗어나 스트레스를 다스려서 삶을 활기차게 만들 수 있다면 해보겠는가?
- 당신이 정서적으로 더 균형 있고 즐겁게 살 수 있는 능력을 갖게 된다면 생활 방식을 바꾸겠는가?
- 만약 당신이 자신과 사랑하는 사람에게 더 현존한다면, 그것이 당신을 고무시키고 동기를 유발할 것 같은가?
- 당신이 ADHD 증상을 보다 잘 통제할 수 있게 된다면, 그로 인해 변화가 생길 것 같은가?

---

\* 역주: 국내에서 《죽음의 수용소에서》로 번역 출판되었다.

• 만약 당신이 ADHD와 ADHD가 아닌 두 성향을 모두 가진 자신에게 좀 더 감사한다면, 더 행복할 것 같은가?

이 중에 흥미를 느끼는 질문이 하나 이상 있다면 이 책은 당신을 위한 것이다. 이 책은 ADHD에 대한 이해를 깊게 하고 그것을 관리하는 도구와 기술을 알려줄 것이다.

어떤 변화와 성장도 자각과 함께 출발한다. 그리고 교육과 삶의 경험, 다른 사람의 조언 등 자각을 증가시키는 방법은 많이 있지만, 모든 것이 실제 시간에서 일어나므로, 현재 순간에 맞추는 능력은 변화에 대한 대단한 기회를 만든다. 마음챙김은 그런 현재 순간의 자각을 훈련하는 것이고 이 책은 이런 훈련이 ADHD 성인에게 어떻게 도움을 줄 수 있는지를 기술하고 있다.

나는 성인 ADHD와 마음챙김 치료 전문가인 정신과 의사로서 많은 성인 ADHD들이 마음챙김 훈련을 통해 ADHD 증상을 관리하는 것을 배우도록 도왔다. 마음챙김은 스트레스, 불안, 우울증에 효과적인 접근법임을 보여주었고 뇌 건강에 긍정적인 영향을 주었다. ADHD에 효과적인 이 도구에 대해 여전히 알아야 할 것이 많지만, 나는 이 책이 ADHD 영역을 넘어 마음챙김에 대한 관심에 불을 붙일 수 있기를 희망한다. 당신이 나와 함께 이 치료법을 발견하고 탐구하기를 바란다.

# 독자들에게,

## 이번에는 좀 다르게 해보기를!

당신이 나와 같아서 종종 책의 도입부를 건너뛴다면, "이번에는 좀 다르게 해보기를" 바란다.

앞서가려는 어떤 충동을, 호기심을 가지고 알아차리고, 그 충동을 누르고 계속 읽어나가 보라. 이 책의 도입부에서, 내가 어떻게 해서 여기까지 왔고, 또 책이 어떻게 시작되었는지를 알 수 있을 것이다.

당신이 이 부분을 읽는 시간을 할애한다면, 이는 마음챙김 자각 훈련을 하는 첫 번째 기회가 될 것이다. 당신은 이제까지 해온 습관적이고 자동적인 반응(이 경우에는 도입부를 읽지 않는 것)에 대해 알게 되고, 또한 이를 알아차리는 새로운 자각 감각과 앞으로의 행동에 대한 선택에 대해 생각해볼 수 있을 것이다.

반면에, 항상 도입부를 읽는 사람이라면 이번에는 도입부를 건너뛰지 않는 것은 단순히 습관이 아니라 이 또한 의도적인 선택이라는 높은 자각을 가지고 책을 읽어가기를 응원한다.

먼저 중요한 것을 말하면, 이 책은 무엇보다도 ADHD를 가지고 있거나 아마 가지고 있을 것이라고 생각하는 사람들을 위한 책이다. 통상 약칭인

ADD는 특히 과잉 행동이 없는 ADHD를 일반적으로 가리킬 때 흔히 쓰는 말이지만, 대개 ADHD는 보다 정확하게 과학적으로 인식되는 용어로 ADHD-부주의형이나 ADHD-과잉행동형, ADHD-복합형 등 모든 유형의 ADHD를 포함하는 말이다. 그러나 간소화하기 위해 이 책에서는 이러한 모든 유형을 ADHD로 쓸 것이다.

다음은 ADHD의 간략 체크리스트다.

❑ 주의 집중에 어려움이 있고 쉽게 지루해하거나 산만해지는가?
❑ 조직화하는 것이 어려운가?
❑ 일을 시작하거나 끝내기가 어려운가?
❑ 문서 작업하기가 어렵고 메일을 계속 쓰는 데 어려움이 있는가?
❑ 자주 열쇠나 지갑 같은 중요한 물건을 잃어버리거나 잘못 두는가?
❑ 자주 대금 납부일을 놓쳐서 가산금을 내는가?
❑ 자주 가만있기가 힘들고 항상 바빠야 한다고 생각하는가?
❑ 다른 사람보다 자주 직업을 바꾸고 흥미 가는 것이 너무 많은 경향이 있는가?
❑ 사람들이 말할 때 자르고 끼어든다든지, 아니면 당신이 원하지 않았는데도 불쑥 말을 뱉는가?
❑ 시간을 잘 관리하는 것이나 상습적인 지각을 안 하려고 하기가 어려운가?
❑ 자주 지루하다든지 성급해진다든지 쉽게 좌절한다든지, 또는 정서적 기복에 문제가 있는가?

만약 대부분의 질문에 "예"라고 답했다면 당신은 ADHD일 가능성이 있다. 아직 전문가에게 진단을 받지 않았다면, 주치의나 치료자, 되도록이면 ADHD 전문가에게 가보기를 바란다. 흔히 ADHD 상태는 어린이에게 관련되지만 성인에게도 나타난다. 적어도 ADHD를 가진 아동의 50 %가 성인이 되어서도 계속 어려움을 겪으며, 미국에서는 전체 성인의 4 % 이상이 ADHD 증상을 보인다고 보고되고 있다.

누구나 가끔씩은 멍하게 있거나 안절부절못하거나 무언가를 잊어버리기도 하는데, ADHD를 가진 성인은 대부분의 시간을 이런 느낌과 싸운다. 당신이 ADHD를 가지고 있다면, 통제 안 되는 주의와 비조직화(disorganization), 안 절부절못함(restlessness), 충동성 그리고 강한 정서에 관련된 문제가 인생에서 많은 어려움을 만들어내고, 학교, 직장, 대인 관계에서 최대의 능력을 발휘하지 못하도록 할 수 있다. 이런 문제들은 단순히 가끔씩 나타나는 골칫거리나 좌절이 아니고, 자주 일어나서 자신을 믿을 수 없다는 만성적인 느낌을 줄 수 있다.

전반적으로 ADHD는 자기 조절에 어려움이 있다. 여기에 하나의 좋은 예가 있다. 오늘 당신은 채용 인터뷰가 있어서 준비를 마치고 집을 나가려고 하고 있다. 그 순간, 방금 도착한 이메일이 주의를 끈다. 당신은 이메일을 읽기 시작하고 시간이 가는 것을 잊어버린다. 마침내 채용 인터뷰에 늦어버린 것을 알게 된다. 당신은 집중하지 못한 자신을 비난하면서 자기가 한 행동에 공포를 느낀다. 기진맥진한 상태로 급히 집을 나서지만 이력서를 챙기지 못한다. 이미 너무 늦어버렸지만 그 인터뷰에 가려고 노력하기 때문에 당신은 하루 종일 심한 스트레스 속에 있다. 이런 ADHD 순환은 되풀이되어, 만성적인 스트레스와 자기 의심에 이르게 하고, 일을 완료하고 새로운 목표에 도달하는 데 어려움이 계속 증가한다.

ADHD는 개인의 자기 통제의 발달을 방해하기 때문에, 자기 조절을 향상시키는 도구와 방법이 큰 도움이 된다. 마음챙김이나 마음챙김 자각은 명상 훈련에서 나온 심리적 훈련의 한 형태로서 그러한 도구가 된다. 이 책은 성인 ADHD의 증상을 이해하고 관리하기 위한 방법으로 마음챙김을 탐구하는 데 당신을 초대한다.

## 한번 시도해보라

간단한 실험을 해보자. 지금 당신은 이 책을 잡는 경험으로 주의를 돌릴 수 있겠는가? 당신의 주의를 현재 순간의 감각으로 전환해보라. 만약 앉아 있다면, 몸이 의자와 어떻게 접촉하고 있는지를 알아차리라. 압박감을 받는 점이나 무게감을 알아차리는가? 혼잡한 버스나 지하철 안에 서 있다면 몸의 자세를 알아차리라. 이제는 주의를 발로 전환하라. 발에 느껴지는 얼얼함이나 압박감 같은 감각을 알아차리라. 아마 감각이 없어지는 것을 느낄 것이다. 잠시 후, 주의를 손으로 전환하라. 지금 당신의 손은 무엇을 하고 있는가? 책과 접촉한 점을 알아차리고 종이와 접촉한 느낌이 어떤지를 알아차리라.

마음챙김의 핵심은 주의를 열린 마음과 호기심을 가지고 의도적으로 현재의 순간으로 가져가는 것이다.

마음챙김은 당신을 주의의 운전석에 앉히고 원하는 곳으로 주의를 이끈다. 그러나 우리가 매일 겪는 대다수의 경험은 이와 반대다. 우리의 주의는 자주 많은 방향으로 끌리거나, 그렇지 않으면 생각에 빠지거나 선입관에 사로잡힌다. 여러 일을 동시에 하는 멀티태스킹과 집과 회사에서 요구하는 많은 일들, 끊임없이 밀려드는 이메일과 전화기의 울림은 집중을 방해하는 기회를 많이 만들어낸다. 결국 우리는 "ADD 문화"에 살고 있어서 실제로 ADHD를 가지고 있지 않은 많은 사람들도 집중하지 못한다고 느낀다. 그리고 만약 당신이 ADHD를 가지고 있다면, 마음을 산만하게 하는 그런 환경은 더 큰 영향을 미칠 것이다. 당신의 주의는 원래 한 군데에서 다른 데로 건너뛰는 경향이 있기 때문이다.

마음챙김(혹은 마음챙김 자각)은 산만함, 생각에 빠지는 것, 공상과는 반대다. 마음챙김은 의식이 또렷한 상태로 각성하여 우리가 지금 하고 있는 일을 알아차리는 것에 관한 것이다. 그것은 자동 반응, 판단, 기대에 제한받지 않고 그것이 무엇인지를 명확하고 단순하게 보기 위해서 우리의 경험을 매 순간 따라가는 것을 의미한다. 마음챙김은 자각, 성찰, 선택을 가져오며 이 것은 자동 조정(autopilot) 상태와 반대다.

마음챙김의 핵심은 정성 어림(heartfulness)을 포함하며, 따라서 자신과 자 신의 경험을 친절과 연민으로 대하기를 요구한다. 우리는 자주 우리가 하는 것이나 느끼는 것에 대해 스스로를 비난하는 것으로 끝을 맺기 때문에 경험 으로부터 배우지 못한다. 이러한, 판단적이고 과잉비난적인 관점은 우리를 묶어 아무것도 못하게 하거나, 부끄럽거나 과민하게 만들 수 있다. 또한 우 리가 뭔가 잘못되었다는 것을 잘 알 때에도 우리의 행동을 잘못이 없는 것 처럼 만들 수 있다. 마음챙김은 바로 지금 있는 그대로 자신을 받아들이도 록 도와준다. 역설적으로, 수용을 통해서 성장과 변화의 가능성을 이끈다.

---

마음챙김 = 정성 어림(heartfulness)

---

명상에서 유래된 마음챙김 훈련은 주의 집중 기술을 기르고 자각을 계발 하고 정서적 웰빙을 향상시키는 방법으로, 공식 명상이든 아니든 다양한 방 법으로 수행될 수 있는 심리 훈련의 형태다.—나와 같이, 오래 가만히 앉아 있기 힘든 사람에게 좋은 소식이다!

갈수록 마음챙김은 만성적 통증과 스트레스, 우울증, 강박증, 중독과 같은 물리적·심리적 문제에 대한 치료로서 성공적으로 사용되고 있다. 지난 수 년간, 전 세계의 학술센터에서 수행한 연구들은 마음챙김 훈련을 8주 한 후, 의과대학생에서부터 우울증 환자, 초등학생에 이르기까지 다양한 그룹에서 정신 건강이 향상되고 안녕감이 증가된 것을 보여주었다.[1] 한편 뇌과학에서 의 연구들은 마음챙김 같은 정신적 훈련이 주의와 정서 조절과 관련된 뇌 회로를 향상시키는 역량임을 보여주었다.[2]

## 나의 마음챙김 입문

1990년대 후반, UCLA에서 정신의학과 수련의 기간에 나는 마음챙김에 대해 처음으로 알게 되었다. 정신의학에 대한 보완적이고 대체적인 의술을 사용하는 것에 호기심을 느낀 나는 UCLA 동서의학센터에서 특별연구원으로 일하기로 결정했다. 그곳에 있는 동안 명상을 포함한 심신 훈련을 접했고, 마음챙김 기반 스트레스 감소와 마음챙김 기반 인지치료와 같은 프로그램에 대해 알고 나서 바로 나 자신과 나의 환자 모두에게 미친 마음챙김 훈련의 힘에 매료되었다. 나는 할 수 있는 한 마음챙김에 관한 모든 자료를 읽고 마음챙김 워크숍과 교육에 참석하기 시작했다. 거기서 마음챙김 자각을 직접 경험하게 되었고, 그것은 나를 완전히 바꿔놓았다.

나는 내 주의에 집중할 수 있다는 것을 알았을 때 큰 깨달음을 얻었다. 전혀 새로운 방법으로 나의 생각이나 느낌, 몸의 반응들을, 그것들에 사로잡히거나 그것들을 바꾸지 않고 관찰할 수 있다는 것을 알게 되었다. 나는 첫 주의 긴 명상 피정에서, 완전히 다른 방법, 즉 통제되기보다는 관찰하는 방법으로 나의 바쁜 마음을 관찰하는 순간을 경험했다. 순간, 속상한 느낌이 내 속에서 끓어오르기 시작하는 것을 느꼈다. 그러나 그것들을 밀어내버리거나 그것들에 완전히 압도되기보다는 내가 정말 속상할 때 내 몸이 어떻게 느끼는지에 주의를 집중했다. 그때 나는 내 생각들이 자주 나 자신과 타인들에게 비판적이고 친절하지 않다는 것을 깨달았다. 그리고 내게 온화함과 친절함을 허용함으로써 내가 어디에 갇혀 있었는지를 알게 되었다.

나는 또한 마음을 단단히 먹고도 마음챙김 훈련을 삶에서 지속하는 것이 얼마나 어려운지를 알게 되었다. 신체 운동처럼, 마음챙김이 내게 좋다는 것을 안다고 해서 반드시 하게 되는 것은 아니다. 그래서 나는 마음챙김의 순간을 일상으로 가져오는 것을 배웠다. 설사 한 번의 호흡이더라도.

나는 마음챙김 경험으로 그 훈련이 심리적 웰빙을 위한 강력하고도 중요한 도구임을 깨달았다. 그래서 성인 ADHD에 어떻게 적용할 수 있을지를 연구하고 싶었다. 2004년, 나는 UCLA에 있는 마음챙김 자각연구센터(Mindful Awareness Research Center)에서 마음챙김 자각 훈련(Mindful Awareness Practices; MAPs) 프로그램 개발을 주도했다. MAP 프로그램은 어떻게 주의력을 강화하고, 정서적 균형을 잡고, ADHD를 관리하는지를 가르쳐준다.

우리의 초기 연구는 ADHD를 가진 성인과 십대 청소년 그룹을 대상으로 이 프로그램을 시험하는 것이었다.[3] 8주의 훈련 뒤에 참가자들은 ADHD 증상과 웰빙을 경험하는 데 있어서 의미 있는 긍정적인 변화를 만들어냈고, 그 후 대부분의 참가자는 ADHD뿐만 아니라 불안감, 우울감, 스트레스의 감소를 보고했다. 또한 그들 중 대부분은 다른 측면의 주의력, 기억력, 추리력을 측정하는 선택된 인지 테스트에서 향상된 성과를 보였다. 특히 그들은 산만한 상황에서도 주의 집중을 하는 능력 향상을 보였다.

우리 연구에서 한 참가자는 내게 "나는 내 머리 안에서 무슨 일이 일어나는지를 잘 이해해요. 훈련에서 얻은 긍정적 결과로 나 자신에 대해 덜 비판적이고 …… 덜 반응하고 나 자신을 더 용서하게 되었어요."라고 말했다. 또 다른 사람은, "자신이 산만해지고 있음을 볼 수 있고 그런 다음 스스로를 되돌려놓을 수 있음을 아는 것이 가장 중심 되는 것이었어요 …… 그리고 명상 중에 산만해졌다가 되돌아오는 훈련의 경험이 의미가 있었어요. 그래서 나는 지금 일하다가 산만해지는 것을 알아차릴 때 그것을 더 잘 볼 수 있고 그래서 조금 더 잘 되돌아올 수 있어요."라고 말했다.

우리의 예비연구에는 대조군이 없었다. 그래서 ADHD 증상에 대한 긍정적인 효과들을 확인하기 위해서는 보다 많은 연구들이 필요하며, 또 연구는 계속되고 있다. 최근에는 호주에 있는 디킨 대학의 안나 울리안도(Anna Uliando)와 동료 연구자들이 ADHD를 가진 8~12세 아이들에게 MAP 프로그램을 적용했다. 잘 계획되어 진행된 연구에서 15명의 어린이가 8주 프로그램에 등록했고, 그들은 통상의 ADHD 치료를 받은 20명의 어린이와 비교되었다. 전체적인 결과들은, 우리가 성인과 10대 청소년을 대상으로 수행하여 얻은, 마음챙김 훈련은 주의와 ADHD 증상, 불안, 우울증의 특정한 부분에서 개선을 이끈다는 결과를 지지했다.

지난 수년간 나는 또한 임상실습에서 ADHD를 가진 많은 성인들을 대상으로 마음챙김을 사용해왔다. 이 책은 환자들을 대상으로 수행한 나의 연구에 기반하며, 그들의 많은 이야기와 경험을 담고 있다.*

## 이 책의 구성

제1부에서는 마음챙김에 대해 상세하게 기술하고 이러한 접근법이 ADHD를 가진 사람을 어떻게 도와줄 수 있는지를 보여준다. 제2부에서는 이 책의 핵심으로서 8주 안에 끝낼 수 있는 8단계의 마음챙김 훈련을 제시한다. 책에 첨부되어 있는 CD의 음성 파일은 마음챙김의 핵심을 연습할 수 있도록 도와줄 것이다. 마지막 장에서는 ADHD를 가진 일상에서 마음챙김을 어떻게 활용할지에 대해 토론하고 자주 하는 질문에 답변한다. 마음챙김 훈련의 찾아보기와 추가 자료는 부록에 있다.

당신이 ADHD를 가지고 있다면, 긴 설명이 필요 없이 바로 직시적인 방법으로 정보가 제공될 때 배우기 쉽다. 나는 일반적으로 ADHD를 가진 사람들에게 이미지나 사례, 글상자들이 쉽게 읽히고 주된 요점이 무엇인지를 이해하는 데 도움을 주는 것을 알았다.

따라서 이 책은 다음과 같이 구성하였다.

---

* 환자들의 이름은 비밀을 보장하기 위해 바꾸었다.

- ADHD를 가진 성인과 그 가족에게 마음챙김을 유용한 도구로 소개한다.
- ADHD 증상의 부정적 효과를 없애고 ADHD를 가지고도 잘 지낼 수 있게 마음챙김을 사용하는 방법을 보여준다.
- ADHD의 입장에서 배우기 쉬운 방법으로 정보를 제공한다.

이 책이 일상의 경험에 주의를 기울이고 그것에 관련시키는 다양한 방법에 대하여 당신에게 호기심을 불러일으키기를 바란다. 또한 당신이 일생을 통해 마음챙김에 대하여 꾸준히 배워 자신의 것으로 만들고, 통찰과 자기 연민, 긍정적인 활동에 대한 내적 자원을 계속해서 탐구해나가기를 바란다. 그리고 마음챙김을 탐구하면서 발견하는 것이 있다면, 기꺼이 알려주기 바란다.

마음챙김 ADHD 여행에 행운이 깃들기를 바라며!

**자일로스카 박사**

# • 차례 •

# 제1부

# 마음챙김

당신의 마음을 훈련할 수 있다

# 주의 집중의 다른 방법

나의 경험은 내가 주의를 기울이기로 한 그것이다.
— 윌리엄 제임스(William James),《심리학의 원리(*The Principles of Psychology*)》

주의는 세상을 향한 창문이고 그 세상은 우리의 안과 밖 모두를 말한다. 주의는 어떤 정보가 우리 안으로 흘러 들어와 우리의 의식 경험(conscious experience)의 일부가 되도록 하는 것이다. 어떤 것에 주의를 기울이기를 결정하는 것은 그것을 볼 것인가 안 볼 것인가, 그것을 자각할 것인가 놓칠 것인가를 결정하는 것이다. 주의는 우리의 자각을 형성하여 우리의 선택과 행동에 영향을 미친다. 뇌과학 연구에서 알려졌듯이, 주의는 또한 뇌의 기능과 구조를 형성한다. 궁극적으로 우리가 주의를 주는 곳과 우리의 주의를 사로잡는 것에 의하여 우리의 삶이 결정된다.

........................................................................................................

우리가 주의를 어디에 두느냐에 따라 우리의 삶이 결정된다.

........................................................................................................

믿든 안 믿든 간에 주의의 힘이 우리의 삶을 결정한다는 것은 ADHD를 가진 사람들에게 그리 나쁜 소식은 아니다. 유전적인 요인이 ADHD를 가진 사람들로 하여금 주의를 통제하기 어렵게 만든다는 것은 사실이긴 해도, 그것이 전부는 아니다. 당신에게 ADHD가 있든 없든, 당신은 여전히 의지대로 주의를 이끌고 반응을 더 잘 자각할 수 있는 능력을 가질 수 있다. 주의에 대한 과학적 연구에 따르면, 주의력이 부족하거나 주의력이 없는 아이와 성인 모두에게 이런 정신적인 자질을 훈련시킬 수 있다고 한다. 이러한 좋은 소식은 비록 당신이 ADHD를 가졌더라도 주의를 훈련하고 강화하면 ADHD 증상들을 다루는 데 있어서 더 힘을 가질 수 있다는 것을 뜻한다.

그렇다면 어떻게 주의와 자각을 훈련할 수 있을까? 1990년대 후반 이후, ADHD에서 주의와 기억을 강화하기 위한 컴퓨터 프로그램이 개발되어 얼마간 기대를 심어주었다.[1] 그러나 그 혜택을 확신하기 위해서는 컴퓨터 프로그램이 그들의 실생활에서 어떻게 정서와 행동, 상호작용에 영향을 주는지 이해하는 연구가 더 필요하다. 그리고 새로운 뇌훈련 기술이 조사되고 있는 동안에 불교에서와 같은 동양의 명상이 주의와 자각을 개발하는 방법으로 제시되었다. 그러한 명상 훈련의 효과는 종종 마음 수양을 넘어선다. 주의의 개선은 정서의 균형과 자기 수용, 스트레스 감소, 삶에 대한 긍정적 감정과 함께 온다.[2] 마음챙김은 일상생활 과정에서뿐만 아니라 명상에서도 도달될 수 있는 지각의 특수한 전환으로서 그 효과가 널리 퍼질 수 있는 접근이다. ADHD 또한 인지, 정서 그리고 자신에 대한 전반적 느낌에 널리 영향이 미칠 수 있으므로 마음챙김이 ADHD에게 더욱더 추천된다.[3] 그럼 마음챙김이 무엇인지 좀 더 자세히 살펴보자.

## 자동 조정 상태로 있는 것

존은 이른 아침에 진료를 예약하기 위해 서두르고 있다. 일은 바쁘고 스트레스가 많지만 검진을 받아야 한다. 차에 타면서 '많이 늦지 않았으면 좋겠네.'라고 생각하고 큰길을 향해 차를 몬다. 병원은 직장 근처에 있어서, 그는 병원 예약 후 9시까지는 직장에 도착하기를 바란다. 교통 상황은 그렇게 나쁘지 않아서 15분 만에 직장에 갈 수 있을 것이다. 바로 그때 아내가 전화를 해서 코고는 문제를 의사에게 물어보라고 상기시켜주었다. 존은 숨이 턱까지 차면서 자신이 병원으로 가지 않고 직장으로 향하고 있다는 것을 깨달았다. "내가 왜 이렇게 정신이 나갔지?"라고 놀라며 그는 차를 황급히 병원으로 돌렸다. 그 의문에 대한 대답은 간단하다. 그의 마음은 다른 곳에 가 있었고 몸은 자동적으로 평상시의 경로를 따라 그를 끌고 갔던 것이다.

존이 겪은 멍한 경험은 일반적인 것이다. 우리는 모두 자각하지 못하거나 아무 생각이 없을 때를 경험한다. 사실, 대부분의 사람은 하루 중에 자주 무엇을 하고 있는지 충분히 의식하지 못하고 "자동 조정"에 따라 움직인다.[4] 멍하게 있거나 어떤 생각이나 행동에 사로잡혀 있을 때, 우리는 자동 조정 상태에 있다. 그것은 걷거나 먹기, 운전과 같이 판에 박히거나 반복적인 행동을 할 때처럼 새로 배울 필요가 없는 상황에서 자주 일어난다.

대체로 자동 조정 모드는 정신적 에너지를 보존할 수 있기 때문에 상당히 도움이 될 수 있다. 운전을 할 때마다 차와 운전에 관한 모든 것에 대해 과도하게 의식한다고 상상해보라. 모든 여정이 첫 운전 연습 때와 같게 느껴진다면 탈진하고 말 것이다.

그러나 자동 조정은 우리의 생각을 좁게 하고 유연하지 않게 만드는 문제가 있다. 그리고 우리를 습관에 빠뜨린다. 예를 들면, 우리는 집에 들어와 열쇠를 자동적으로 놓고는 나중에 그것이 어디에 있는지 모른다. 우리는 상투적인 방법으로 문제를 해결하려고 하고 "다른 방법은 없을까?"라고 자신에게 결코 묻지 않는다. 또한 스트레스와 강렬한 감정은 우리를 자동 조정 모드로 몰아넣어 상황에 대응할 방법을 제한한다. 마찬가지로 많은 ADHD 증상도 자동적으로 일어난다. 예를 들면 자신도 모르게 다른 이의 말을 가로막거나, 마치 무릎 반사처럼 반사적으로 어떤 일에 동의를 하고, 충동적으로 행동하거나, 시간의 흐름을 잊어버리고, 정서적으로 반복해서 과잉 반응을 할 것이다.

## 자동 조정으로 사는 것은 우리에게 도움이 된다

캐시는 10살 때부터 피아노 레슨을 받고 있다. 그녀는 복잡한 모차르트 악보를 처음 배울 때 얼마나 힘들었는지 기억한다. 그러나 지금은 그렇게 많은 주의를 기울이지 않아도 된다. 손가락은 "어디로 갈지 그냥 안다".

## 자동 조정으로 사는 것은 우리에게 도움이 되지 않는다

줄리는 자신의 흰색 차를 정비소에 맡겼다. 정비소에서 은색 차를 대여해줘서 그녀는 그것을 몰고 직장에 갔다. 퇴근 때 그녀는 주차장에 가서 흰색 차를 찾기 시작했다. 그리고 몇 초 후에 자신이 은색 대여차를 타고 온 것을 기억했다.


## 마음챙김이란 무엇인가?

앨리스는 몇 주간 마음챙김 수업을 듣고 있는 중이다. 친구들과의 저녁식사 도중에 한 친구가 "그래서 마음챙김이 정말로 뭐야?"라고 묻는다. 앨리스는, 마음챙김은 현재의 순간에 주의를 집중하는 것이라고 설명한다. "지금 바로 우리가 테이블에 앉아서 서로에게 말을 하고 있는 것을 알아차리는 것과 같아."

그리고 앨리스는 다음과 같이 이어 말한다. "물론 어떤 수준에서 우리는 우리가 앉아서 말하고 있다는 것을 알아. 그러나 우리의 주의와 자각은 다른 사람이 하는 말에 가 있지 않고, 자주 우리가 말하려고 하는 것이나 다른 사람에 응대해서 말하려고 하는 것에 가 있어. 아니면 과거나 미래에 관한 생각에 잡혀 있지. 보통 우리는 현재에 완전히 있지 않고 또 바로 지금 여기에 함께 있는 것과 같은 것도 완전히 알아차리지 못해. 우리의 주의를 적극적으로 현재에 가져오지 않으면, 우리는 그런 종류의 자각을 하지 못하지."

마음챙김은 자동 조정에 비해서 현재 순간에 지속적이고 유연한 주의를 기울이는 정신 상태다. 마음챙김은 또한 비판단적 태도로 해야 한다. 그 비판단적 태도는 호기심과 열린 마음과 수용의 자세로 당신 주변이나 당신 안에서 무엇이 일어나는지 바라보는 방법이다.[5] 이런 종류의 지각은 높은 통찰과 선택, 사려 깊은 행동을 이끌 수 있다. 또한 소위 특질(trait)이나 소인적(dispositional) 마음챙김이라 불리는 개인의 특성을 의미할 수 있다. 마음챙김 특질은 다음의 다섯 가지 주된 측면과 관련이 있다.[6]

1. **반응하지 않기**  당신의 생각이나 느낌에 대해 자동적으로 반응하지 않기; 대신에 그것들을 침착하게 거리를 두고 보기.
2. **자각으로 관찰하기**  예를 들어, 얼굴을 스치는 바람을 느끼는 감각 같은 것이나 눈에 보이는 물건들의 특성(색깔과 모양)에 주의를 집중하거나 자발적으로 알아차리기. 혹은 당신의 생각, 느낌, 행동이 서로 어떻게 상호작용하는지 관찰하기.
3. **자각을 가지고 행동하기**  당신이 하고 있는 것에 완전한 주의를 기울이기; 당신이 무언가를 하고 있을 때 하고 있는 그것을 알기; 아무 생각 없이 있거나 자동적으로 행동하지 않기.
4. **자각을 가지고 기술하기**  당신이 생각하고, 느끼고, 경험하고 있는 것을 묘사하거나 명칭을 붙일 단어 찾기.
5. **경험에 대한 비판단적 수용**  생각하거나 느끼는 것에 대하여 스스로를 비난하지 않기; 당신 안에 일어나는 것을 알아차림에 대하여 부정적 비판 없이 열어 놓기.

나는 이 책에서 일상 활동 중에 언제라도 우리가 들어가고 나갈 수 있는 마음 상태로서의 마음챙김에 초점을 맞춘다. 이러한 접근에서, 마음챙김은 정좌 명상 훈련을 확립하는 것이라기보다 일상생활 중 주의와 태도를 가지고 일하는 것이다. 공식 명상 훈련은 중요하고 여기서도 그것을 이용할 것이지만, 나는 일상생활에서 간단한 비공식 마음챙김 휴식을 하는 것이 ADHD 환자들에게 잘 적용되는 접근법이라는 것을 발견했다.

## 자발적 마음챙김과 훈련된 마음챙김

일상용어로 마음챙김은 '자각하거나 주의하기를 기억하는 것'을 의미한다. 예를 들어, 개울을 조심스럽게 건널 때 '미끄러운 돌 위에 발걸음을 마음챙김(혹은 주의와 자각)한다.'라고 말할 수 있다. 대부분의 사람들은 ADHD가 있든 없든 짧은 시간 동안은 이런 마음 상태를 취할 수 있다. 즉, 우리 모두는 마음챙김 능력을 어느 정도 갖고 태어난다.

마음챙김 상태는 저절로도 일어나고 의도에 의해서도 일어난다. 예를 들면, 아름다운 꽃이 우리의 주의를 사로잡을 때 우리는 종종 저절로 더 현재에 있게 된다. 우리가 밖으로 나가서 아침의 신선함을 받아들일 때 우리의 감각은 열리고 우리는 그 순간을 더욱 선명하게 느낄 수 있다. 이러한 우연히 저절로 일어나는 마음챙김을 통하여 우리는 자신과 바깥세상의 깊은 연결성을 느낀다. 그리고 그 순간을 더 완전히 기억하게 된다.

생활에서 마음챙김은 저절로 일어날 수 있지만 지속적으로 일어나기가 어렵다. 우리의 주의는 자주 과거나 미래(기억, 회상, 계획)에 가 있고 현재 순간에는 없다. 더구나 우리는 현재 뭔가 하려고 할 때 편견이나 어떤 의도를 가지고 한다. ("나는 이것이 예전과 같을 거라는 것을 알아." 또는 "나는 이것을 그렇게 하기를 원해.") 현재 순간의 경험을 완전하게 열린 자세로 받아들이는 것은 편견 없는 지각의 방법인 기본으로 돌아가는 과정이다. 그 능력은 헌신적인 마음챙김 훈련으로 강화된다.

마음챙김을 훈련하는 프로그램은 많이 있다. 지역마다 있는 명상센터의 마음챙김 명상그룹, 대학의 마음챙김 훈련수업, 건강클리닉 등 종류도 다양하다. 실제 임상에서는 마음챙김 기반 스트레스 감소(Mindfulness-Based Stress Reduction; MBSR) 형식으로 마음챙김을 가르친다. MBSR는 매사추세츠 대학의 존 카밧진(Jon Kabat-Zinn)이 8주 코스로 개발한 선구적인 프로그램이다.[7] MBSR는 특별한 문제에 마음챙김 훈련을 적용한, 우울증과 불안에 대한 마음챙김 기반 인지치료(Mindfulness-based Cognitive Therapy; MBCT)[8]와 ADHD에 대한 마음챙김 자각훈련(Mindfulness Awareness Practices; MAPs)과 같은 새로운 프로그램들의 모델이고 기초다. 마음챙김 훈련을 사용하는 다른 치료법에는 변증법적 행동치료(Dialectal Behavioral Theraphy; DBT), 수용전념치료(Acceptance Commitment Therapy; ACT), 게슈탈트 치료(Gestalt therapy) 등이 있다.[9]

## 마음의 마음챙김 상태 켜기

설명한 바와 같이, 마음챙김은 하루 종일 우리가 일상적인 활동을 할 때 켜고 끄고 할 수 있는 것이다. 그렇다면 주된 의문은 어떻게 자동 조정에서 벗어나 마음챙김으로 전환하는가 하는 것이다.

그 답은 마음챙김의 두 가지 주요소인 주의와 태도를 조정하는 데 있다. 우리는 우리의 주의를 현재 순간에 가져가서 열린 마음과 호기심의 태도를 취하면 된다.

......................................................................................................

**마음챙김의 핵심적인 두 가지 요소**

1. 현재 순간에 대한 주의
2. 열린 마음과 호기심 있는 태도

......................................................................................................

다음의 연습으로 마음챙김에서 필수적인 두 가지 요소를 탐구해보자.

- 주위를 둘러보고 당신의 눈을 사로잡는 것을 찾는다.
- 주의를 찾은 것에 가까이 가져가서 그것을 당신의 완전한 집중의 대상으로 만든다. 그 대상으로 향하는 당신의 주의를 감지할 수 있는지 알아본다. 당신은 그것을 좋아하는가 아니면 싫어하는가? 당신은 자신을 비판단적으로 느끼는가, 아니면 비교하거나, 분석하거나, 비판하기를 원하는 자신을 느끼는가?
- 만약 당신이 그것을 좋아하지 않는다면, 잠시 그 대상을 싫어하거나 거부하는 감정을 증가시킬 수 있는지를 알아본다. 당신이 그렇게 할 때 당신이 어떠한지 알아차린다.
- 지금 당신이 그 대상을 향하여 열려 있고 호기심을 가진 자세로 전환할 수 있는지 알아본다. 판단하지 말고 그것이 어떤 느낌인지 알아차린다.
- 그다음 완전한 주의와 열린 마음, 호기심으로 주위의 사물을 알아차리면서 주위를 돌아본다. 당신이 다른 행성에서 금방 와서 주위의 사물을 처음으로 보고 있다고 상상하면 도움이 될 것이다. 당신이 특별한 방법으로 지금 바로 주의 집중을 하고 있다는 사실에 의식적으로 주목한다.
- 높아진 자각의 감각을 느낄 수 있는가? 이 순간에 있는 당신의 모든 경험에 주목한다. 당신이 이 훈련의 한 부분을 행하는 것이 어렵다는 것을 발견하더라도 높아진 자각으로 당신의 경험을 알아차리는 한, 이것을 하는 데 맞거나 틀린 방법은 없다.

주의를 집중하는 이 특별한 방법은 당신의 내부에서 일어나는 것뿐만 아니라 바깥세상의 일에도 적용된다. 예를 들면, 직장에서 커피를 마실 때 그 커피 향에 마음챙김 자각을 가져갈 수 있다. 이것은 이완을 깊게 만들고 덜 들뜨게 하고 앞으로 더 집중하게 만들 수 있다. 또는 당신이 상관과 말할 때 마음과 몸과 행동에 대하여 마음챙김 자각으로 대할 수 있다. 예를 들어, 당신은 마음이 산만해지거나, 목에 긴장감을 느끼거나, 또는 끼어들고 싶을 수 있다. 마음챙김은 주의의 이동과 생각, 느낌, 신체 감각, 충동을 새로운 명료함으로 알아차리게 할 수 있다. 그런 높아진 자각으로 당신은 ADHD가 생활 속에서 언제 나타나는지를 인지하고 열정과 기법으로 그것을 다룰 수 있게 된다.

### 질문: 초월 명상(Transcendental Meditation; TM)에 대해 들었다. 초월 명상과 마음챙김은 어떤 차이가 있는가?

주의는 모든 명상 훈련의 핵심이다. 명상의 형태는 두 가지 기본 범주로 나눌 수 있다. (1) 집중 주의 훈련 혹은 집중 훈련, (2) 열린 주의 훈련 또는 수용적 주의 훈련.

초월 명상인 힌두 명상은 집중 명상의 한 예다. 이 명상에서 주의는 전형적으로 단어(만트라)나 호흡 같은 하나의 점에 집중하는 것이다. 하나의 점에 대한 그러한 반복적인 주의는 집중을 훈련하고, 몰두한 상태나 높아진 상태의 느낌으로 끌고 갈 수 있다.

마음챙김 명상(불교의 위파사나 명상)은 열린 주의 훈련이다. 마음챙김 명상은 순간순간 일어나는 것이 무엇이든 그것을 각성해서 받아들이는 훈련을 강조한다.

명상지도자들은 자주 집중 주의와 열린 주의 훈련 사이에서 시너지 효과를 본다. 집중 주의(TM) 훈련과 열린 자각(마음챙김) 훈련은 같은 나무막대기의 다른 면을 보는 것과 같다. 한끝을 들면 다른 끝은 따라온다. 여러 연구들은 이런 명상 기법들의 중첩을 확인했고, 마음챙김 명상은 집중 주의를[10] 포함한 주의의 다양한 면을 훈련할 수 있고 초월 명상은 마음챙김에 대한 능력을 증가시킬 수 있다는 것을 보여주었다.[11]

다음 표에서 집중 훈련과 열린 주의 훈련의 예를 보자.

| 주의의 장소 | 주의 스펙트럼 집중 ———————————————— 열림 | |
|---|---|---|
| | 명상 훈련의 예 | |
| 당신의 외부 | 촛불에 집중하기 | 들어오는 소리를 알아차리기 |
| | | 자연 속에 있는 동안 감각을 통해서 주변 환경을 받아들이기 |
| | | 주변의 공간, 부재, 영원성에 주의를 집중하기 |
| 당신의 내부 | 호흡에 집중하기<br><br>한 단어(TM의 만트라)를 반복하면서 집중하기 | 생각의 변화를 알아차리기 |

경험이 자각으로 관찰되는 것이 마음챙김의 특징이다. 즉 마음챙김은 우리가 경험 중에 완전한 몰입 상태에 빠져들고 어찌할 바를 모르는 상황을 피하는 길이다. 물론 훈련 중에 생각이나 행위에 빠지는 순간이 있다. 그러나 마음챙김 훈련은 현재의 순간으로 돌아오도록 격려하고, 그래서 필요하면 주의는 되돌아올 수 있고 다시 집중할 수 있다. 또 주의는 어떤 방법으로든 마음이 너무 몰입되거나 너무 산만하지 않도록 재조정할 수 있다. 이 마음챙김의 양면성(주의 집중과 주의 관찰)이 부주의와 과집중에 대한 해독제가 된다. 시간이 흐르면서, 마음챙김 훈련은 어떤 일에 집중해야 하고 언제 집중해야 하는지에 대한 자각과 안목을 개발한다.

그리고 마음챙김이 각성과 이완된 집중 훈련임을 아는 것 또한 중요하다. 이것은 우리가 일상에서 노력과 긴장과 스트레스를 가지고 주의를 집중하는 방법과는 대비된다. 마음챙김은 당신의 경험을 관찰하고 경험을 있는 그대로 당신에게 보여주는 것이다. 현재 순간에 당신을 열어놓도록 노력하는 것이라기보다는 허락하는 것이다. 그런 이유로 종종 마음챙김은 알아차림에 젖어드는 것이라 한다. 이 책의 제2부 제1단계부터 제8단계를 거치는 동안 이것을 염두에 두기를 바란다. 처음에는 많은 노력이 필요한 것처럼 보이는 마음챙김 명상을 요구할 것이다. 그러나 실제로 훈련은 옛 방식대로 하는 것을 버리고 당신을 현재 순간으로 오도록 만드는 것이다. 당신이 해야 할 일은, 관찰하고 알고 그리고 식별하는 것이다.

## 마음챙김과 ADHD는 정반대인가?

얼핏 보면, ADHD와 마음챙김은 전혀 다른 정반대로 보인다. ADHD는 산만함과 멍함이 특징이고, 마음챙김은 완전한 주의와 현존이 특징이기 때문이다. 언뜻 보기에 이 대비는 분명한 것 같으나 그것이 다는 아니다. 나는 ADHD 성인을 치료하는 클리닉에서, 많은 사람들이 일단 마음챙김 자각을 경험하면 자연스럽게 호기심을 가진 태도를 보이는 것을 발견했다. 그들이 새로운 경험에 대해 열림은 분명하고, 그런 까닭에 마음챙김에 접근하고 훈련하는 방법에 대해 매우 창의적일 수 있다.

UCLA의 ADHD 연구자 수전 스몰리(Susan Smalley)가 수행한 연구는 나의 임상 결과를 지지했고, 또한 ADHD를 가진 성인에게 마음챙김의 주의 측면은 대개 힘들지만 마음챙김의 다른 측면은 다른 사람들보다 더 쉽다는 것을 보여주었다.[12] (자신을 벗어나는) 자기 초월 능력은 ADHD와 마음챙김에 대해 긍정적인 연관성이 있다. 그래서 마음챙김 훈련은 당신의 주의를 훈련시키는 것은 도전이 되겠지만 당신의 다른 자연스런 강점을 이용할 수 있다. 다음 장에서 ADHD와 마음챙김이 교차하는 방식에 대해 더 탐구할 것이다.

## 질문: 순간에 존재하는 것이 ADHD를 가진 사람에게 문제를 일으키는 것 아닌가?

당신이 ADHD를 가지고 있다면, 시시각각 당신의 주의를 끄는 것에 사로잡혀서 하고 있는 것을 쉽게 잊어버리거나 딴 일에 주의를 가져가기 쉽다. 주의가 자동적으로나 충동적으로 자주 바깥으로 튄다면, 하고자 하는 일이 아닌 다른 일에 많은 시간을 소비할 수 있다.

마음챙김은 자각하기와 기억하기의 훈련이다. 당신의 자각을 현재의 순간에 가져갈 뿐만 아니라, 당신의 주의가 가고 있는 곳에 주의를 기울이는 것을 배운다. 주의가 하고 있는 일로부터 떠돌아다니는 것을 알아차릴 때는 주의를 반복해서 의도한 과제로 되돌린다. 이러한 관찰과 기억을 메타-자각(meta-awareness)이라 하며, 이것은 당신이 목표에 머물고 주의의 분산과 전환에 저항하도록 돕는다. 비록 당신이 순간 잊었다고 하더라도, 마음챙김으로 그것을 곧 알아차리고 스스로 고칠 수 있다.

## 맛에 대한 마음챙김 훈련

차나 커피를 마실 때, 그 향기와 온기, 맛에 온전히 주의를 기울여 집중해 보고, 이런 경험이 일상적으로 마실 때와 어떻게 다른지를 알아차려보라. 짧은 마음챙김 훈련은 이처럼 간단할 수 있다.

# ADHD에서 마음챙김과 자기 조절

인간 성격 이론을 연구하는 심리학자인 월터 미셸(Walter Mischel) 박사는 1960년대 후반에 스탠퍼드 대학에서 한 유명한 연구에서, 4세 아이들에게 각각 방에 혼자 앉아 있으라고 했다. 각 어린이 앞에는 테이블이 있었고 그 위에는 마시멜로가 담긴 접시가 있었다. 아이들에게는 만약 마시멜로를 먹지 않고 15분을 기다리면 상으로 하나 더 받을 것이라고 말했다.[1] 손이 닿는 곳에 놓인 맛있는 마시멜로를 먹기 위해서 15분을 기다리는 일은 4세 아이에게 진정한 의지력을 시험하는 것이다. 유튜브의 "마시멜로 테스트"를 찾아서 아이들이 그 일을 어떻게 처리하는지 보라. 어떤 아이는 의자에서 꿈틀대고, 어떤 아이는 주의를 딴 데로 돌리고, 어떤 아이는 손을 깔고 앉아서 누르고, 또 어떤 아이는 포기한다. 만족 지연을 훈련하려는 그들의 시도를 관찰하는 것은 흥미로운 일이다.

연구에서 연구자들은 그 그룹의 아이들이 성인이 될 때까지 추적했는데, 네 살 때 마시멜로 실험에서 만족 지연을 할 수 있었던 사람들이 일반적으로 더 좋은 생활을 누린다는 것을 발견했다. 마시멜로를 바로 먹어버린 사람에 비해서 기다렸던 사람은 대학 입시를 잘 봤고, 좋은 경력과 인맥을 가졌으며, 기분 변화와 시기하는 것이 덜했고, 더 협력적이었다.[2] 간단히 말하면 그들은 자기 조절에 큰 능력이 있었다.

자기 조절은 자기 통제와 비슷하고, 자기 관찰과 자기 교정(self-correction)을 포함한다. 그것은 우리의 주의와 생각, 정서, 충동, 행동을 이끄는 의식적인 능력이다. 자기 조절은 또한 자기 대화와, 장래의 목표를 위하여 즉각 만족을 지연시키는 다른 전략들을 포함한다. 우리는 어릴 때 기본적인 자기 조절 기술을 개발하기 시작하며, 그 과정은 끝이 없다. 그러나 ADHD 성인의 경우, 변형된 뇌 기능과 인지 결함이 일생 동안 이런 자기 조절 기술과 관련된 문제들을 만들어낼 것이다. 충동적이거나, 기분 변화가 심하거나, 참지 못하거나, 혹은 쉽게 분산되는 것들은 모두 ADHD의 공통적인 증상이다. 이런 행위들은 직장과 학교에서, 대인 관계에서, 자주 어려움으로 나타난다. 또 목표를 도달하지 못하게 할 수 있다. 적어도 자기 조절과 관련된 문제는 많은 좌절과 스트레스, 자기 회의(self-doubting)를 만들어낸다. ADHD 분야의 전문가이자 저명한 심리학자인 러셀 바클리(Russel Barkely) 박사는 실제로 ADHD를 자기 조절의 고장이라고 불렀다.[3]

바클리 박사는 ADHD를 설명하는 데 있어서 자기 조절 강도(self-regulation strength)의 개념을 적용했다.[4] 의지력과 관련된 이 개념은, 자기 조절 강도는 수조나 저수지와 같이 한정된 자원으로서, 사용하면 고갈될 수 있다고 말한다.[5] 이것은 누구에게나 똑같다. 그러나 ADHD에서는 자기 조절 저장고가 애당초 더 작아서 어려운 일을 할 때 더 빨리 고갈된다. 자기 조절 저장고가 한번 고갈되면 자기 조절에 실패하기가 더 쉽다. 예를 들면, 정신적으로 힘든 일을 한 후에 정서적 붕괴가 온다거나 과식을 하는 것이다. 긴장을 풀고 다시 채우는 전략은 그 사람의 의지력의 저장고를 복구할 수 있고 그래서 ADHD에 도움이 된다. 이런 전략들에는 명상과 같은 이완의 시간, 긍정적인 정서, 용기를 주는 자기 대화, 노는 시간, 신체적 운동, 적당한 휴식, 심지어 혈당을 높이는 스낵을 먹는 것과 같은 것까지 포함된다. 이미지나 물리적 리마인더, 미래 보상에 대해 말하기와 같은 동기 전략들도 도움이 된다.

이런 이해와 적절한 치료로 ADHD와 이로 인한 자기 조절의 어려움을 관리하는 것을 배울 수 있다는 것은 반가운 소식이다. ADHD의 여정―정말, 그것은 하나의 여정이다.―에서 마음챙김은 엄청난 도움이 될 것이다. 마음챙김은 효과 있는 자기 조절 전략을 가르치고 자기 조절 저장고를 채울 수 있도록 할 것이다. 이런 전략으로 당신은 웰빙을 증가시키고 회복탄력성을 복구할 수 있을 뿐만 아니라, ADHD를 그저 짊어지고 사는 것이 아니라 그것과 더불어서 번창할 수 있다.

## 정확히 무엇이 자기 조절인가?

자기 조절은 일상생활에서 자주 쓰는 단어는 아니지만, 매일 수없이 행하는 그 어떤 것이다. 또한 ADHD와 마음챙김을 이해하는 중요한 개념이기 때문에 이 개념에 대해 더 자세히 살펴보도록 하자.

슈퍼마켓의 계산 줄을 기다리면서 참지 못하는 감정을 표현하지 않을 때, 당신은 '가게를 나오기 위해 물품을 지불하는' 목표를 달성하기 위하여 의식적인 자기 조절을 훈련하고 있는 것이다. 당신이 부모라면, 의식적으로 자기 조절을 하는 데 아마 이전보다 더 많은 도전을 받을 것이다. 직장에서 긴 하루를 보내고 돌아왔는데 아이들이 주변을 맴돌며 관심받기를 원하면, 당신은 귀찮음과 피곤을 얼굴에서 싹 지워버릴 것이다.

일부는 성공하고 일부는 실패하지만, 우리가 자기 조절을 시도하려는 많은 방식이 있다. 서로 다른 자기 조절 전략의 경우를 한 사례를 통해 살펴보자.

### 메리의 이야기

메리는 어느 날 아침, 기한이 지난 작업보고서를 생각하며 깨어났다. 바로 가슴이 철렁 내려앉았고 중압감에 휩싸였다. 보고서는 얼마 동안 뇌리를 떠나지 않았고 그녀는 다른 일로 자신을 분산시키면서 불편한 감정을 무시하거나 내려놓으려고 노력했다.

하지만 이날 아침 그녀는 잠시 불편한 감정을 완전히 경험해보기로 했다. 그러자 보고서를 쓰는 데 필요한 노력과 예상되는 실패에 대해 자신이 얼마나 두려워하는지 자각하게 되었다. 공포를 직면하자 공포로부터 약간의 거리감이 생겼다. 그녀는 그 일을 하기 위해 자신에게 동기를 부여하기로 했다. 그리고 생각했다. '9시까지 컴퓨터 앞에 앉아, 두어 시간 동안 일하고 잠깐 쉴 것이다. 힘든 일이지만 나는 할 수 있다.' 그녀는 즉시 기분이 좋아졌고, 중압감은 사라졌다. 그녀는 일을 시작할 시간에 맞춰 알람을 설정했다.

오전 9시가 되자 알람이 울렸고 메리는 즉각 컴퓨터 앞에 앉았다. 그리고 먼저 뉴스 웹사이트를 훑어보기 시작했다. 그녀는 일을 미루고 있었다. 30분이 지났는데 여전히 최신 뉴스를 찾아보고 있었다. 그녀가 좋아하는 토픽인 여자 축구 뉴스가 전면에 있었고 그녀는 다른 다양한 기사들도 이것저것 훑어보았다. 그녀는 결국 시간을 알아차리고 망설였다. "일을 시작해야 하나? 계속 읽어야 하나?" 자신에게 물어보았다. 그녀는 정말 계속 읽고 싶었고 또 한편으로는 일을 해야 한다는 조급함을 느꼈다. 그래서 하던 것을 멈추고 뉴스 사이트를 닫았다. 그녀는 일에 주의를 가져가서 보고서 작성을 시작했다. 주기적으로 미디어에서 무슨 일이 일어나고 있는지 확인해보고 싶었지만 이런 욕구에 저항하면서 약 한 시간 동안 방해받지 않고 일을 계속했다.

그러나 글을 쓸 때 마음이 많이 방황하기 시작했다. 같은 말이 되풀이되는 것 같았고, 생각이 정리되지 않았다. 메리에게는 ADHD와 난독증이 있기 때문에, 글쓰기는 자주 도전이 되고, 그녀 자신이 한 문단에 과집중하거나 반대로 전체 일에 압도되는 것을 안다. 그녀는 자신에게 나쁜 감정을 느끼기 시작했고 완전히 용기를 잃었다. '나는 제대로 된 글을 쓸 수 없어!'라고 그녀는 생각했다. "소용없어! 실패할 거야! 하기 싫어!"라고 말하며 그녀는 컴퓨터 앞에서 일어나 부엌으로 가서 초콜릿을 아그작 아그작 먹기 시작했다. 음식은 그녀를 분산시키고 다소 긍정적인 기분을 주었지만, 여전히 나쁜 기분에 싸여 있었다. 그녀는 친구에게 전화를 했다.

친구에게 글쓰기와 씨름하는 것에 대하여 이야기하고 그 과정이 얼마나 힘든지 말했다. 친구는 그 어려움에 대해 공감했고 또한 계속해보라고 용기를 주었다. "우선 개요를 써보지 않겠니?"라고 제안했다. "그리고 각 섹션을 매일 30분씩 써봐."라고 했다. 이런 제안은 메리 자신에 대한 새로운 믿음과 새로운 관점을 제공했다. 그녀는 책상 앞에 다시 앉았고 마침내 개요를 떠올렸다. 그녀는 또한 첫 문단을 썼고 다른 문단은 나중에 쓰기로 했다. 그녀는 하루의 30분은 할 만하다고 느꼈고, 그다음 며칠 동안은 작은 섹션을 할 계획을 세울 수 있었다.

이 사례에서 메리는 자기 조절로 향한 여러 가지 접근법을 사용했다.

**자기 조절의 일반적인 전략**
- 불편한 생각이나 느낌을 무시하거나 억제하거나 밀어두기
- 불쾌한 느낌에 직면하기
- 이끌어가고 동기 부여를 하기 위한 자기 대화
- 리마인더나 알람 사용하기
- 반응 억제하기
- 분산 제거하기
- 상황으로부터 물리적으로 멀어지기
- 기분 전환을 위해 먹기

자기 조절에 성공하기 위해서는 때때로 불쾌한 상황에 있어야 할 때도 있지만, 어떤 때는 그 상황에서 멀어지는 것이 도움이 될 때도 있다. 메리의 경

우는 미루는 것을 그만하기 위해서 잠재하고 있는 실패의 두려움을 대면해야 했다. 그러나 나중에 그녀는 균형 잡힌 시각을 가지기 위해 일에서 벗어날 필요가 있었다.

잠시 다음의 질문을 곰곰이 생각해보기를 바란다. '당신은 어떤 자기 조절 전략을 사용해왔는가?' '어떤 것이 당신에게 맞는가?' '어떤 것이 잘되지 않는가?'

## 자기 조절과 집행 기능

ADHD에서 자기 조절의 어려움은 집행 기능(Executive Function; EF)의 약화와 관계가 있다.[6] 집행 기능은 우리의 생각과 행동 그리고 목적 달성을 지시하는 것과 관련된 여러 기능을 포괄하는 용어다.

---

### 집행 기능의 예

**충동 조절:** 성찰과 평가를 하기 위해 반응이나 행동을 붙잡고 있는 능력

**작업 기억:** 과제를 할 때 마음속에 언어적 정보와 비언어적 정보를 지니는 능력으로서 일종의 내부 저장고

**정서 조절:** 강한 정서를 조절하고 자신을 진정시키는 능력

**자기 관찰:** 자신의 생각, 느낌, 행동을—필요하면 자기 교정까지—확인하는 능력

**과제 관리:** 과제를 시작, 지속, 완수하는 능력; 또한 하나의 일이나 상황에서 다른 데로 유연하게 전환하는 능력도 포함

**계획하고, 우선순위를 정하고, 조직하기:** 과제를 충분히 계획하고, 복잡한 과제를 나누고, 공간이나 일, 아이디어를 조직하는 능력

> **시간 관리:** 일에 시간이 얼마나 걸리는지 현실적으로 판단하는 능력; 적시에 맞추어 하기, 좋은 시간 감각 가지기

보통, 집행 기능은 회사 중역이나 오케스트라의 지휘자와 같은 실무 통솔자의 기능에 비유된다. 예를 들면 회사 중역은 회사의 목표를 기억하고, 다른 주제(agenda)에 의해 분산되지 않은, 목표에 맞는 결정을 해야 한다. 그러나 이런 집행 기능으로, 우리는 일상생활에서 자신을 리드하고 있다. 즉, 집행 기능은 자기 리더십 통솔 기능이라 할 수 있다.

바클리 박사의 연구에서, 대부분의 ADHD 성인은 집행 기능이 필요한 과제에서 어려움을 보였다. 그래서 당신이 ADHD를 가졌다면, 당신도 마찬가지일 것이다.[7] 예를 들면, 당신은 해야 할 것이 많이 있을 때 집중하고 우선순위를 정하는 데 어려움이 있을 수 있다. 왜냐하면 모든 것이 똑같이 중요하다고 생각할 수 있기 때문이다. 당신은 어디서부터 시작해야 할지 몰라 멍한 상태로 있을 수도 있고, 아니면 여러 일을 한꺼번에 충동적으로 시작하려고 할 수도 있다. 과제를 시작하는 것, 지속하는 것 그리고 다른 과제로 전환하는 것에서 어려움을 느낄 수도 있다. 또한 시간이 얼마나 주어졌는지를 가늠하는 것도 어려울 수 있다. 그래서 당신은 늘 집을 나서기 전에 결국 막바지에 쫓긴 일들을 해결하기 위해 아등바등하게 된다. 의도를 유지하거나, 충동을 억제하거나, 생각을 유연하게 하거나, 이 일에서 저 일로 전환하는 것이 어려울 수 있다. 가끔은 당신의 뇌가 적시에 맞추는 반응을 방해하는 느린 컴퓨터와 같이 기능하기도 할 것이다.

## ADHD에서 자기 조절 어려움의 치료

ADHD에서, 자기 조절의 어려움에 대해서는 리탈린(Ritalin)과 애더럴(Adderall)과 같은 각성제가 치료 약물로 주로 처방된다. 약물은 일부 ADHD

성인에게 극적으로 도움이 될 수 있다. 각성제와 비각성제의 처방이 가능하고 이런 많은 처방들이 많은 성인에게 ADHD 증상을 극복하는 데 도움이 된다.

그러나 약물이 항상 해법이 되는 것은 아니다. 부작용이나 병행할 수 없는 의료적인 조건 때문에 사용이 제한될 수 있다. 또 ADHD를 가진 일부 사람들은 약물의존성을 줄이거나 약 복용 후에도 여전히 남아 있는 증상을 개선하는 기법을 배우기를 원한다. 많은 사람들은 약물과 비약물적 방법을 병행해서 최선의 효과를 얻으려고 한다. 결과적으로, 요즘에는 ADHD 성인과 의사 들 사이에서 내재된 자기 인식과 자기 조절 기법을 증강하는 비약물적인 치료에 대한 관심이 많아지고 있다.

다음은 ADHD 치료에 효과적일 것으로 기대되는 새로운 도구들이다.

- 작업 기억과 같은 인지를 개선하기 위한 컴퓨터 기반 프로그램
- 교육적 치료법에서 사용되는 다양한 프로그램
- 뇌파 바이오피드백으로 불리는 뉴로피드백 훈련
- 인지-행동 치료와 심리 치료
- 코칭
- 요가와 명상 같은 심신 훈련
- 신체 활동
- 자연환경에서 지내기[그린 치료(green therapy)]
- 영양보조제(생선오일 등)

ADHD에 접근하는 대부분의 비약물적 방법은 그 유용성에 대한 추가적인 연구가 필요하다. 특히 마음챙김과 심신 관련 접근 방법은 그 연구가 아직 미숙하지만, 성장하고 있고 장래성도 보인다. 최근에 이 연구에는 ADHD 증상을 가진 어린이와 어른 들에 대한 연구들이 몇몇 포함되고 있

다.[8] 앞에서 말한 바와 같이, UCLA의 연구에서 우리는 십대와 성인 ADHD 그룹에게 마음챙김을 훈련시켰다. 그리고 2010년에 호주 멜버른에 있는 디킨 대학의 안나 율리안도(Anna Uliando)가 그 프로그램을 초등학교 어린이에게 적용하여 좋은 결과를 얻었다. 독일에서의 연구는, 마음챙김을 하나의 중요한 기법으로 한 변증법적 행동 치료에서 나온 접근이 ADHD 증상들을 개선함을 보여주었다.[9] 이런 연구에 참가한 사람들은 마음챙김을 가장 도움이 되는 프로그램들 중 하나라고 했다.[10]

버지니아 ONE 연구소의 니르바이 싱(Nirbhay Singh) 박사의 마음챙김 선행 연구에서, 부모의 마음챙김이 자녀 행동에 미치는 효과를 알아보기 위하여 ADHD 자녀를 둔 두 어머니가 마음챙김 훈련을 받았다. 연구 결과, 두 어머니는 특별한 양육 지침을 받지 않았는데도 자녀의 순응도가 개선되었다고 보고했다. 게다가 자녀들이 마음챙김 훈련을 받았을 때 효과는 더욱 커진 것으로 나타났다.[11]

암스테르담 대학의 사스키아 판 데르 오르트(Saskia van der Oord) 박사와 연구자들은 8살부터 12살까지의 ADHD 어린이 22명에게 8주간의 마음챙김 훈련을 수행했다.[12] 이 어린이들의 부모도 같이 마음챙김 훈육 프로그램을 완수했다. 훈련의 효과는 훈련 전, 직후 그리고 훈련 8주 후에 아이들의 부모와 교사에게 질문지를 통해서 측정했다. 전반적으로, 부모들은 아이들의 ADHD 증상이 호전되었음[반항성 장애(ODD) 개선은 없었음]을 보고했고, 또한 부모들 자신의 ADHD 증상, 과도한 훈육, 훈육 스트레스에서 개선이 있었다고 보고했다. 그러나 교사가 평가한 아이들의 ADHD 증상의 현저한 변화는 나타나지 않았다.

마음챙김 훈련 외에도 다른 심신 관련 기법들이 ADHD 치료법으로 연구되고 있다. 이것들 중에는 8~12세 ADHD 어린이와 부모를 대상으로 요가 훈련을 하는 연구와,[13] 8~14세 ADHD 학생에 대한 초월 명상과[14] ADHD 성인에 대한 태극권 연구도 있다.[15] 최근 ADHD 치료를 위한 심신 관련 기법

연구의 대부분은 소규모에, 대조군 없이 이루어졌다. 그러나 이 연구들에서 전반적으로 긍정적인 결과들이 나타났고, 저렴한 치료비와 최소한의 부작용을 볼 때, ADHD에서 이와 같은 연구들은 더 많이 이루어져야 할 것이다.

## 마음챙김에 대하여 우리가 아는 것―그리고 ADHD의 함축적 의미

이번 장에서는 ADHD 성인들이 어려워하는 주의 집중 강화와 기억, 감정 조절, 스트레스 대처, 타인과의 관계 등에서의 마음챙김 훈련의 효과를 검토할 것이다.

이번 논의에서는, 보통 사람들을 대상으로 수행한 몇몇의 괄목할 만한 마음챙김 연구를 설명할 것이다(연구는 ADHD를 가진 사람들에게 초점을 맞춘 것이 아니다). ADHD 참여자들에 대한 확정적인 연구는 아직 끝나지 않았음을 기억하기 바란다. 여기서 나는 성장하고 있는 마음챙김의 과학에 대한 호기심과 기대감을 불러일으키고 또 마음챙김이 ADHD의 많은 증상과 어떻게 관련이 있는지를 보여주고 싶다.

### 주의 조절

ADHD는 그 명칭 때문에 주의 부족으로 종종 알고 있지만 주의 조절 부족이 더 정확하다. 즉, ADHD는 적시에 적절한 주의를 하는 것이 어렵다. 다른 말로 하자면, 집중의 부족 또는 과집중이 ADHD의 문제인 것이다. 어떤 일을 하다가 새로운 일을 시작할 때 집중의 전환에 어려움을 겪는 것도 흔하다.

### 어떻게 마음챙김이 도움이 되나?

마음챙김 훈련을 통해서, 주의를 더 자주 의식하게 되고 그것을 마음대로 이끌 수 있게 된다. 예를 들어, 이 책의 8단계 프로그램에서 당신은 호흡에 집중하는 연습을 할 것이다. 그렇게 하는 동안, 당신은 언제 호흡에 집중하고 있는지를 알아차리고 주의가 분산되었을 때는 주의를 호흡으로 되돌리는 것을 훈련한다. 이는 집중하는 능력을 키우는 것이다. 나중의 훈련에서는 또한 주의의 장을 열고 순간순간 생기는 어떤 것이라도 알아차리는 법을 배울 것이다. 이것이 "열린 관찰(open monitoring)"이라고 불리는 훈련이다. 이것은 각성과 유연함 그리고 수용하는 주의 안에서 우리를 훈련한다. 그런 주의는 자기 성찰과 통찰을 키우는 것으로 보인다.

📖 연구가 보여주는 것

## 마음챙김과 주의 조절

현재 늘어나고 있는 수많은 연구들은 주의에 대한 마음챙김 효과를 검토하고 있다. 예를 들면 펜실베이니아 대학의 아미시 자(Amishi Jha) 박사의 연구는 8주의 마음챙김 훈련에 참가하거나 한 달간의 명상 피정에 참여한 사람은 대조군과 비교해서 주의의 여러 측면에서 개선이 있었음을 보여주었다. 개선의 종류는 훈련의 형태와 명상을 이전에 해본 경험이 있는지에 따라 달랐다.[16]

존스홉킨스 대학의 캐서린 맥린(Katherine MacLean) 박사와 UC 데이비스 대학의 연구원들 그리고 명상지도자이며 학자인 앨런 월리스(Allen Wallace)는 성인 그룹을 대상으로 3개월의 강도 높은 명상 훈련을 실시했다. 그 훈련은 호흡에 지속적 주의를 유지하는, 하루 5시간의 명상이었다. 훈련 3개월 후에 시각적 인식이 예리해지고, 주의 집중했을 때 더 각성이 되었다. 그것은 지속적 주의를 향상시키는 능력을 가지게 하는 변화다.[17]

마침내, 23개 마음챙김에 관한 개관 연구(2010)에서, 전반부 마음챙김 훈련은 선택적 주의와 집행적 주의의 개선에 관련이 있고 후반부 마음챙김 훈련(열린 관찰 훈련)은 각성과 지속적 주의의 개선에 관계가 있음을 보고했다.[18] 이 개관 논문은 더 많은 연구가 필요하지만 마음챙김 명상이 주의력을 개선하는 것이 확실하다.

## 기억

ADHD 성인들은 자주 기억력에 대해 불평한다. 예를 들면, 방금 찾아본 전화번호를 기억하는 데 문제가 있다거나 요리할 때 레시피를 거듭 봐야 한다고 불평한다. 이런 단기 기억은 작업 기억, 즉 집행 기능과 관련이 있다.

일상생활에서 작업 기억의 기능은 복잡한 일을 할 때 우리들 마음에 정보를 잘 저장하도록 도와주는 임시 저장 공간을 만든다. 우리가 보유하는 정보는 사진이나 추억과 같이 비언어적 정보이거나, 읽은 것이나 들은 것 또는 자기 대화와 같이 언어적 정보일 수 있다. ADHD에 있어서는 양쪽 모두의 작업 기억이 부족하고, 그 부족함은 배우고 기억하고 알고 있는 지식과 규칙을 따르는 것을 어렵게 만든다.

### 어떻게 마음챙김이 도움이 되나?

주의와 마찬가지로 작업 기억은 마음챙김 훈련에 밀접하게 관련되어 있다. 모든 마음챙김 훈련에서 훈련하는 동안 당신은 "나는 호흡을 알아차릴 것이다."와 같은 일련의 의도를 가지고 그 의도를 자주 기억해야 한다. 만약 마음이 방황하면 이 훈련의 일부분은 당신이 해야 하는 것을 상기시켜 그것으로 돌아가게 하는 것이다. 마찬가지로, 일상생활에서 마음챙김은 자주 현재를 알아차리도록 요구한다. 이렇게 작업 기억은 계속 마음챙김 훈련에 관여하여 연습된다.

작업 기억에 더하여 마음챙김 훈련은 관찰한 정보에 대한 폭과 깊이를 확장함으로써 기억력까지 강화시킨다. 마음챙김은 경험에 대한 완전한 주의와 완전한 "받아들임"을 요구하고, 나중에 그 경험을 잘 기억해내게 한다. (제1단계의 오감을 여는 훈련은 이런 마음챙김의 질을 보여준다.)

## 마음챙김과 기억

지금까지 기억력에 관한 마음챙김 효과의 연구는 많지는 않지만 마음챙김이 작업 기억에 대하여 긍정적인 효과가 있음을 보여주고 있다. 예를 들면 작업 기억이 현저하게 개선된 사례는 마음챙김 피정에 참여한 성인 그룹에서 나타났다.[19] 아미시 자 박사가 이끈 다른 연구에서, 마음챙김 수업에 참여했던, 훈련 스트레스에 있었던 훈련병은 작업 기억을 보존했지만, 마음챙김 수업에 참여하지 않았던 훈련병은 작업 기억의 결핍을 경험했다.[20] UCLA 연구에서는, 초등학교에서 마음챙김 훈련을 받는 2~3학년 아이들의 집행 기능 기술(작업 기억 포함)을 알아보는 연구를 수행했는데, 처음에는 집행 기능이 약했던 아이들이 8주의 마음챙김 훈련 후에는 집행 기능이 현저하게 좋아지는 모습을 보였다.[21]

### 정서 조절

정서 조절은 정서의 균형을 잡고 정서를 조정하는 능력을 말한다. 화가 날 때 폭발하지 않는 것은 물론, 뭔가 잘못되었을 때 결코 의사를 밝히지 않을 정도로 화를 심하게 억누르지 않는 것을 의미한다. 감정 조절을 잘하면 심리적 탄성력과 강한 충동에 대한 조절력을 가질 수 있다. ADHD에서는 이런 기술이 흔히 손상되어 있다. ADHD 성인들은 충동적인 반응을 조절하는 데 보통 사람보다 어려움을 더 느끼며 이런 어려움이 일의 수행 과정과 인간관계에서 문제를 일으킨다.[22] 또한 종종 정서 조절로 인하여 내재되는 문제들로 불거지는 우울증, 불안, 약물 남용의 문제에 빠지기 쉽다.

### 어떻게 마음챙김이 도움이 되나?

마음챙김은 당신이 느낌을 잘 인식하게 만들 수 있고 연민과 균형감을 가지고 느낌을 다루도록 도와준다. 마음챙김 훈련에서, 당신은 느낌을 밀어내지도 그것에 빠지지도 않으면서 "목격하는" 관점으로 자신의 느낌을 쳐다보도록 배운다. 또한 비판하지 않으면서, 경험을 말로 표현하듯이 느낌에 명칭을 붙이는 연습을 한다. 그런 전략은 강한 정서적 반응으로부터 한발 물러나 충동적인 행동에 저항하도록 도와준다. (8단계 프로그램의 제6단계에서 어려운 정서를 변환시키는 여러 가지 마음챙김 전략을 소개한다.)

---

📖 연구가 보여주는 것

## 마음챙김과 정서 조절

정서 조절을 도와주는 마음챙김에 관한 좋은 연구가 있다.[23] 최고의 연구는 우울증에 관한 연구로서 MBCT(Mindfulness-Based Cognitive Therapy)가 우울증의 재발 방지에 효과가 있었다는 것이다.[24] 엑서터 대학의 빌렘 쿠이켄(Willem Kuyken) 박사의 연구는 우울증에 대한 관리 치료에 MBCT를 포함하면 재발의 위험을 줄이고 대부분의 환자에게서 항우울제를 끊을 수 있음을 보였다.[25]

정서에 대한 마음챙김의 효과는 다른 각도에서도 연구되었다. 개인의 특질(소인적 마음챙김)로서 마음챙김에 대한 수용 능력을 보는 것이고 그것이 전반적인 심리적 웰빙에 어떻게 관련되는지를 보는 것이다. 로체스터 대학의 커크 브라운(Kirk Brown) 박사와 리처드 라이언(Richard Ryan) 박사는 소인적 마음챙김이 높은 사람은 전반적으로 근심과 우울증 수준이 낮고 덜 신경질적이며 덜 반추하고 자기 폄하를 덜하는 것을 보였다. 또한 그들은 높은 정서적 지능과 긍정적 정서를 가지는 경향이 있었다.[26]

화나 갈망 같은 충동적인 정서가 생기면 마음챙김 기반의 처방이 유익하다. 예를 들면, 싱 박사의 선행 연구는, 화를 관리하는 문제로 자주 입원했던 세 명의 환자에게서 화가 나는 상황에서 발바닥의 감각으로 주의를 옮겨가는 마음챙김 명상이 언어적·신체적 공격성을 줄이는 효과가 있었음을 보였다.[27] 또한 다른 연구들은 중독에서의 갈망과 폭식에 대한 충동이 마음챙김 훈련으로 개선될 수 있음을 보여주었다.[28]

## 스트레스 극복하기

ADHD를 가진 것은 스트레스인데 그 스트레스는 보통 일찍 찾아온다. ADHD 아이들은 삶의 질이 건강한 아이에 비해서뿐만 아니라, 심지어는 만성천식인 아이들에 비해서도 낮다.[29] ADHD 아이들은 흔히 다르게 느끼고, 사회적으로 고립된 느낌을 갖고, 학업 수행에 많은 어려움을 겪는다.

ADHD 성인은 보통 대학에서나 직장에서 교제를 하는 데 지속적인 스트레스를 느낀다. 불행하게도 경제적 어려움과 약물 남용, 운전사고, 이혼이 ADHD 성인에게는 흔하게 나타난다.[30] 나는 명상 훈련 수업에서 많은 ADHD 성인들이 스트레스와 중압감을 느끼는 것을 본다. 그들은 자주 뒤처진다고 느끼고, 필요로 하는 것을 끊임없이 따라잡으려고 노력한다. 가끔 자신이 공허하게 달리고 있는 것 같다고도 생각한다. 그들은 ADHD와 함께 살아가고 있지만 ADHD와 더불어 잘 살아가고 있지는 않다.

### 어떻게 마음챙김이 도움이 되나?

다른 심신 기법처럼 마음챙김 훈련은 몸의 이완을 돕는다. 그것은 강하거나 만성적인 스트레스의 생리학적 효과에 대응한다. 한 번에 몇 분간 만이라도 마음챙김 할 시간을 챙기는 것, 예를 들면 하루 동안 여러 번 호흡을 알아차리는 것이 매일의 스트레스로부터 영향을 받는 데 큰 변화를 줄 수 있다. 그 훈련은 즐거움과 웰빙과 같은 긍정적인 정서를 경험하게 한다.

마음챙김은 또한 우리의 경험에 대하여 긍정적인 전환을 촉진한다. 예를 들면, 스트레스를 받는 상황에서 마음챙김은 수치심, 실망, 좌절 대신에 호기심과 연민을 북돋운다. 어떻게 당신이 상황을 보고 당신의 환경에 연관시키느냐가 스트레스 수준에 크게 변화를 줄 것이다.

## 마음챙김과 스트레스

마음챙김이 의료에 처음 도입된 것은 매사추세츠 대학의 존 카밧진 박사가 개발한 MBSR로서, 그것은 만성 통증과 스트레스에 대한 처방이었다. 그때 이후로 많은 연구들은 원인을 불문하고 MBSR가 암 환자부터 의대생에 이르기까지 스트레스를 감소시켜줄 수 있음을 보였다.[31] 스트레스의 감소는 긍정적인 정서를 향상시키고 생동감과 자기 수용을 동반했다.

MBSR 훈련은 또한 몸과 뇌의 기능을 향상시키는 것으로 나타났다. 예를 들면, 위스콘신 대학의 리처드 데이비슨(Richard Davidson) 박사의 연구는 생명공학 종사자 그룹을 대상으로 하여 절반은 8주간 마음챙김 훈련을 받도록 했다. 그룹의 개개인은 연구 시작에 독감 백신을 맞았고 모두 뇌파 검사를 8주 훈련 전후로 하였다. 그 결과, 마음챙김 훈련을 받은 사람이 받지 않은 사람에 비해 백신에 좋은 반응을 보였고 더 낙관적임을 나타내는 뇌파로 변한 것을 보여주었다.[32]

### 대인 관계

ADHD는 보통 대인 관계가 힘겹다. ADHD 아이가 있는 가족은 가족 스트레스가 높고 가족 간 갈등, 결혼 생활 부적응을 겪는다. 그리고 ADHD 성인은 결혼 생활에서 갈등을 많이 겪으며, 이혼율도 높다.[33] 이런 대인 관계의 부정적인 효과는 다른 사람들뿐만 아니라 자기 자신과의 관계에도 영향을 미친다. 낮은 자부심과 자기 부정은 ADHD에서 흔하다.[34]

#### 어떻게 마음챙김이 도움이 되나?

마음챙김은 부정적인 정서를 관리하고 다른 사람과 사려 깊게 소통하는 것을 가르친다. 그래서 대인 관계에서 만족을 증가시키고 훈육에 도움이 되고 사교 생활을 세련되게 한다.

더구나 마음챙김은 자신에게 더 연민을 가지고 친밀감을 느끼도록 만들어준다. 정신과 의사이며 정신 건강에서 유아기 애착의 역할에 대한 전문가인 대니얼 시걸 박사는, 마음챙김은 자신에게 보살피고 주의하는 관계를 조성하는 수단으로서, 자기 자신을 조율하는 훈련이라고 기술했다.[35] 그러한 면밀한 조율은 아동 초기에 종종 손상되는데, 이것이 자신을 아는 데 있어서 평생의 장애를 만든다. 마음챙김 명상은 그러한 장애를 극복하도록 돕고, 다른 사람과의 친밀성에 대한 수용력을 높일 수 있다.

---

📖 연구가 보여주는 것

## 마음챙김과 대인 관계

학술 논문에서 마음챙김은 대인 관계를 개선하는 수단으로 제안되어 왔다. 그러나 관련 연구의 수는 여전히 적다. 이 장의 앞에서 언급한 것과 같이 싱(Singh) 박사의 연구는 아이 어머니에 대한 마음챙김은 ADHD 아이들에게 긍정적인 영향을 미침을 보여주었다. 연인 관계에 대한 연구에서는 마음챙김 기반의 처방은 커플에게 대인 관계에 대한 스트레스를 감소시키고 대인 관계 만족감을 증가시켰으며, 커플의 관계 경험과 친밀감, 서로 간의 수용감을 개선했다.[36]

치료자와 환자의 상호작용에 명상이 미치는 영향을 탐구한 연구도 있다. 환자를 보기 바로 직전에 명상을 한 치료자 그룹과 한때 명상을 한 치료자 그룹을 비교했을 때, 후자가 환자에 대해 친밀감을 덜 느꼈다. 이 연구는 치료 직전에 명상한 치료자의 환자는 그렇지 않은 치료자의 환자에 비해 증상에서 더 많은 개선이 있고 처방에 대해 만족도가 더 높았음을 보여주었다.[37]

## 뇌 훈련: 뇌가소성의 힘

지난 수년간, 뇌가 전 생애에 걸쳐서 성장, 변화한다는 발견에 학계가 큰 흥분에 휩싸였다. 이러한 뇌의 성질이 바로 뇌가소성(neuroplasticity)이다. 이 용어는 'neuro(뇌에 관련된)'와 'plastic(유연한 혹은 변화 가능한)'의 두 단어로 만들어졌다. 뇌는 자신의 경험에 반응해서 변화된다. 특히 경험이 반복될 때 더 그러하다. 뇌과학자들은 뇌가소성이 어릴 때만의 양상이라고 생각했으나 지금은 뇌가 생애를 통해서 적극적으로 적응한다고 생각한다.[38] 이 발견은 다른 뇌 훈련 기술에 관심을 불러일으켰다.

---

### 뇌가소성의 예

- 택시운전사들은 방향과 지도를 외울 때 시각적·공간적 정보를 많이 암기해야 한다. 영국의 뇌 영상 연구에서는 택시운전자와 일반인을 비교했을 때 기억에 중요한 역할을 하는 해마가 택시운전자에게서 더 많이 두껍게 나타나고 더 개발되어 있다고 보고했다.[39]
- 작업 기억을 증가시키는 컴퓨터 게임을 했던 ADHD 아이들의 뇌 활동이 4주간의 훈련을 통해 증가했다.[40]

---

주의는 뇌가소성의 주요인이다. 우리가 주의를 이끄는 곳이 어느 뇌 회로가 작동하고 변형되는지를 결정한다. 한 연구가 이를 잘 검증했다. 두 그룹의 원숭이들을 일반적인 소리와 손가락을 두드리는 소리가 있는 동일한 환경에 노출시켰다. 그중 한 그룹은 하나의 소리의 주파수에 주의를 기울이도록 훈련했고, 다른 그룹은 손가락 두드리는 소리에 주의를 기울이도록 훈련했다. 나중에 두 그룹의 뇌 기능 변화를 비교한 결과, 하나의 소리의 주파수에 주의를 집중했던 원숭이는 청각 피질이 더 개발되었고 다른 그룹에서는

그 영역에 변화가 없었다. 유사한 환경임에도 원숭이의 의도적 주의 집중이 뇌에서 변화를 일으킨 것이다.[41]

## 건강한 뇌가소성을 자극하는 방법으로서의 명상

뇌가소성의 이해는 명상에 대한 생각을 혁신시켰다. 명상을 통하여 우리의 뇌를 긍정적인 방법으로 반복해서 사용함으로써 뇌 기능과 뇌 구조에까지 영향을 줄 수 있음을 알게 되었다. 오래 수련한 명상가에 대한 연구가 이런 관점을 지지한다. 예를 들면, 하버드 대학의 사라 라자르(Sara Lazar) 박사는 오래 수련한 명상가는 주의와 관련된 뇌의 영역이 보통 사람에 비해 두껍고 잘 발달되어 있다고 밝혔다. 또한 명상가의 전두엽은 전형적인 노쇠에 의해 얇아지는 것에도 저항력이 있다고 했다.[42] 네덜란드 암스테르담 대학의 헬레인 슬라흐터(Heleen Slagter) 박사가 한 또 다른 연구는 소위 주의 깜빡임(attention blink)을 발견했다. 두 개의 정보가 순서대로 주어질 때 뇌는 첫 번째 정보를 처리하느라 나중에 주어지는 정보는 인지하지 못한다. 이 연구에서 오래 수련한 명상가는 두 개의 정보를 모두 인지하는 경향이 비명상가에 비해 많았다. 전체적으로 이 연구는, 오래 수련한 명상가의 뇌는 들어오는 정보를 처리하는 방법에서 효율적임을 보여주었다.[43]

뇌에 의미 있는 영향을 주기 위하여 얼마만큼 명상 훈련을 해야 할까? 이 질문은 계속 탐구될 것이다. 마음챙김으로 뇌 구조를 변화시키는 데는 지속적인 훈련으로 적어도 몇 주가 걸릴 가능성이 크다. 신체 훈련과 마찬가지로 단 한 번의 훈련으로도 기분 좋게 느낄 수도 있지만, 체력 증가나 신체 단련은 수 주간의 훈련이 필요하고 근육 구조가 바뀌려면 더 오랜 시간이 필요하다. 신체 훈련과 같이 뇌 역시도 더 많이 명상하고 더 강하게 할수록 효과는 더 클 것이다.

몇몇 연구들은 뇌에 긍정적인 변화를 가져오기 위해 수년을 마음챙김 명상에 쏟을 필요는 없다고 말한다. 중국 다롄 대학의 탕 이웬(Yi-Yen Tang)

박사와 오리건 대학 연구자들은 공동 연구를 통해 4일의 명상 후에 주의가 향상됨을 보였다.[44] 매사추세츠 병원의 브리타 휠젤(Britta Hölzel)은 8주의 MBSR 과정 후에 뇌의 회백질이 증가했다고 보고했다.[45] 후속 연구에서는 영향을 받은 뇌 영역이 학습과 기억, 정서 처리, 자기 성찰, 다양한 관점을 받아들이는 능력에 중요한 역할을 하는 것으로 밝혀졌다.

우리의 목적을 위해서, 마음챙김 훈련이 ADHD에 영향을 받는 뇌의 바로 그 영역, 즉 전전두엽과 전방대상피질의 기능을 향상시키는 것 같다는 것을, 마음챙김의 뇌 영상 연구가 보이고 있다는 것을 아는 것이 중요하다. 이들 뇌의 영역은 주의와 생각, 정서의 조절과 같은 자기 조절에 중요하다. 명상 전과 후의 ADHD 아동과 성인의 뇌의 변화에 대한 연구가 아직은 가능하지 않지만, 그래도 이것은 추가적인 탐구를 할 수 있는 시기가 무르익은 흥미로운 분야다.

# 8단계 프로그램을 위한 준비

이 장은 주의를 개선하고 더 큰 정서적 균형을 찾기 위한 마음챙김 기반 8단계 프로그램을 시작하기 위한 준비로서, 개요와 훈련 팁을 제공할 것이다. [이 프로그램을 수행하면서 흔히 생기는 질문에 대해서는 책의 후반부에 있는 자주 하는 질문(FAQ)을 참고하라.]

## 마음챙김은 놀이와 같은 훈련이다

여러분 중 일부는 "명상"이나 "8단계 프로그램"이라는 단어를 보는 것만으로도, 해야 할 것이 많은 벅찬 일이라고 생각할 것이다. 명상에 대한 부정적인 경험이 있다면, 아마도 명상을 배우는 스스로의 능력을 의심할 수도 있다. 그러나 두려워하지 마라. 마음챙김의 핵심은 탐구이고, 계획과 노력이 요구되는 만큼 상당한 휴식과 내려놓음, 즐거움이 있는 여정이다. 마음챙김은 또한 "당신"의 여정이다. 따라서 당신의 생활과 선호에 적절히 맞추면 된다. 예를 들어, 나는 당신에게 다음 단계로 넘어가기 전에 각 단계에서 서술한 훈련을 수행하는 데 1~2주간을 가지기를 권하지만, 당신은 적게든 많게든 시간을 융통성 있게 쓰면 되고, 자신에게 필요한 단계로 되돌아갈 수도 있으며, 휴식을 취해도 된다.

## 공식 훈련과 비공식 훈련

8단계 프로그램에서 당신은 서로 보완하는 공식 명상과 비공식 명상의 두 가지 마음챙김 훈련을 배울 것이다.

**공식 명상**은 우리가 전형적으로 생각하는 전통적인 명상 훈련(정좌 명상 또는 걷기 명상)이다. 이 책의 부록으로 제공하는 음성 프로그램은 이 훈련을 이끌어주고 도와줄 것이다.

**비공식 명상**은 일과 중에 마음챙김으로 자각하는 것이다. 일상에서 언제 어디서나 주의를 현재 순간으로 가져오는 것이다. 나의 환자 중 한 사람은 그것을 "끊임없는 마음챙김"이라고 했다.

### 정신 훈련은 신체 훈련과 같다

마음챙김 훈련은 신체 훈련과 유사한 정신 훈련으로 생각할 수 있다. 공식 훈련은 정규 체력 단련이나 다른 규칙적인 활동을 하는 것과 같다. 예를 들면, 매일 아침 10분간 러닝머신을 뛰거나 매일 저녁식사 후 1마일씩 산보를 하는 것이다. 비공식 훈련은 생활 중에 활동적일 기회를 찾는 것과 같다. 직장에서 엘리베이터 대신에 계단을 이용하는 것이다. 양쪽 활동 모두 신체적으로 건강해지는 데 도움이 된다. 특별히 하루 중에 계단을 여러 번 걸으면 더 도움이 된다.

유사하게 두 종류의 마음챙김 훈련 모두 가치 있고 서로 보강한다. 이 책에 소개한 많은 훈련들이 공식 명상으로 설명되어 있지만 비공식 명상으로도 훈련할 수 있다는 것을 금방 알게 될 것이다. 예를 들면, 당신은 소리-호흡-몸 명상을 공식적인 10분 정좌 명상으로 훈련할 수도 있고, 일과 중에 여러 번 마음챙김 자각(mindful awareness)을 호흡, 몸의 움직임 그리고 주위의 소리에 가져갈 수도 있다.

## 공식 마음챙김 훈련의 팁

**길이:** 이 책에서는 공식 훈련을 5분에서 15분까지로 한다. 음성 프로그램을 이용하거나 없이도 할 수 있다. 하지만 많은 사람들이 음성 프로그램을 따라서 시작하는 것이 도움이 된다고 하였다. 훈련에 익숙해지면, 혼자서하거나 더 오랜 시간 앉아서 훈련해볼 수 있다. 많이 훈련할수록, 마음챙김을 당신의 삶으로 가져오는 데에 능숙해질 것이다.

**자세:** 공식 마음챙김 훈련은 보통 앉아서 한다. 어떤 특이한 자세나 의례적인 자세가 있는 것은 아니다. 그냥 등을 바로 세우고 이완된 자세를 취한다. 이 자세는 의식을 또렷하게 하고 신체적 긴장을 최소화할 수 있도록 도와줄 것이다. 당신이 자신의 몸을 장악하여 품위 있는 자세로 앉기를 권하지만 강권하지는 않는다. 눈은 감든가 아래를 향하여 한곳에 머물도록 한다.

**장소:** 정좌 명상은 등받이가 있는 의자에서나, 바닥에 방석을 깔고 양반다리 자세로 할 수 있다. 방석을 사용한다면 무릎이 바닥에 편안하게 놓였는지 확인한다. 무릎이 바닥에 닿도록 엉덩이 아래에 방석을 받치고 자세를 잡는다. 몸이 유연하지 않아 무릎이 바닥에 닿지 않으면, 담요를 말거나 베

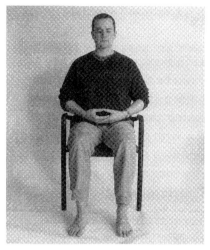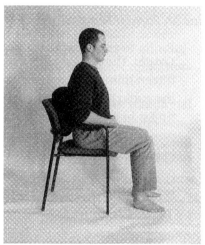

개를 이용하여 각 무릎 아래에 둔다. 의자에서 하든 방석에서 하든, 손은 무릎 위나 배꼽 아래에 둔다. 의자는 쉽게 이용할 수 있는 의자면 다 괜찮다. 나의 ADHD 환자 중 한 사람은 치과의사인데, 환자를 보는 사이에 마음챙김 명상을 하기 위해서 치과용 의자를 사용했다.

**어려움:** 만약 어느 시점에 꼼짝 않고 앉아 있는 것이 너무 힘들면, 당신과 당신의 ADHD에 대한 친절함으로서, 자유롭게 자리를 옮기거나, 정좌 명상 대신에 걷기 명상을 하거나(제1단계에서 자세히 설명한다.), 아니면 그냥 멈추고 나중에 다시 하면 된다. 이 프로그램의 기초 단계가 당신에게 도전이 되더라도, 자신을 위한 옳은 것에 귀를 기울여야 한다.

**혼자 혹은 다른 사람과 함께?:** 집에서 공식 명상 훈련을 하는 대부분의 사람은 "혼자만의 시간"에 혼자 한다. 그러나 지속적으로 훈련하려면 다른 사람들과 같이 하는 것이 더 좋다고 한다. 다른 사람들과 같이 하는 것이 동기와 지속성을 줄 것이다. 배우자나 마음챙김 수업반의 친구, 또는 당신의 ADHD 지원 그룹과 함께 시도해보고, 서로의 경험을 공유해보라. 개인의 반응들에 유사점과 차이점이 있음을 보고 놀라게 될 것이다.

### 비공식 마음챙김 훈련의 팁

**길이:** 비공식 마음챙김 훈련은 당신 내부나 당신 주위에서 일어나는 것에 주의와 호기심을 가져가도록 주기적으로 기억하는 것을 포함한다. 이것을 하는 데에는 수 초에서 수 분의 시간이 걸릴 것이고 하루에 여러 번 반복될 수 있다.

**자세와 장소:** 이러한 형태의 마음챙김 훈련은 특별한 자세나 장소가 필요하지 않고, 또 따로 챙겨서 해야 할 무언가처럼 느껴지지 않는다. 오히려 일상 중에 당신이 통상 하고 있는 것과 관련짓는 새로운 방법이다. 예를 들면 이를 닦거나, 출근하기 위해 운전을 하거나, 친구에게 말을 하거나, 먹거나, 몸을 단련하는 행동에 증가된 주의를 가져갈 수 있다. 사실 지금 이 순간에도 그것을 할 수 있다. 예를 들면 이 글을 읽을 때 어깨를 의식하고 거기에 있는 어떤 감각을 알아차리는 것이다.

**어려움:** 비공식 명상 훈련은 하기는 쉬우나 하는 것을 기억하기가 어렵다. 그래서 초보자에게 리마인더가 도움이 된다. 예를 들면 폰에 알람을 설정해서 두 시간마다 깊은 마음챙김 호흡을 하도록 한다. 훈련을 하면, 더 자동적이고 더 자연스럽게 현재 순간으로 돌아오게 된다. 하지만 이 훈련의 어려운 것 중 하나는 강한 정서 안에서는 마음챙김이 어려울 수 있다는 것이다. 제6단계에서는 이런 장애를 극복하는 방법을 제시한다.

## 생각과 느낌에 명칭 붙이기

마음챙김 훈련을 할 때는 불가피하게 주의가 현재에서 떠나 방황하는 순간이 있다. 예를 들면, 호흡에 주의를 기울이는 것을 멈추고, 대신에 저녁에 무슨 요리를 할 것인가를 생각하거나, 그날 직장에서 했던 어려운 대화를 재연하는 것이다. 명칭 붙이기는 주의가 방황하는 때를 주목하고 주의를 부드럽게 현재로 돌아가게 하는 좋은 도구다.

명칭을 붙일 때 우리는 "계획하기", "걱정", "가려움", "참지 못함" 등과 같이 매 순간의 경험을 기술하는 단어나 문구와 함께 마음이 가는 곳을 자신에게 조용히 알린다. 가장 유용한 명칭 중 하나는 "생각"이다. 그것은 우리를 현재 순간으로부터 끌어내는 대부분을 포함한다. 이것은 공식 명상과 비공식 명상 과정에서 수행될 수 있다.

---

마음챙김 = 지각하기(perceiving)나 알아차리기(noticing)

명칭 붙이기 = 알아차린 것을 단어나 문구로 기술하는 것

---

자신을 비난하는 방법으로, 예를 들면, "어이쿠, 또 생각하네! 내게 뭐가 잘못됐지?"와 같은 명칭 붙이기를 하는 것은 좋지 않다. 모든 사람들의 마음이 방황한다는 것을 기억하라. 불교 명상 교사인 페마 초드론은 학생들에게 생각들에 명칭을 붙이는 것은 깃털로 공기 방울을 건드리는 것과 같아야 한다고 가르쳤다. 공기 방울을 부드럽게 터뜨리고 호흡으로 돌아간다는 것이다. 당신의 마음이 떠돌아다니는 것을 알아차렸을 때 그런 부드러운 터치를 사용하라.

또한 명칭을 붙이는 것은 힘든 생각이나 느낌을 관찰하는 데 도움이 된다. 진료 경험과 뇌 연구에 따르면, 정서적 상태에 명칭을 붙이는 것이 우리의 신경계를 차분히 하고 강한 부정적 생각과 느낌을 관리하게 할 수 있다고 한다.[1] 당신이 그것에 명칭을 붙이면 당신은 그것을 길들일 수 있다. 힘든 느낌에 명칭을 붙일 때는, 자신과 동일시하지 않고 목격자적 관점으로 무엇이 일어나는지를 알아차리라. 예를 들면, "내가 판단하고 있다."라고 하는 대신에 "아, 부정적 판단" 또는 단순히 "판단"이라고 붙이라. "내가 화가 난

다.”라고 말하는 대신에 그냥 “아, 화가 있다.” 혹은 그냥 “화”라는 말을 사용하라. 이것이 우리가 가지고 있는 생각과 느낌으로부터 한걸음 물러나서, 우리와 우리 주위의 세계에 대한 마음의 패턴을 자동적으로 보지 않고 “있는 그대로” “진실”로써 관찰하게 도와준다.

다시 말하지만, 마음챙김 훈련 동안 마음은 어떤 시점에서 방황할 것이다. 모든 사람이 그러할 것이고 ADHD를 가진 사람은 더할 것이다. 또한 마음이 방황하는 것은 명칭을 붙이고 당신의 마음이 어떻게 움직이는지 아는 기회가 된다. 사실 당신이 ADHD를 가지고 있다면, 산만함을 알아차리고 명칭을 붙이는 기회가 많을 것이다. 산만함이 나타날 때, 당신은 마음속에 단순히 “방황” 또는 “생각”이라고 하면 되고 마음이 떠다니는 곳의 간단한 마음사진을 찍으면 된다. 그런 후에 주의를 기울이고자 의도했던 대상으로 주의를 부드럽게 가져간다.

모든 것에 완벽하게 명칭을 붙이려고 하지는 마라. “호흡”이나 “생각” 등과 같이 분명한 것을 가지고 시작하면 된다. 훈련하면 보다 섬세한 지각 수준에 대해 명칭을 붙이는 것이 쉬워질 것이다. 제5단계와 제6단계에서 힘든 생각과 정서에 대한 명칭 붙이기를 이야기할 것이다.

## “나의 ADHD”: 당신 자신의 고유한 ADHD 패턴을 관찰하라

이 책을 읽는 일부 독자는 ADHD에 대해 많이 알고 있고, 또 일부 독자는 ADHD가 그들의 삶에서 어떤 의미가 있는지를 이해하기 시작했을 것이다. 그러나 당신이 ADHD 여정의 어디에 있든지 지금 시간을 내어 공통적인 ADHD 증상을 살펴보고 ADHD가 어떻게 당신의 삶에 영향을 미치는지 생각해보기를 권한다. 그런 검토가 나중에 훈련 단계를 진행할 때 당신의 ADHD 패턴을 마음챙김으로 인지하는 데 도움을 줄 것이다.

체크리스트는 책의 후반부에 실었는데 스스로를 돌아볼 수 있도록 도와줄 것이다. 증상을 돌이켜볼 때는 연민을 가지고 비판단적으로 하라. 당신이 조사하는 태도와 비반응적인 태도로 할 수 있는지 보라. 다시 숙고할 때는 ADHD를 "결핍"이 아닌, 예를 들어 생물학적 다양성과 같은 차이로 재구성해보라. 자신의 ADHD에 무엇이 포함되어 있고 무엇을 알기를 원하는지, 어떤 것에 열린 마음이 필요한지 등 새롭게 생긴 호기심을 가지고 자신의 타고난 ADHD 증상의 별자리에 다가갈 수 있는지 보라. 종종 당신을 잘 아는 배우자나 친구와 함께 돌이켜보는 것도 도움이 될 것이다. 그들은 당신이 알지 못하는 어려움들을 지적해줄 수 있다. 다시 한 번 말하지만, 당신과 다른 사람들이 각기 다른 시각에 대한 열린 마음과 연민의 마음으로 당신의 증상들을 살펴보는 것이 중요하다. 그리고 당신이 이 훈련을 유머를 가지고 할 수 있다면 더 좋을 것이다!

---

### 당신의 ADHD 증상에 대한 마음챙김 검토

214~217쪽에 있는 ADHD 체크리스트를 살펴보고 당신 자신에게 어떤 증상이 있는지 질문해보라.

나의 ADHD는 어떠한가?

ADHD가 내 삶에 어떻게 영향을 주는가?

직장이나 대인 관계에서와 같은 특정한 상황을 떠올려 이들 질문들에 답을 하고, 마찬가지로 다른 사람들에게도 질문해보라.

#### 당신이 알아야 할 것들
1. 최근의 임상 가이드라인에 따르면, 주의력 결핍이나 충동적 과잉 행동의 아홉 가지 증상 중 적어도 여섯 가지가 ADHD 진단의 기준에 맞아야 한다. 또한 어린 시절에 어느 정도 증상을 겪은 이력이 있고 적

어도 생활의 두 가지 영역에서 현저한 어려움을 겪어야 한다.

2. 성인 ADHD에 대한 우리의 생각은 변천하고 진화하여, 집행 기능과 정서 조절 증상을 포함하는 새로운 체크리스트가 개발되었다. 성인 ADHD의 확장된 체크리스트에 관해서는 러셀 바클리 박사의 저서 *Taking Charge of Adult ADHD*를 참고하라.

3. 체크리스트가 이런 증상들을 확인하는 데 도움을 주지만, 그것이 임상가의 공식적인 평가를 대체할 수는 없다. 임상가는 당신이 자신의 경험들을 알아차리도록 도울 수 있고, 다른 조건과 환경이 ADHD 증상에 기여하는지를 평가해준다.

# ADHD를 위한 마음챙김

## 8단계 프로그램

# 도입

제2부에서는 ADHD를 위한 마음챙김 8단계 프로그램을 소개한다. 제1~3단계에서는 자동 조정(automatic pilot)에서 나와, 주의 조절을 연습하고, 현재 순간에 집중하는 능력을 강화하는 데 초점을 맞춘다. 제4~8단계에서는 당신의 생각과 느낌, 행동을 관찰하고 관리하기 위한 핵심적인 마음챙김 기술을 어떻게 사용할 수 있는지 보여준다. 그 단계들은 서로를 기반으로 하기 때문에 제시된 순서대로 하는 것이 좋다. 다음 단계로 이동하기 전에 각 단계에서 설명한 마음챙김 훈련을 탐구하는 데 1~2주를 보내는 것을 추천하지만, 자신의 속도에 맞추어 편하게 다음 단계로 진행해도 괜찮다.

이 책에는 8단계 프로그램에서 선택된 훈련을 안내하는 명상법 오디오 CD가 첨부되어 있다.

# 각 단계의 개요

**제1단계** 좀 더 현재에 머물라: 주의와 오감

**제2단계** 방황하는 마음에 집중하라: 마음챙김 호흡

**제3단계** 당신의 자각을 주도하고 닻을 내리라: 소리, 호흡, 몸의 마음챙김

**제4단계** 당신의 몸에 귀를 기울이라: 몸 감각과 움직임에 대한 마음챙김

**제5단계** 당신의 마음을 관찰하라: 생각에 대한 마음챙김

**제6단계** 당신의 정서를 관리하라: 느낌에 대한 마음챙김

**제7단계** 기술적으로 대화하라: 마음챙김 듣기와 말하기

**제8단계** 효과적이도록 속도를 늦추라: 마음챙김 결정과 행동

# 제1단계  좀 더 현재에 머물라

## 주의와 오감

릭은 항상 정신없이 바쁘고 주의를 계속 이리저리 바꾼다. 온종일 휴대폰을 확인하고 동시에 여러 가지 일을 하는 것이 그의 일상이다. 식사하는 동안에는 자주 신문이나 텔레비전, 아니면 둘 다를 본다. 컴퓨터를 할 때는 여러 화면을 띄워 놓고 이메일, 페이스북, 트위터, 작업 파일을 왔다 갔다 하는 경향이 있다. 운전할 때는 자주 업무 통화를 한다. 최근에 그는 더 산만해지고 스트레스를 받고 쉽게 피곤해지는 것을 느끼지만, 그것들이 해소되지 않고 있다.

많은 사람들이 빠른 속도의 삶을 살고 있고 우리의 주의는 끊임없이 다른 방향으로 끌려간다. 여러모로 이것은 끊임없는 정보와 오락을 제공하는 전자 시대의 표상이라 할 수 있다. 그러나 이런 끊임없이 움직이는 산만한 생활은 ADHD를 가진 성인에게는 항상, 매우 흔하게 있어 왔다. 과잉행동형 ADHD가 있는 릭과 같은 사람들은 충동적으로 이 일에서 저 일로 옮겨 다녀서 보통 한 번에 여러 가지 일을 한다. 이와 달리 부주의형 ADHD가 있는 리앤이라는 내 환자와 같은 사람들은 쉽게 산만해져서, 이런 식으로 한 번에 여러 일을 하는 상황에 처한다. 결국, 릭과 리앤 모두 자주 산만해지고 스트레스를 받는다.

산만해지는 이유는 다양하지만, 그 해결책은 하나, 즉 의도적으로 멈추고 자신의 주의를 현재의 순간으로 전환하는 것이다. 이러한 전환은 우리가 이리저리 내몰리고 산만해지거나 딴 데 정신이 팔리는 것에서 물러나 우리의 행동에 새로운 선택을 할 수 있는 기회를 만들어준다. 이 전환, 즉 필수적인 멈춤은 결국 우리가 자동 조정 모드에서 나오게 하는 제동 메커니즘이 된다. 멈추는 것을 배우면, 우리는 스스로에게 다음과 같이 좀 더 쉽게 말할 수 있다. "앞으로는 어쩌면 이 방법(멈추는 것)으로 이것(자동 모드에서 나오는 것)을 할 필요가 없을 것이다."

## 주의 과학

당신이 ADHD가 있다면 아마 집중 부족에 대해 '왜 난 주의를 기울이지 못할까?'라는 식의 좌절과 낙담이 섞인 생각을 하는 경향이 있을 것이다. 그러나 우리는 기본적인 멈춤과 현재의 순간으로 주의를 전환하는 것에 중점을 둔 8단계 프로그램의 첫 단계를 시작하면서, 과학자가 주의가 무엇인지, 다른 환경에서는 주의가 어떠한지에 관하여 연구하듯이 당신도 그렇게 주의에 대하여 깊이 생각하기를 권한다.

과학적 주의 연구에 따르면, 주의는 단일의 정신 기능이 아니라 여러 다른 갈래 또는 네트워크를 가진 복잡한 시스템이다. 주의에 대한 저명한 연구자인 오리건 대학의 마이클 포스너(Michael Posner) 박사는 각성과 지향 그리고 집행적 주의(executive attention)로도 불리는 갈등 주의로써 세 개의 주의 네트워크를 설명한다.[1]

각성(alerting)은 경험에 반응하기 위해 주의를 준비하는 것과 관계가 있고, 시간이 흐르는 동안 각성을 잘 유지하도록 한다. 경계(vigilance)와 각성 흥분(alert arousal)이 이 네트워크와 관련되어 있다. 당신이 무언가에 관심이 있을 때의 주의의 질을 생각해보고, 어떤 일을 지루하거나 반복적으로 경험할 때 감소된 주의의 질과 비교해보라. 휴식할 때와 피곤할 때 주의를 집중하는 능력을 비교해보라. 주의의 선명도와 준비성의 차이가 각성의 차이를 만든다.

지향(orienting)은 감각 자극으로 향하는 주의의 이동이나 한 대상에서 다른 대상으로 주의를 전환하는 것과 관계있다. 예를 들면 이 페이지의 한 부분에서 다른 부분으로 주의를 이동한다면 당신은 지향 네트워크를 작용한다. 지향은 자주 하나의 지점에서 다른 지점으로 시각적 주의를 이동하는 것과 관련되지만, 또한 주의의 내적인 전환도 의미한다.

갈등(conflict) 주의는 반응들을 선택하고 조절하는 것과 관련이 있고, 산만함에도 불구하고 주의를 집중하는 것도 여기에 포함된다. 예를 들면, 만약 당신이 가려운 감각을 무시하고 읽기를 계속한다거나, 이메일을 확인하고 싶은 충동에도 불구하고 청구서 지불에 초점을 유지한다면 당신은 갈등 주의 네트워크를 사용하고 있는 것이다.

## 주의는 손전등과 같다

손전등 비유는 세 갈래의 주의에 대한 감을 잡는 데 편리하다. 각성은 손전등을 켜는 것과 같고, 지향은 당신이 보기 원하는 지점을 가리키는 것과 같다. 그리고 갈등 주의는 다른 것이 주의를 분산시키더라도  빛을 계속 한곳에 비추는 것이다. 당신이 주의를 집중하는 곳이 어디든 손전등처럼 그 지점은 환해지고 좀 더 분명하게 지각된다.

연구는 ADHD에 있어서 모든 주의 네트워크가 동일하게 손상되는 것은 아님을 보여준다. 각성 및 갈등 주의 네트워크는 기능이 떨어지는 데 반해 지향 네트워크는 보통 온전하다.[2]

주의의 다른 측면을 설명하는 또 다른 방법이 있다. 선택적 주의(selective attention)는 다른 자극을 "무시하면서" 하나의 활동이나 대상에 초점을 맞추는 것이고, 분산적 주의(divided attention)는 하나 이상의 것에 주의를 주는 것을 의미한다. 그리고 지속적 주의(sustained attention)는 비록 하기 어렵더라도 각성과 집중 주의를 유지하는 것을 말한다. 일부 사람들은 자발적 주의(자기주도적 주의)를 주의가 가는 곳으로 적극적으로 이끄는 것을 의미하는 "하향식(top-down)"이라고 언급하는 반면에, 비자발적 주의(주의가 무엇에 의해 끌릴 때)는 "상향식(bottom-up)"이라고 부른다.

## ADHD 생활에서 주의

ADHD 성인들은 흔히 집중의 부족에서부터 주의 전환의 어려움 또는 과잉 집중에 이르는 주의 조절 어려움들의 전체 영역을 경험한다. 그들은 일반적으로 뭔가 일상적이거나 지루하면 주의 집중을 하는 데 큰 노력이 필요하다고 보고한다. 주의 분산과 산만함, 세부사항 간과, 부주의로 인한 실수에 대한 불평이 그들 사이에서 흔하다. 동시에, 참신하거나 재미있거나 흥미로운 과제들은 ADHD 성인을 매우 몰입하게 만들 수 있다. 이러한 과제들은 그들의 주의를 끌거나, 긴 시간 동안 과잉 집중을 유지하게 할 수 있다. 그러한 강한 집중은 프로젝트를 수행할 때는 자산이 될 수 있지만, 일상생활에서 문제를 만들 수도 있다. 과잉 집중했을 때 우리는 시간을 놓치고, 우리 주위에서 무슨 일이 일어나고 있는지 의식하지 못하며, 프로젝트의 세부 사항에 빠질 수 있다. 과잉 집중하는 사람은 기본적인 자기 관리에 소홀하거나(예를 들어, 배고픔을 느끼거나 휴식이 필요함에도 불구하고 몇 시간 동안 컴퓨터 앞에 앉아 있는 것), 다른 작업으로 전환하는 데 곤란을 겪거나, 아니면 다른 사람의 요청을 무시할 수 있다.

ADHD에서 문제는 주의를 기울이지 못하는 것이 아니라, 적시에 적당한 것에 주의를 기울이지 못하는 것이다. 따라서 ADHD를 극복하기 위해서는 주의와 집행 기능의 조절을 강화하는 전략, 즉 언제 어떻게 어떤 것에 초점을 유지하고, 언제 어떻게 초점을 다른 것으로 전환하는지를 아는 것이 매우 필요하다.

## 주의와 마음챙김

마음챙김은 각성과 주의를 유지하면서 이완하는 훈련이다. 이것은 우리가 일상생활에서 노력과 긴장, 스트레스를 가지고 주의를 기울이는 방법과는 대조적이다. 마음챙김은 노력으로 뭔가를 하는 것이라기보다는 경험을 있는 그대로 자신에게 드러내게 하는 것이다. 그런 이유로 종종 마음챙김을 자각으로 "젖어드는 것(dropping into)"이라고 말한다. 마음챙김은 현재의 순간에 집중하고 주의를 관찰하는 것이다. 다음에 나오는 훈련과 8단계 프로그램을 진행하는 동안 이를 명심하라.

---

마음챙김은 우리의 주의를 집중하고 관찰하는 것이다.

---

이제 몇 가지 짧은 마음챙김 훈련을 통해 주의의 다양한 측면을 조사해 보자.

## 시각적 주의와 자각을 가지고 해보기

주의와 자각은 보통 같이 다니지만, 서로 독립적일 때도 있다. 예를 들면, 움직임을 따라갈 때 우리는 주의를 기울이지만 완전한 자각이 부족할 수 있다. 익숙한 도로를 따라 차를 운전할 때가 이러한 마음 상태의 좋은 예다. 이에 반해 주변시(peripheral vision)로 볼 때에 우리는 직접적인 주의를 기울이지 않더라도 자각을 가질 수 있다. 마음챙김 훈련으로 우리는 삶에서 주의와 자각이 어떻게 기능하는지 관찰을 시작할 수 있다. 우리는 우리의 자각에 주의를 집중하고 우리의 주의를 자각할 수 있다.

다음은 루빈의 꽃병(Rubin's vase)[3]이라고 부르는 유명한 착시 현상으로, 주의와 자각 사이의 상호작용을 보여준다.


1. 당신은 다음 그림을 볼 때 무엇이 보이는가?

꽃병?

두 얼굴?

아니면 꽃병과 두 얼굴 모두?


여기서 핵심은, 당신의 자각은 당신의 주의를 어디에 두느냐에 달렸다는 것이다. 당신은 꽃병이나 두 얼굴 중 하나에 집중하거나 꽃병과 두 얼굴을 동시에 보려고 노력할 수 있다. 그러나 한 이미지에 집중하면 다른 것은 자각하지 못한다. 두드러지거나 주의를 끄는 이미지인 꽃병에 주의를 고정시키면 얼굴은 존재하지 않는 것과 같다. 삶에서도 물건을 보는 방법에 여러 가능성이 존재하더라도 우리는 그중 "고정된" 하나를 취할 수 있다.

2. 당신과 당신이 관찰하고 있는 것 사이의 물리적 공간을 알아차림으로써 당신의 자각을 더 확장할 수 있는가? 당신이 그렇게 할 때 어떻게 느끼는지를 알아차리라.[4]

훈련 1.2

## 비시각적 주의를 가지고 해보기

1. 눈을 감거나 아니면 눈을 뜨고 한곳을 응시한다.
2. 외부 세계에서 당신의 자각으로 무엇이 들어오는지를 알아차린다. 아마 소리나 방 안의 온도를 감지할 것이다.
3. 이제, 주의를 당신의 내부로 옮긴다. 무엇이 당신의 주의를 사로잡는지 본다. 예를 들면, 당신의 몸과 앉은 자리 사이의 접촉, 얼굴의 감각, 또는 호흡을 느낄 것이다. 느낌이나 생각을 알아차릴 수도 있다.
4. 당신의 주의를 머리에서 턱으로 옮겨서 치아를 꽉 물고 있는지를 확인한다. 턱에서 긴장을 알아차린다면 그곳의 긴장을 풀고 감각의 변화를 알아차린다. 내부 세계나 외부 세계에 집중하는 것이 얼마나 쉽거나 어려운지를 알아차린다.

## 오감의 재발견

이제 우리의 주의를 다섯 가지 기본 감각에 맞춤으로써 자동 조정으로부터 현재의 순간으로 마음챙김 전환하는 것을 계속 연습한다.

1. 보기
2. 듣기
3. 냄새 맡기
4. 맛보기
5. 만지기

일반적으로, 감각의 입력에 대한 반응으로 우리는 종종 자동적으로 생각하거나 비교하거나 반응하거나 기억하기 시작한다. 예를 들면, 사이렌을 보거나 들으면 아마 우리는 구급차를 생각하거나 아니면 그 큰 소리에 짜증으로 반응할 것이다.

다음 훈련은 이런 반응 대신에 의견이나 평가, 비교 없이 소리를 알아차리는 것과 같이, 감각의 직접적인 경험을 유지하도록 한다. 이 훈련은 그냥 습관적인 반응에 빠지는 대신에 보다 완전히 현재에 존재하는 훈련이다. 또한 오감에 집중하는 것은 우리를 보다 이완되고 덜 사로잡히고, 보다 생기 있게 느끼도록 도와줄 수 있다. 그것은 우리의 마음에 짧은 휴식을 주는 방법이다.

### 훈련 1.3

#### 오감에 맞추기

라디오의 각기 다른 방송에 채널을 맞춘다고 상상해보라. 첫 번째 방송에는 시각적인 신호를, 두 번째는 소리를, 세 번째는 냄새를, 네 번째는 맛을, 다섯 번째는 촉각을 선택한다. 이제 순차적으로 방송을 경험해보자. 각각을 "그냥 경험하는 것"을 연습하고 열린 태도를 유지한다.

**보기** 눈으로 주위를 살펴본다. 흥미로운 선, 색상, 질감, 각도를 잡아내는 데에 관심을 가진 사진작가가 된 것처럼 당신의 주위에 무엇이 있는지 당신의 시각으로 알아차린다. 보는 것에 대한 다양한 판단이나 생각을 알아차리지만, 그것들에 사로잡히지 말고 "그냥 보기"를 연습한다.

**듣기** 주위의 소리에 귀를 기울인다. 오고 가는 소리에 주의를 주고, 그 소리들 사이에 있는 침묵의 순간을 알아차린다. 각 소리에 관련된 정신적 연상에 사로잡히지 말고 소리의 자각을 연습한다. 소리를 분석하기 시작하면, 부드럽게 주의를 "그냥 듣는 것"으로 돌린다.

　불쾌한 소음에도 귀를 연다. 특정한 강도나 특징이 있는 진공청소기 소리 같은 친숙한 소리를 듣는 것을 연습한다. 우연히 조용한 공간에서 이 글을 읽게 되더라도(소리에 당신의 자각을 열 때 완전히 고요한 곳은 거의 없지만), 잠시 집중하면 그 소리를 알아차릴 수 있다.

**냄새 맡기** 어떤 냄새나 악취의 존재에 주의를 기울이면서 주위의 냄새를 알아차린다. 냄새가 없는 경우, 냄새가 없음을 알아차린다.

　주변에서 냄새에 대한 자각을 열 기회를 찾는다. 예를 들면, 손을 코에 가져가서 손등이나 손바닥, 손끝에서 나는 냄새를 알아차린다. 아마 비누냄새나 요리하던 음식 냄새, 땀 냄새 등을 맡을 수 있을 것이다. 이전과 마찬가지로, 냄새에 대해 생각하지 않는다. 대신, "냄새 맡기만" 연습한다. 당신은 또한 과일을 따거나, 매직펜을 열어 냄새를 맡을 수 있고, 꽃이나 식물의 냄새를 맡을 수 있다. 아니면 창의적으로, 당신의 신발을 벗어서 냄새를 맡아본다!

**맛보기** 다음으로, 맛의 감각에 맞춘다. 건포도, 포도, 초콜릿 또는 음료 같은 소량의 음식을 집는다. 음식을 씹거나 한 모금 머금을 때, 짠맛, 신맛, 쓴맛, 단맛 등의 기본적인 맛의 특징을 알아차린다. 이런 음식을 처음으로 먹는 것처럼 "그냥 맛보기"를 연습한다. 이 경험을 향상시키기 위해, 전에 먹어보지 않았던 음식으로 시도해본다.

**만지기** 마지막으로 촉감을 알아차린다. 갓난아기였을 때 우리는 세상에 대해 알기 위해서 손과 온몸, 입을 사용했다. 만져서 감촉을 느낄 수 있는 물체나 표면을 찾아서 이 감각을 탐구할 수 있는지 알아본다.

예를 들어, 당신은 손등을 입술에 부드럽게 터치하여 그 감각을 알아차릴 수 있다. 지금 손끝에 닿은 이 책의 표지 질감은 어떤가? 아마 당신은 부드럽거나 거칠거나, 차갑거나 따뜻한 느낌을 알아차릴 것이다. 손가락으로 허벅지를 눌러서 그 눌리는 감각을 탐구해본다. 또는 손을 비벼 손바닥이 나중에 어떻게 느끼는지 알아본다. 강한 감각을 느껴볼 수 있도록 얼음 조각을 잡아본다.

## 감각의 입력과 ADHD

### 감각 과부하

매일 우리의 감각은 연속적인 자극에 포격당한다. 당신이 ADHD가 있다면, 붐비는 식료품 가게나 인근의 지역 축제를 가는 일상적인 경험도 정신이 없고 에너지를 소모하는 일이 될 수 있다. 집중의 어려움과 많은 정보에 대한 우선순위를 정하는 것의 어려움으로, ADHD에서는 감각 과부하를 경험할 수 있다.

### 감각 처리의 어려움

ADHD가 있는 일부 사람들은 자주 감각 과부하를 경험한다. 그들은 아마 감각 처리의 어려움을 겪고 있을 것이다. 일부 감각을 통해 들어오는 정보는 압도적으로 느껴져 흔치 않은 반응을 일으킨다. 자기 목에 닿는, 티셔츠의 상표 태그 촉감을 참지 못하는 사람이나 약한 냄새에도 몹시 괴로워하는 사람을 생각해보라. 우리 모두는 감각적으로 좋아하고 싫어하는 것이 있지만, ADHD가 있는 사람은 그들의 감각 처리의 어려움이 일상적 기능을 방해할 수 있다. 그들은 더 많은 초조함이나 피로를 경험할 것이다. 예를 들면, 시끄러운 소리를 싫어하는 것이나, 전화가 울릴 때마다 머리털이 삐죽 서는 것이다.

만약 당신이 감각 처리에 어려움이 있다면, 오감에 맞추는 것은 당신의 감각 반응을 이해하는 기회가 된다. 예를 들면, 냄새에 민감한 경우, 당신은 즉시 짜증이나 분노를 느끼고, 향기나 냄새에서 멀어지려는 충동을 경험할 것이다. 당신이 진하게 냄새를 경험하는 사람이라면, 많은 냄새들이 당신을 불쾌하게 만들 것이다. 그러나 냄새를 감지하기 어려운 사람이라면, 관찰할 수 있는 여러 냄새를 찾는 데 자신이 더 창의적이어야 하고 많은 사물의 냄새가 잘 구분되지 않는다는 것을 알게 될 것이다.

## 일상생활에서의 마음챙김

ADHD에서는 지루한 느낌과, 참신함에 대한 갈망이 자주 그리고 쉽게 올 수 있다. 오감에 맞추는 것은 흥미와 참신함을 생활의 매 순간으로 가져오는 하나의 방법이다. 이를 통하면 재미없는 활동도 새롭고 재미있게 느낄 수 있다. 마음챙김으로, 우리 모두가 매일 하는 먹는 일조차도 전에 해보지 않은 어떤 것으로 느낄 수 있다.

### 훈련 1.4

### 마음챙김 먹기

여기서 우리는 음식을 이용하여 모든 오감의 자각을 훈련할 것이다. 이 방법은 당신의 식사 중 한 끼에 포함시켜 매일 또는 매주 훈련할 수 있다. 또한 마음챙김 먹기는 ADHD에서 흔히 발생하는 충동적이거나 아무 생각 없이 먹는 행동을 억제할 수 있다.

- 건포도(아니면, 베리 등의 아주 작은 음식) 하나를 가져온다.[5] 그것을 들고, 다른 행성에서 지구에 지금 막 도착했다고 상상한다. 이런 물체를 경험하는 것은 처음이고 당신은 그것에 대해 호기심이 있다. 시간을 가지고 그 음식을 조사한다. 당신은 조바심이나 빨리 먹으려는 충동의 감정을 알아차릴 것이다. 만약 그렇다면 그렇게 행동하지 말고 그 느낌에 명칭을 붙일 수 있는지 생각해본다.
- 손바닥에 건포도를 놓고 시각적인 질감과 색상, 모양을 조사한다. 냄새를 맡아본다. 손가락으로 질감이나 끈적거림이나 건조함에 대한 감각을 느껴본다.
- 건포도를 입술에 가져다 부드럽게 대보고 차가움이나 부드러움 등의 감각을 알아차린다.
- 건포도를 귀에 가져가서 무슨 소리가 들리는지 알아차린다. 또는 아무것도 들을 수 없음을 알아차린다.
- 지금, 입 안에 건포도를 넣고 천천히 씹으며 그 맛을 본다. 턱과 혀의 움직임을 알아차린다. 먹는 소리를 알아차린다. 삼키는 행동을 알아차린다.
- 당신의 몸이 건포도 하나만큼 무거워진 사실을 자각한다.

## 비판단적으로 반응 알아차리기

한 지역의 ADHD 후원 그룹을 위한 프레젠테이션을 할 때, 나는 여기에 설명한 것과 같은 마음챙김 먹기 훈련을 지도했다. 마음챙김을 해보지 않은 여러 사람들은 훈련 후 자신의 경험을 공유했다. 린다라는 한 여성은 과거에 먹었던 건포도에 비해서 그 건포도가 얼마나 흥미롭고 맛이 있는지를 말했다. 그녀는 "저는 건포도가 그렇게 많은 주름이나 색깔이 있는지 몰랐어요. 그리고 이 건포도의 맛은 보통 느끼는 것보다 강했어요."라고 했다. 그녀는 또한 그 훈련을 하기 위하여 속도를 줄임으로써 더욱더 이완하게 되었다고 했다.

40대 중반의 사업가 매트는 훈련하기를 싫어했다. "제 마음은 건포도에서 제 일로 계속 달아났어요. 안절부절못했고, 건포도로 돌아가려고 했지만 잠시 뒤에 결국 그만두기로 했어요."라고 말했다. 나는 그에게, 그 훈련이 린다에게 미쳤던 것과는 다른 효과를 주었지만, 그가 무엇이 일어났는지를 알아차릴 수 있었음은 중요하다고 말했다. 그리고 그에게 앞으로 그런 반응들에 호기심을 가지고, 좋든 나쁘든 판단하지 않을 수 있는지를 물었다. 그는 참을성과 좌절, 안절부절못하는 느낌을 좀 더 탐구할 수 있을까? 어떻게 이런 느낌들이 그의 몸에 나타나는지 알아차릴 수 있을까? 또한 그는 동정심을 가지고 그 느낌들을 알아차리고, 호기심을 가지고 그것들을 계속해서 관찰할 수 있을까?

## 훈련을 위해 제안하는 리마인더

처음 마음챙김 훈련을 배울 때 현재에 집중하는 것은 일반적으로 쉽다. 누구든지 시키면 할 수 있다. 그러나 현재에 집중하는 것을 상기하는 것은 쉽지 않다. 그래서 리마인더를 사용하기를 추천한다.

마음챙김은 현재 순간에 주의를 집중하는 것이고, 주의가 분산되었을 때 현재 순간으로 돌아가는 것을 기억하는 것이다.

전형적으로 ADHD 성인들에게 리마인더는 생소하지 않다. 집행 기능의 문제로 많은 ADHD 성인들이 일이나 약속을 기억하는 것이 힘들기 때문에 그들은 해야 할 것들을 기억하는 방법을 본능적으로 개발한다. 달력에 메모를 한다든지, 자신의 전화기에 메시지를 남겨둔다든지, 음성 메시지를 만든다든지, 사방에 포스트잇을 붙여둔다. 심지어는 손바닥에 메모를 하는 오래된 기술에 의존하기도 한다.

일반적으로, 알아차리기 쉬운 곳에 기록해두거나 써 붙여두는 것이 큰 도움이 된다. 그러나 ADHD 성인이 흔히 그러하듯이, 온 주위에 너저분하게 여러 종이들을 늘어놓거나 리마인더를 여러 곳에 되는 대로 두는 것은 도움이 되지 않는다.

여기에 마음챙김 훈련을 위해 리마인더를 만드는 여러 가지 방법을 소개한다.

- 마음챙김 시간을 정하여 스케줄 북에 표시하라: 예를 들면, 5분간의 조용한 호흡–자각 훈련이나 마음챙김 먹기 훈련 시간을 따로 빼두는 것.
- 휴대전화나 컴퓨터에 팝업 리마인더를 설정하여, 하던 것을 멈추고 오감으로 현재의 순간을 알아차리는 것과 같은 짧은 마음챙김 훈련을 하라: 예를 들면, 오감으로 현재 순간의 경험을 알아차리는 것.
- 스마트폰 앱을 사용하여 하루 중 잠시 멈추고 마음챙김 자각을 훈련하는 시간을 가지라. 마음챙김 훈련을 위해 만들어진 여러 앱들이 있다. 그냥 스마트폰의 앱 스토어에서 "마음챙김(mindfulness)"을 검색하면 된다.
- 마음챙김 친구(훈련 친구)를 만들어 현재 순간에 맞추기 위해서 수시로 리마인더를 문자로 보내라.
- 작은 이미지나 문구 같은 시각적 리마인더를 사용하라. 쉽게 발견할 수 있는 화장실 거울이나 책상 위, 냉장고에 그것을 붙여 놓는다. 그 문구는 다음과 같을 수 있다.
  ◦ 지금 내 주의는 어디에 있는가?
  ◦ 오감에 맞추라.
  ◦ 보고, 듣고, 냄새 맡고, 맛보고, 만져보라.

## 제1단계 요약

### 공식 훈련

- 마음챙김 먹기는 공식 훈련으로 할 수 있
  다. 이번 주에 매일 (가능하면 많이) 모든 식
  사를 마음챙김으로 한다. 조용하게, 평소
  보다 더 느리게 먹고, 존재하는 모든 소리
  와 맛, 냄새, 생각, 감정을 알아차리라.
- 가족과 함께 식사를 하는 경우, 식사가 시작된 3~5분간은 소리 없이 먹
  기를 시도하라. 아이들과 함께라면 그것을 재미있는 놀이처럼 하라.

### 일상생활에서의 마음챙김 자각

- 알람을 설정하거나 게시된 리마인더를 사용하여 "주의 점검"을 한다.
  당신이 그 순간에 머물고 있는지 알아차리라.
- 당신의 주의를 당신의 감각과 현재의 순간으로 이동하는 훈련을 하라.
  예를 들면,
  ◦ 완전한 자각을 가지고 당신의 애완동물을 보고 터치하라.
  ◦ 샤워를 할 때 비누 냄새를 맡고 물을 느끼라.
  ◦ 창밖의 차량 소리를 들으라.
  ◦ 새로운 음식을 요리하라.
  ◦ 촉감과 냄새의 감각에 특별한 주의를 집중하면서 집안일을 하라.
  ◦ 당신의 감각을 통해 배우자나 연인을 느껴보라.

# 제2단계  방황하는 마음에 집중하라

## 마음챙김 호흡

피터는 비행기 탑승 후 책을 꺼냈다. 그는 한동안 무술에 흥미가 있어서 가라테의 역사에 대해 읽으려고 했다. 그는 책을 읽기 시작했지만, 어느 순간 눈은 책 위의 글씨를 따라 움직일 뿐 마음은 다른 데로 가 있음을 느꼈다. 피터는 자신이 무엇을 읽었는지조차 기억하지 못했다. 그는 책의 주제 대신에 수리를 해야 하는 오토바이에 대해 생각하고 있었음을 알아차렸다. "제발 집중하자, 집중!" 피터는 스스로에게 말하고 제2장의 처음으로 돌아가 다시 읽기 시작했다.

우리 모두는 책이나 잡지 기사를 읽다가 마음이 다른 곳으로 방황하는 경험을 해보았다. 그것은 마치 우리의 마음이 제멋대로인 것 같은 느낌이다. 우리의 눈은 어느 정도는 단어를 따라가고 그것을 처리하지만 대부분의 우리 주의와 자각은 다른 무엇을 곰곰이 생각하는 데 휩싸인다. 그러다 중요한 정보가 있는 페이지를 놓치고, 집중이 안 되어 허탕 치는 느낌으로 책 읽기를 끝내고 만다.

방황하는 마음을 경험한 후 좌절이 따라오는 것은 일반적인 일이지만, ADHD를 가진 사람에게는 더 흔하게 일어난다. 프로그램의 이번 단계에서는 방황하는 마음을 조절하고 주의를 훈련하는 방법으로서 호흡에 집중한다.

## 호흡의 중요성

잠시 호흡에 대해 생각해보자. 우리는 매일 호흡을 하지만, 집중과 자기 조절을 개발하는 도구로서 호흡의 힘을 실감하지 못한다. 여기에 호흡 자각(breath awareness)에 대한 두 가지 중요한 점이 있다.

### 우리의 호흡은 언제나 현재에 있다

마음은 과거, 현재, 미래로 갈 수 있으나 호흡은 항상 현재에 일어나고 있다. 그래서 호흡에 집중하는 것은 우리를 각성시키고 "현재"에 닻을 내리게 할 수 있다. 시간이 흐름에 따라, 호흡 집중(그리고 재집중) 훈련은 방황하는 마음의 끌림에 저항하는 능력을 키운다.

### 우리의 호흡은 우리의 몸과 마음 상태를 변화시키는 데로 가는 문이다

운 좋게도, 우리의 호흡은 하루 종일 자동적으로 일어난다. 매번의 호흡을 의식적으로 주도해야 한다고 생각해보라. 우리는 거의 아무것도 할 수 없을 것이다. 그리고 만약 당신이 산만해지면 어떻게 될까? ADHD가 있다는 것은 끊임없이 호흡을 잡고 있어야만 한다는 것을 의미한다.

동시에, 호흡하는 것은 주의처럼 자동적인 조절에 더하여 우리가 의식적으로 개입할 수 있는 능력을 가지는 것 중의 하나다. 우리가 원하면 언제나 더 깊은 호흡을 함으로써 자유자재로 호흡 속도와 깊이를 바꿀 수 있다.

호흡은 우리 몸의 생리 기능을 "스트레스"와 "반응적"인 것에서 "이완"과 "안정"으로 의식적으로 전환하는 좋은 기회를 제공한다. 예를 들면, 불안감과 스트레스는 얕게 숨 쉬게 하고 가슴을 통해서는 더 얕게 쉬게 한다. 그러나 이완된 상태는 보통 더 깊은 복식 호흡을 이끈다. 이것은 반대 방향으로도 작용한다. 만약 우리가 복식 호흡을 훈련하면 이완 반응을 유도할 수 있다.

---

**훈련 2.1**

## 세 곳에서 호흡 알아차리기

당신은 다음 세 곳의 기본 위치에서 호흡을 자각할 수 있다.

- 콧구멍
- 가슴
- 배

이곳 각각을 탐구하고 거기서 호흡을 관찰하는 것이 얼마나 쉬운지 또는 어려운지를 알아보라. 눈을 뜨거나 감고 할 수 있지만, 눈을 감으면 내부 감각에 더욱 잘 집중할 수 있다.

### 콧구멍

콧구멍 주변과 콧구멍 바로 아래에 집중한다. 미묘한 움직임, 간지럼, 또는 차가움의 감각을 느낄 것이다. 여기서 호흡을 느끼기 어렵다면 코 아래에 검지를 놓고 손가락에 닿는 공기를 느껴보도록 한다.

### 가슴

여러 번 호흡을 하면서 가슴의 오르내림에 집중한다. 가슴에 손을 얹어 그 움직임을 감지할 수도 있다. 윗가슴과 어깨의 움직임을 크게 하여 흉식 호흡을 탐구한다. 그리고 당신이 어떻게 느끼는지 알아차린다.

### 배

아랫배의 오르내림에 집중한다. 배의 움직임을 느낄 수 있도록 손을 배 위에 둔다. 이때, 배꼽 아래에 있는 풍선을 분다고 상상한다. 그 느낌이 어떤지 알아차린다. 마지막으로, 한 손은 가슴 위에, 다른 한 손은 아랫배 위에 두고 자연스럽게 숨을 쉬면서, 가슴을 통해 숨을 많이 쉬는지, 배를 통해 많이 쉬는지를 알아차린다.

만약 당신이 습관적으로 "흉식 호흡을 하는 사람"이면, 이는 불안과 스트레스에 연결된 특질로서, 배로 숨을 쉬는 것이 부자연스러울 것이다. 그러므로 강제로 그렇게 하지 마라. 숨이 자연스럽게 나올 때 우선 호흡을 관찰할 수 있는지 보고, 그다음 점차적으로 복식 호흡으로 이동한다.

---

**훈련 2.2**

## 마음챙김 호흡(CD 트랙 2; 5분)

이 첫 번째 공식 명상 훈련에서는 호흡의 감각으로 향하는 당신의 주의를 관찰하는 훈련을 할 것이다. 이 과정에서 당신은 산만해졌을 때의 자신을 포착하는 것도 배운다.

첨부된 CD의 트랙 2 ("마음챙김 호흡")는 이 훈련을 하는 동안 당신을 안내할 것이다. 안내를 받는 것과 혼자서 하는 것은 다르므로, 적어도 한 번은 듣도록 한다. 내 경험으로는, CD를 이용하는 것을 정말 좋아하는 사람도 있고, 여러 번 듣고는 단조롭다고 하는 사람도 있었다. 다음에 훈련의 개요가 있으니 간단히 참고해보라.

- 명상 방석(또는 보통 방석)을 깔고 바닥에 앉든 의자에 앉든, 편안하고 이완된 자세로 앉는다.
- 위엄 있는 자세로 등을 똑바로 펴고 이완시킨다. 손은 무릎 위에 둔다.
- '지금 나는 호흡에 집중하는 훈련을 할 것이다.'와 같은 의도를 가진다.
- 깊은 호흡을 하고 자신을 단순히 현재의 순간에 쉬게 한다. 일상적인

걱정이나 다른 무엇을 해야 한다는 생각을 배경으로 내려놓는다.

- 콧구멍이나 가슴, 배 중 한곳에 호흡을 집중한다.
- 모든 주의를 호흡에 가져간다. 공기가 들어오고 나가는 자연스런 흐름을 알아차린다.
- 마음이 바깥의 소리나 생각으로 방황했음을 알아차린다면, 괜찮다. 그냥 당신의 의도를 상기하고 호흡으로 돌아오면 된다.
- 마음이 백번 다른 데로 가면 백번 부드럽게 되돌린다.
- 자신에게 친절하게 하는 것을 연습한다. 연습이 잘되고 못되고를 판단하지 마라. 그냥 당신의 마음이 어떻게 작용하는지에 호기심을 가지라.
- 이 명상의 끝에, 멈추는 시간을 가진 것과, 주의와 자각을 훈련한 것, 보다 완전하게 현재의 순간에 자신을 연결한 자기 자신에게 감사를 표한다.

------

마음챙김은 호흡에 머무는 것만큼이나 호흡으로 되돌리는 것에 관한 것이다. 이러한 주의의 되돌림(returning), 즉 주의의 재전환(re-shifting)은 마음이 방황하는 자연스런 경향에 대처하고 자각과 집중을 훈련한다.

------

## 정좌 훈련에서의 공통적인 어려움

마음이 많이 방황하면 어떻게 할까?

우선 문제없으니, 그냥 돌아오라. 이것은 자신을 지나치게 비판하거나 비난하는 경향이 있는지를 알아차릴 수 있는 기회이기도 하다. 예를 들어, "나에게 뭐가 문제지? 심지어 5분도 집중할 수 없어!"라고 생각하기 시작하는가? 이러한 유형의 부정적인 판단은 내려놓고 주의를 부드럽게 호흡으로 돌리라. 사실, 우리의 주의가 방황하는 것을 깨닫고 호흡으로 돌아가는 것은, 정좌 명상 훈련의 가장 중요한 측면 중 하나다.

5분간 정좌 명상을 하는 동안 마음이 많이 방황한다면 다음 처방이 있다. 즉, 호흡에 계속 주의를 집중하면서 움직이는 마음에 추가로 할 일을 주는 것이다.

다음에 몇 가지 제안 사항이 있다.

- 마음속으로 "들이쉬고" "내쉬고"라는 말을 반복한다.
- 호흡할 때 1부터 10까지 조용히 세고 계속 반복한다. 다음은 들이쉬고 내쉴 때 숫자를 말하는 여러 가지 방법이다.

| 들이쉴 때 | 내쉴 때 |
|---|---|
| 1 … | 2 … |
| 3 … | 4 … |
| (10까지 하고 1부터 다시 반복한다.) | |
| 1, 2, 3, 4, 5, | 6, 7, 8, 9, 10 |
| (10까지 하고 1부터 다시 반복한다.) | |

- 편안함을 느낄 때 숫자 세는 것을 중지하고 그냥 호흡을 알아차린다.
- 숫자 세기 대신에, 당신을 느긋하게 하고, 더 고요하게 느끼게 하고, 현재 상태에 있게 하는 단어를 반복한다. 예를 들어, "이완", "평화", "고요함", "괜찮아" 또는 "현재"와 같은 단어를 반복한다. 영적인 의미를 가진 단어나 구문도 사용할 수 있다.
- 숫자를 세거나 단어를 반복할 때 함께(또는 대신에) 심상을 사용한다. 예를 들어, 호흡하고 숫자를 셀 때 당신 몸에 들락날락하는 공기의 파도를 상상한다.

## 안절부절못함을 느끼거나 졸리면 어떻게 할까?

자신이 안절부절못함을 느끼면, 감각을 관찰하는 시간을 가지라. 당신은 가만있지 못하는지를 어떻게 알 수 있을까? 그것은 몸에서 어떻게 느껴질까? 당신은 어떤 특정한 생각이나 느낌, 또는 이동하거나 움직이려는 충동을 알아차릴까?

당신은 그 감각과 생각에 좀 더 오래 머무는 것에 도전할 수 있을까(다시 말해, 기꺼이 그 불편을 좀 더 살피려 할까)? 안절부절못함은 당신이 탈 수 있는 파도와도 같다. 당신이, 그것이 일어서서 정점에 이르고 결국 물러서는 것을 볼 수 있는지 알아보라. 그런 이미지와 관점의 전환은 불편을 견디는 것을 도울 수 있다.

또한 안절부절못함을 내려놓기 위해서는 여러 번 심호흡을 하든가 장소를 바꾸는 등의 미묘한 방법을 사용할 수 있다. 만약 이동했다면, 여전히 마음챙김을 하여 몸과 생각, 느낌의 변화를 관찰할 수 있다. 이러한 방법으로, 당신은 안절부절못함에 반응할 필요가 없다. 그저 그것으로부터 배우거나 그것과 함께 있는 것을 배울 수 있다.

당신의 몸이 여전히 긴장되어 가만히 앉아 있을 수 없다면 몸이 준비되어 있지 않다는 것이다. 우선 격렬한 신체 운동을 하여 에너지를 소모할 필요가 있다. 아니면 빠른 마음챙김 걷기를 시작한 다음 정좌 훈련 할 준비가 되었다고 느낄 때까지 점차적으로 느린 걷기로 이동하라.

만약 잠이 오면, 등을 펴거나 눈을 크게 떠서 각성을 증가시키라. 정좌 훈련 중에 너무 잠이 오면 대신에 마음챙김 움직임을 하라. 아니면 우선 신체 활동을 하여 당신의 에너지 수준을 높이라. 초기에 정좌 명상 훈련은 강의실에 앉아 있는 것과 비슷하게 느껴져서 졸지 않는 것이 어려울 수도 있다. 만약 잠이 오면, 일어나서 스트레칭을 하는 것이 도움이 된다.

다혈질적이고 가만있지 못하는 나의 한 친구는 고혈압을 조절하기 위해 명상을 배우려 했다. 집에서 명상을 시도했으나 실패한 후, 운동 후에 사우나에 앉아서 명상을 시작했다. 신체적 활동과, 이어진 스팀의 열로 그의 몸은 이완되었고, 그는 조용히 휴식을 취하고 10분에서 15분 동안 호흡에 집중할 수 있었다.

### 소음이나 산만하게 하는 것들이 있을 때는 어떻게 하나?

잠시 주의를 거기에 가져가서 그것들을 비판 없이 알아차릴 수 있는지 보라. 예를 들면 "소음"은 아마도 불쾌감을 일으키는 단순한 소리일 것이다. 일단 산만하게 하는 것과 그것이 야기하는 감정을 인지하고 나서, 훈련으로 돌아올 수 있는지 알아보라. 처음에는 귀마개를 사용하는 것도 실험해볼 수 있다. 그것은 당신의 숨소리와 몸의 감각에 집중하도록 도와줄 것이다.

### 마음이 무엇인가에 사로잡혀 있으면 어떻게 하나?

당신이 앉아 있을 때 마음이 반복적으로 하나의 아이디어나 노래나 이미지나 감정에 끌리면, 알아차리는 대로 그 생각에 명칭을 붙이라. 당신의 자각 대부분을 호흡에 모으는 동안 산만하게 하는 것을 내려놓는 연습을 하라. 마음챙김 훈련을 하기 위해서 마음을 비우려고 노력할 필요가 없다. 당신은 단순히 마음챙김으로 무엇이 있는지를, 그것이 겉보기에 마음의 쉴 새 없는 수다일지라도 자각할 수 있다.

### 불편한 생각이나 느낌이 있으면 어떻게 하나?

그것을 받아들이고 "분노" 또는 "공포" 등으로 명칭을 붙일 수 있는지 보라. 그 느낌이 물리적으로나 정서적으로 상당한 고통이라면, 자신을 그것에 대해 부드럽게 열어놓고 잠시 그것의 감각을 알아차리도록 해보라. 그리고 호흡이나 손바닥, 아니면 고요한 문구나 이미지 같은 안전하고 편하게 느끼는 곳으로 주의를 전환하라. 당신은 주의를, 그 고통과 편안한 장소 사이를 오가게 함으로써 고통의 감각을 다룰 수 있다. (어려운 느낌을 다루는 것에 대한 더 많은 내용은 제4~6단계를 참고하라.)

**지루함을 느끼거나 내가 정말 명상을 하고 있는지 의심스럽다면 어떻게 할까?**

당신이 지루함이나 의심을 알아차린다면 이런 감정을 나쁘다고 판단하지 마라. 대신에 그것들을 알고 "지루한 느낌"이나 "의심스러운 생각" 등으로 명칭을 붙이고, 당신이 원래 하려고 했던 것에 주의를 가져가라. 당신은 또한 하고 있는 것에 대한 동기를 상기시킴으로써 불쾌한 일이었던 것을 새로 배우는 경험과 자기 돌봄의 행위로 재구성할 수 있다. 당신이 자각을 탐구하도록 고무될 수 있는지 알아보고, 당신의 심신 상태가 순간순간 어떻게 변하는지를 알아차리라. 당신은 또한 지루함의 느낌이 정말 어떠한지도 탐구할 수 있을 것이다. 예를 들어 지루할 때 당신의 몸이나 에너지 수준, 당신의 태도에서 무엇을 알아차리는지도 알아볼 수 있다.

---

### 캐시의 첫 시도

캐시는 마음챙김 훈련과 그것이 주의와 정서에 미치는 긍정적인 효과에 대해 많은 글을 읽어왔다. 그녀는 8주 과정을 매우 의욕적으로 시작했다. 첫 수업에서 그녀는 호흡 자각 훈련의 기초를 배웠고, 집에서 5분의 훈련을 해야겠다고 마음먹었다. 그녀는 다음날 아침에 훈련할 계획을 세웠으나, 시간에 쫓겨 출근을 해야 했다.

다음날 점심시간에 주변 공원에서 훈련을 하기로 했다. 훈련할 때 그녀는 마음이 많이 방황하는 것을 느꼈다. 집에서 다시 시도했는데 바르게 한 것인지 궁금했다. 다음 수업에서 그녀는 "난 이번에 실패했어요. 내 마음이 멈추지 않았어요."라고 불평했다. 그녀는 방황하는 마음이 보편적인 경험이고 마음챙김 훈련의 일부이며, 또한 ADHD 사람에게 훨씬 더 흔하게 일어난다는 얘기를 듣고 안심했다. 그녀는 경험에 대해서(그 경험이 어떤 것이든) 그냥 호기심을 가지고 호흡으로 돌아가는 훈련을 하기를 권유받았다. 그 덕분에 그녀는 이완하고, 마음챙김에서 실패하는 것에 대하여 자신을 비난하지 않을 수 있었다.

그녀는 마음챙김 수업이 진행됨에 따라 대부분의 날을 5분 이상 훈련할 수 있었고, 며칠 못 한다 해도 다시 훈련에 복귀할 수 있었다. 훈련할 때 항상 고요하고 편안하지는 않았지만, 점차 정좌 명상을 하는 동안 그리고 일상생활 중에 더 중심이 잡히고 집중됨을 느꼈다.

**훈련 2.3**

## 마음챙김 호흡과 걷기(5분)

안절부절못함 때문에 앉아 있기가 어렵다면, 걸으면서 호흡을 자각하는 훈련을 할 수 있다. 이 훈련은 집 안이나 집 밖 어디서든 할 수 있다. 실내에서 명상을 할 때는 넓은 공간이 필요 없다. 공간이 좁으면, 직선으로 걸은 다음 돌아서서 같은 직선을 따라 되돌아 걷는 훈련을 하면 된다.

- 눈을 뜨고 조금 떨어진 정면에 시선을 부드럽게 고정하고 천천히 걷는다.(주위를 돌아보지 마라. 그렇게 하면 주의가 분산된다. 어디로 가는지를 자각한다.)
- 천천히 걸을 때 호흡의 감각에 집중한다. 원한다면 발걸음에 호흡을 맞춘다. 예를 들면 오른발을 내디딜 때 들이쉬고 왼발을 디딜 때 숨을 내쉰다.

## 일상생활에서 마음챙김 호흡하기

일상 활동 중에 몇 초간이라도 호흡 알아차리기를 기억함으로써 마음챙 김을 일상생활에 포함시킬 수 있다. 예를 들면

- 이 책을 읽을 때에 그냥 단순하게 당신의 호흡을 알아차린다.
- 숨을 들이쉬고 내쉴 때 배가 오르내리는 것을 느낀다.
- 들숨과 날숨 사이의 멈춤을 알아차린다.
- 몇 차례의 호흡 동안 이렇게 하고 읽기로 돌아가거나 읽기를 잠시 멈 춘다.

마음챙김 호흡은 호흡하는 매 순간 당신이 하고 있는 것에 더 완전히 연 결하는 확실한 방법이다. 이것은 또한 의식적인 선택을 만들어낸다. 또 다 른 좋은 훈련은 어떤 활동을 시작하기 전에 깊고 의식적인 호흡을 하는 것 이다. 비록 한 번의 호흡이라도 당신이 어떻게 집중과 자각을 느꼈는지의 차이를 만들고 앞으로의 경험을 변화시킨다. 예를 들면 이 책의 각 장을 읽 기 전이나 전화를 걸기 전 혹은 직장상사와 말을 하기 전에 깊은 호흡을 하 라. 그것을 시도해보고 그것이 어떻게 느껴지는지 보라.

## 훈련을 위해 제안하는 리마인더

- 하루 종일 호흡에 주의를 둔다. 해야 할 일의 상위 목록 옆에 "호흡"이 나 "시작 전에 호흡하라."라고 써둔다. 목록에 있던 그 일을 처리할 때 주기적으로 자각을 가지고 호흡을 한다.
- 시각적 리마인더들을 이용한다. 작업 공간이나 냉장고, 보기 쉬운 곳 이면 어디든지 붙여둔다. 작업 공간이나 전화기 옆에 "호흡하라." 정도 의 간단한 문구를 두어도 좋다.

## 제2단계 요약

공식 훈련

매일 5분 마음챙김 호흡을 하라(CD 트랙 2).

일상생활에서의 마음챙김 자각

- 시각적 리마인더를 사용하거나 휴대폰 알람을 설정해서, 가끔 멈추고 깊은 마음챙김 호흡을 하도록 기억하게 하라. (여건이 되면, 알람이 1~2시간마다 울리도록 설정해놓으라.)
- 직장과 집을 오가는 도중이나 심부름을 할 때 마음챙김 걷기와 호흡을 하도록 해보라.

# 제3단계  당신의 자각을 주도하고 닻을 내리라

## 소리, 호흡, 몸의 마음챙김

루시는 종종 "멍한" 사람으로 불리곤 했다. 그녀가 어릴 때 어머니는 그녀를 '공상 소녀(daydreaming girl)'라는 뜻으로 D. D. Girl이라고 부르곤 했다. 그녀 자신도 초등학교 때 선생님 말씀을 듣는 동안 종종 자각의 안팎으로 떠돌아다녔던 것을 기억한다. 그녀의 마음은 무언가가 중지시키기 전까지 방황하고 떠돌아다니곤 했다.

성인이 되어서도 루시는 헛된 공상에 자주 잠긴다. 최근에는 친구들과 LA에 있는 공원에 대해 이야기를 했는데, 그때 루시는 뉴저지에 사시는 숙모가 궁금해지기 시작했다. 왜냐고? 공원에 가는 것을 생각하니, 공원 갈 때 들고 가는 빨간 담요가 생각났고, 그것이 뉴욕의 대학을 상기시켰다(루시는 그 기숙사에서 그 담요를 사용했었다). 그것이 이번에는 뉴저지에 있는 숙모에게 전화를 해야겠다는 생각을 하도록 만들었다.

주의의 이런 지그재그식 이동은 루시에게는 빠르고 쉽게 일어날 수 있고 그녀가 현재 일어나고 있는 실제 대화를 놓치게 만들 수 있다. 반면에, 루시는 대단한 상상으로 여러 단편 소설을 써서 지역 잡지에 실렸다. 그녀는 공상에 잠기는 것이 소설의 좋은 소재를 떠올리는 최상의 시간이라고 믿는다.

**만** 약에 당신이 부주의형 ADHD를 가지고 있다면, 아마 루시의 경험에 공감할 것이다. 이 단계에서 우리는 지나친 공상을 억제하기 위하여 자각과 집중의 춤(이동과 전환)을 탐구하는 데 마음챙김을 이용할 것이다. 당신은 ADHD 마음의 운전석에 앉아서 그 마음을 현재 순간으로 안내하는 연습을 할 것이다. 이후 제5단계에서는 통찰력과 창의력 개발을 위한 도구로서 마음챙김 공상을 살펴볼 것이다.

## 주의와 자각의 움직임

알다시피 주의와 자각은 이동하려는 자연적인 경향이 있다. 이 이동은 음악을 들을 때 특히 분명하게 나타난다. 음악은 변하는 박자와 강도를 가진 각기 다른 소리의 집합으로, 음악을 듣는 것은 하나의 음표, 악기 또는 박자에서 다른 것으로 자각을 전환하는 것을 의미한다. 또한 음악을 듣는 것은 어떤 변화를 기대하는 것이고 주의를 유지하는 것이다. 뇌 영상 연구는 음악을 듣는 것이 주의 집중에 관련된 뇌 네트워크를 활성화하는 좋은 방법임을 보여준다.[1] 확인된 바와 같이, 우리의 주의는 우리가 다음 음표를 기대할 때 음악의 진행 사이에 있는 짧은 멈춤에서 특별히 자극을 받는다.

그러므로 주의와 자각이 음악의 패턴에 반응할 때 어떻게 이동하는지 관찰해보자. 음악을 들을 때 당신은 어떻게 주의를 집중할 것인지에 대해 선택권을 가지고 있다. 당신은 의도적으로 소리의 변화를 듣거나(집중 주의, focused attention), 소리를 들어오고 나가게 할 수 있다(열린 주의, open attention).

---

**훈련 3.1**

## 음악 듣기

- 클래식이나 재즈, 세계 음악 같은 기악곡을 하나 선택한다. (시작할 때 노래가 없는 것이 도움이 된다. 단어를 듣는 것은 소리의 경험에 머무는 것을

어렵게 만들 수 있기 때문이다. 나중에는 아무 음악에나 이 훈련을 시도할 수 있으니, 경험한 것들을 비교해볼 수 있다.)

- 눈을 감거나 살짝 뜬 상태로 조용히 앉아서(어떤 방법이든 가장 편하게), 음악 듣기를 시작한다.
- 음악의 박자나 강약의 변화를 알아차리고, 그리고 다른 소리들에 귀를 기울인다. 들을 때, 당신의 주의와 자각에 무엇이 생기는지 알아차린다. 또한 다음을 알아차린다.
  ◦ 음악이 당신에게 어떤 특별한 느낌이나 생각, 이미지를 떠올리게 하는가?
  ◦ 음악이 당신의 몸에 영향을 미치는가? 움직이고 싶은 충동이 일어나는가?
- 음악이 끝날 때까지 듣기와, 당신의 생각, 느낌, 몸의 감각 알아차리기를 계속한다.

단체로 이 훈련을 하고 난 다음 각자의 경험을 나눠보면 재미있다. 같은 음악이 사람마다 다른 효과를 가진다는 것을 알게 될 것이다. 또한 당신이 좋아하는 음악과 좋아하지 않는 음악을 가지고 실험해보라. 예를 들면, 차 안에 있을 때 라디오 채널을 바꾸어 재즈나 록, 클래식, 컨트리 뮤직에 대한 자신의 반응을 살펴보라.

질문: 나는 종종 명상할 때 이완하기 위하여 음악을 이용한다. 음악은 나를 더 고요하게 만드는 어떤 "영역(zone)"으로 인도한다. 이때도 여전히 내가 마음챙김 자각을 훈련하고 있는 것이 맞는가?

전형적인 마음챙김 훈련에서 우리는 각성하여 현재 순간에 일어나는 것을 자각하려고 노력한다. 이것은 경험으로 몰입된 어떤 하나의 상태로 들어가거나 그 영역에 들어가 있는 명상과는 다르다. 그 영역 안에 있는 것은 자각하고 각성하는 것보다는 공상에 더 가깝다. 마음챙김 훈련에서 우리의 의도는 고요함을 느끼는 것이 아니라 우리의 집중과 각성을 훈련하는 것이다. 명상에서 음악을 들을 때, 우리는 "음악에 휩쓸리기"보다는 소리의 순간순간 변화와 전환을 듣는다.

동시에, 음악은 공식 마음챙김 명상 훈련을 할 때 이완을 돕는다. 음악이 정말 긴장을 풀어준다는 것을 안다면, 명상을 시작할 때 음악을 활용하는 것이 좋다. 또한 당신은 음악을 활용하여 자신을 이완시키는 순간에 자각을 유지하는 훈련을 할 수 있다. 일단 고요함을 느끼면, 매 순간 소리의 선율을 알아차리거나, 예를 들면 호흡과 같은 명상의 다른 측면에 집중할 수 있다.

## 의도를 주의에 일치시키기

회의 중에 있다고 상상해보라. 당신은 발표자에게 귀를 기울이려고 하지만, 당신의 마음은 당신을 다른 곳으로 데리고 간다. 발표가 지루하고 피하고 싶은 내용이라면 나쁜 상황이 아니지만, 당신이 진심으로 관심이 있고 집중하고 싶은 내용이라면 어떻게 하겠는가? 그때 방황하는 마음은 당신에게 좌절감을 줄 것이다. 공상에 빠지는 것을 억제하는 한 가지 방법은 주의를 이전에 설정한 의도와 일치시키는 습관을 개발하는 것이다. 자기 자신에게 다음의 질문을 함으로써 이 방법을 사용할 수 있다.

- 지금 내 주의는 어디에 있는가?
- 그것이 이전에 설정한 나의 의도와 일치하는가?

우리는 다음의 공식 명상 훈련에서 이를 탐구할 것이다.

## 소리, 호흡, 몸의 마음챙김(CD 트랙 3; 10분)

이 훈련으로, 주위의 소리나 호흡, 몸의 감각 중 어느 하나에 주의를 집중하려는 의도를 정한다. 그것들 모두는 당신을 현재 순간에 닻을 내리게 한다. 당신은 의식적으로 다른 것을 선택할 때까지 그 닻에 머물 수 있게(혹은 다시 돌아오게) 연습한다. 이 훈련은 당신을 "주의의 운전석"에 앉히고 당신의 집중 안에서 전환하는 능력을 강화한다. 이 CD 트랙은 명상하는 동안 당신을 안내하고 보조할 것이다. 만약 혼자 훈련하고 싶다면, 다음에 설명한 대로 타이머를 3분 간격으로 설정하는 것이 도움이 될 것이다. 알람 소리에 놀라지 않도록 조용한 알람을 사용하라.

- 자신만의 명상 자세를 정한다. (의자나 베개를 사용하여 곧게 앉은 자세를 취한다). 이 훈련은 천천히 걸으면서도 할 수 있다. 시작하기 전에 마음을 안정시키기 위해 깊은 호흡을 한다.
- 주변의 소리를 알아차리는 것을 의도로 정한다. 예를 들면, 자신에게 "나는 소리들을 알아차릴 것이다."라고 말한다. 타이머는 3분으로 맞춘다.
  - 주위의 소리에 자각을 가져간다. 만약 실내에 있다면, 밖의 소리뿐만 아니라 방 안의 소리도 알아차린다.
  - 각 소리를 쫓아가려 하지 말고 그 소리가 나에게 오도록 허용한다; 각 소리가 무엇인지 또는 왜 소리가 거기에 있는지에 대한 사연에 얽매이지 말고 단순히 소리의 오고 감을 알아차린다.
  - 주의가 방황하는 것을 알아차릴 때마다 간단히 "방황함"이나 "공상"과 같은 명칭을 붙인다. 그리고 부드럽게 주의를 소리로 돌아오게 한다.
  - 타이머가 꺼질 때까지 3분 동안 고요한 가운데 훈련한다.

- 이제, 호흡을 알아차리려는 의도를 설정하고 타이머를 다시 3분으로 맞춘 다음 시작한다.
  - 부드럽게 주의를 콧구멍이나 가슴, 배와 같은 호흡 감각에 쉬게 한다.
  - 자연스런 호흡을 관찰한다.
  - 다시, 주의가 방황하는 것을 알아차릴 때마다 간단히 "방황함"이나 "공상"과 같은 명칭을 붙이고 부드럽게 호흡으로 돌아간다.
  - 3분 동안 이것을 계속하거나 고요한 가운데 훈련한다.
- 이제, 몸 전체의 감각을 알아차리려는 의도를 설정한다. 여기서도 타이머를 3분으로 맞추고 시작한다.
  - 주의를 당신의 몸으로 가져가고 앉아 있음을 느낀다. 앉은 자리에 닿는 몸의 부분과 그곳에 느껴지는 중량감을 알아차린다.
  - 몸의 내면을 탐구한다. 어딘가에서 압박이나 조이는 느낌이 있을 수 있고, 가렵거나 따끔거림, 불편이나 통증이 있을 수 있다. 또한 움직이고 싶은 충동이나 안절부절못함을 알아차릴 수도 있다. 존재하는 무엇이든 호기심을 가지고 알아차리도록 한다.
  - 당신은 하나의 감각에서 또 다른 감각으로 옮겨 다니는 당신의 주의를 알아차리거나, 특별히 강렬한 감각에 사로잡히는 주의를 알아차릴지도 모른다.
  - 다시, 주의가 몸의 감각으로부터 방황하는 것을 알아차릴 때마다 간단히 "방황"이나 "공상"과 같은 명칭을 붙이고 주의를 부드럽게 몸으로 되돌린다.
  - 이것을 3분 동안 계속하거나 고요한 가운데 훈련한다.
- 오랜 시간 동안 앉아서, 높아진 자각으로 주의를 주도한 자신에게 감사하는 것으로 명상을 마무리한다.

질문: 나는 한 가지 일에 집중하기가 힘들다. 선풍기 소리를 듣고, 호흡을 알아차리고, 발의 가려움을 느끼는 것 전부를 동시에 할 수 있다. 마치 나의 주의가 동시에 여러 채널을 가진 것 같다.

만약 당신이 질문과 같은 경험을 한다면, 전경과 배경 자각을 생각하는 방법을 추천한다. 만약 당신이 소리에 집중하기로 결정했다면, 소리를 자각의 전경에 두고 그 외의 것들은 배경으로 내려놓는 연습을 하라. 소리가 아닌 호흡과 같은 것에 집중할 때는 소리를 배경으로 내려놓으라.

## 일상생활 속의 제3단계: 마음챙김의 세 가지 닻

마음챙김의 세 가지 닻으로 소리, 호흡, 몸의 감각을 이용할 수 있다. 당신이 어디에 있고 무엇을 하든지, 마음챙김으로 한 가지 또는 이 모든 닻에, 잠시일지라도, 쉽게 맞출 수 있다. 주위에는 보통 잡다한 소리들이 있고(그렇지 않으면 고요함을 의식할 수 있다), 당신의 호흡과 몸도 항상 사용할 수 있다.

〈현재에 대한 세 가지 닻: 소리, 호흡, 몸〉

소리

호흡                    몸

## STOP

다음의 STOP 훈련은 일상생활 속에서 마음챙김 훈련을 할 수 있도록 도와주는 또 하나의 방법이다. 일상 어디에 있더라도, STOP을 이용해서 현재 순간을 더 자각할 수 있다.

S(Stop) = 멈춤(또는 일시 중지)

T(Take a breath and relax) = 호흡하고 이완

O(Observe in the present moment) = 현재 순간에서 관찰

  ◦ 어떤 소리들을 알아차리는가?

  ◦ 지금 호흡이 어떤가?

  ◦ 지금 몸이 어떻게 느끼는가?

P(Proceed) = 진행

  ◦ STOP을 하기 전 나의 주의는 어디에 있었고, 그것이 나의 의도와 일치했는가?

  ◦ 지금 하고 있는 일을 계속 진행할 것인가, 아니면 다른 일을 할 것인가?

이제 직접 해보자.

• 멈추고, 깊은 호흡을 한 다음, 긴장을 푼다. 몇 초 동안, 주위의 소리를 알아차린다.

• 그다음, 호기심을 가지고 호흡을 알아차린다. 호흡이 얕다고 느껴지면, 더욱 깊게 배로 호흡한다.

• 주의를 몸으로 옮기고 현재 어떤 느낌이 드는지 알아차린다. 에너지나 피곤함의 일반적인 느낌을 알아차리는가? 현재 다른 어떤 감각이 있는가? 만약 긴장되는 부분을 알아차린다면, 몸을 이완시키는 훈련을 한다.

- 이제 STOP을 하기 전에 했던 것을 기억한다. 마음이 방황하거나 산만했었나? 만약 그랬다면, 자신의 의도에 다시 집중한다.

STOP은 마음챙김 관점을 가동하기 위한 방법으로 사용할 수 있는 다목적 연습이다. 여기서 우리는 세 가지 닻과 연결하고 그것들을 관찰하기 위해서 이 연습을 활용하였다. 다음 단계에서는 생각과 느낌, 행동을 관찰하는 것을 단계적으로 추가하여 이 연습을 확장할 것이다.

## 시각적 리마인더로서 STOP

루시는 멍함을 억제하기 위해 하루 동안 소리나 호흡, 몸의 감각을 알아차리는 STOP 훈련을 했다. 가끔 그녀는 세 가지 닻 중 하나에 초점을 두기도 했고, 또 가끔은 그것들 사이를 오가는 주의의 춤(attention dance)을 추기도 했다. 그녀는 침실과 화장실, 거실에 STOP을 알리는 표지를 붙였다. 그리고 매일 밤 자기 전에, 잠시 동안 배에 손을 얹어 호흡 알아차리기를 하곤 했다. 이 연습은 또한 그녀가 잠자러 가기 위해 전환을 시작한다는 리마인더가 되었다.

욕실 안에서 STOP 표지는 그녀가 칫솔질이나 세수나 샤워를 자동 조정으로 하는 대신에, 그런 행동들의 감각과 소리에 주의를 기울이도록 하는 신호였다.

거실에서는, 때때로 소리들에 맞추어보려고 했다. 외부에서 들리는 소음은 그녀가 STOP을 할 수 있는 많은 기회가 되었다. 그녀는 이 짧은 연습으로 자신과 자신이 하고 있는 매사에 더 연결된 느낌이 드는 것을 알았다.

한 번은 잡지를 읽는 데 몰두하고 있었는데, 어떤 소리가 그녀의 주의를 끌어서 마음챙김 훈련을 하도록 상기시켜주었다. 그녀는 읽기를 멈추기 싫은 느낌을 알아챘지만, 잠시 STOP을 해야겠다고 생각했다. 그녀는 몇 초

동안 완전한 자각으로 소리들을 듣는 데 주의를 맞추었다. 이렇게 하면서 그녀는 잡지를 읽는 데 빠져 있는 과도한 집중을 완화하였고, 잡지 값을 계산하고 나가려고 했던 것을 더 자각할 수 있었다. 그녀는 잡지를 내려놓고 자기 의도대로 움직였다.

## 훈련을 위해 제안하는 리마인더

집이나 직장에 다음과 같은 표지를 붙이라.

- 주의와 의도 점검
- 세 가지 닻: 소리, 호흡, 몸
- STOP(Stop: 멈추라, Take a breath: 호흡하라, Observe: 관찰하라, Proceed: 진행하라)

## 제3단계 요약

### 공식 훈련

- 매일 10분, 소리-호흡-몸 명상을 하라(정좌 명상이나 걷기 명상으로).

### 일상생활에서의 마음챙김 자각

- 마음챙김으로 음악을 들으라.
- STOP 훈련을 하라.
- 소리, 호흡, 몸의 감각을 높일 기회를 찾으라. 예를 들면,
  ◦ 훈련 후에 호흡과 몸을 알아차리라.
  ◦ 자연 속에서 걸으면서 주위의 소리를 알아차리라. 걷는 동안 호흡과 몸을 자각하라.

# 제4단계 당신의 몸에 귀를 기울이라

## 몸의 감각과 움직임에 대한 마음챙김

잭은 자주 안절부절못한다. 초등학교 때 그는 다른 아이들에 비해서 자주 자리에서 일어나고 뛰어다녀서 선생님으로부터 지적을 많이 받았다. 어른이 된 지금도 자신을 끊임없이 움직이게 만드는, 불안하고 긴장된 에너지를 많이 느낀다. 그는 가만히 앉아서 회의를 하는 것이 끝없는 고문같이 느껴진다고 말했다. 그는 일할 때 안절부절못함을 완화시키기 위해 자주 휴식을 취한다.

ADHD를 가진 성인들은 종종 몸에 대해 복잡한 관계를 맺고 있다. 흔히 그것은 좌절감이나 무시의 관계다. 과잉 행동을 하는 사람들은 안절부절못함에 대해 화가 나서 그것을 분산시킬 방법을 찾을 수 있다. 부주의한 사람들은 자신의 에너지 결핍과 게으름 때문에 좌절감을 느낄 수 있다. 일부는 서투름과 고투한다. ADHD를 가진 많은 성인들은 또한 충동적이거나, 산만하거나, 열정이 지나쳐서 결국 식사나 수면, 건강 검진 같은 자기 관리를 무시하게 된다. 그리하여 그들 일부는 무모한 운동과 여러 가지 중독으로 몸을 혹사시킨다.

이 단계에서 우리는 몸의 감각과 움직임에 대한 마음챙김을 탐구하여 자기 몸에 호기심을 가지고 친절한 관계로 발전시키는 것에 대해 초점을 맞출 것이다. 자신의 몸에 귀 기울이고 안절부절못함이나 낮은 에너지, 근육의 긴장, 고통같이 어려운 감각을 다루는 것을 배울 것이다. 또한 몸에 대한 마음챙김은 어려운 정서와 생각을 다루는 제5단계와 제6단계에 대한 준비가 될 것이다.

## 몸에 귀 기울이기를 배우기

메리는 항상 다급해 보인다. 그녀는 종종 수많은 사소한 일들을 해서 시간에 쫓긴다. 그녀는 할 것이 많아 어쩔 줄 모르는 상황에서도 새로운 일에 계속 관여한다. 그녀가 치료를 받기 위해 도착하면, 나는 우선 그녀에게 그냥 가만히 앉아서 호흡에 집중하라고 한다. 몇 분이 지난 후, 그녀는 한숨을 쉬고 "너무 피곤해요."라고 말한다. 비록 잠깐 호흡하는 동안이라도 느긋하게 함으로써 그녀는 얼마나 지쳐 있는지를 알아차린다. 나는 "당신의 몸이 뭐라고 말하고 있나요?"라고 물어본다. 그녀는 "정말 휴식이 필요해요. 너무 많은 것을 하고 있어요."라고 슬프게 대답한다. 그녀의 몸은 그녀에게 메시지를 보냈지만 바빠서 그 메시지는 분실되었다. 메리는 이제부터라도 자기 몸에 더 완전한 주의를 기울이고 자신을 더 잘 보살필 필요가 있다. 만약에 그렇게 하지 않으면, 만성 스트레스 문제로 발전해 위험한 상황에 놓일 것이다.

메리처럼 ADHD를 가진 성인들은 사회에서 요구하는 일들과 여러 가지 방해요소들, 예를 들면 새 프로젝트나 여러 약속, 인터넷, 사람들에 떠밀려서 자기 내면에서 일어나고 있는 일을 자주 무시한다. 피로나 통증, 긴장 상태와 같이 몸에서 나오는 신호는 무시된다. 하지만 만약 우리가 그 메시지들에 완전한 주의를 기울이는 것을 배운다면, 우리 몸은 우리에게 중요한 메시지를 줄 것이다.

몸은 깊은 자기 이해의 근원이다. 가끔 우리가 어떤 일을 의식적으로 완전히 알기 전에, 몸은 벌써 어떤 방향으로 그것을 표현한다. 슬픈 기념일 며칠 전부터 마음이 안절부절못한다든지, 직장을 갈 때 가슴이 답답해지는 등 우리 몸은 메시지를 보낸다. 또한 데이트하러 가기 전에는 설렘이 있고, 우리가 잘하는 일을 할 때는 편한 감이 있다.

몸의 감각에 집중하기 위한 마음챙김을 사용하여 우리는 가치 있는 메시지나 치유의 메시지에 접근할 수 있다. 그래서 마음챙김은 우리의 마음과 몸이 잘 연결되고 서로 소통하도록 하여 완전히 틀이 갖춰진 삶에 이르도록 우리를 인도한다.

우리 몸에 완전히 주의를 집중하면 몸은 우리에게 중요한 메시지를 전한다.

훈련 4.1

### 바디 스캔(CD 트랙 4; 12분)

바디 스캔(body scan)은 우리의 마음과 몸, 가슴을 연결할 수 있는 강력한 도구다. 마음챙김 훈련은 우리 몸의 여러 부위에 순차적으로 집중하고 존재하는 어떤 감각이든 알아차려서 몸에 귀를 기울이게 한다.[1]

전형적인 바디 스캔에서는, 주의를 머리부터 발끝까지 천천히 이동하여 몸 전체를 "스캔"한다. 도움이 된다면, 앞과 뒤, 오른쪽과 왼쪽, 위와 아래로 몸의 구체적인 영역을 나누는 격자 패턴으로 당신의 몸을 상상해보라. 당신은 이들 영역을 편한 순서대로 스캔할 수 있다.

눕거나 앉아서 바디 스캔을 하는 동안, 누워 있을 때 경험하는 중력의 끌어당김은 몸을 이완시키고 감각을 더 쉽게 알아차릴 수 있게 한다. 하지만 이 자세로는 깨어 있기 힘들거나 마음이 더 방황할 수도 있다. 사실, 불면증에 시달리는 일부 사람들이, 침대에 누워서 바디 스캔을 하는 것이 수면을 취하는 데 도움이 된다고 한다. 그러나 당신의 의도가 일상생활 중에서 몸의 자각과 이완에서 자신을 훈련하는 것이라면, 바로 앉아서 하거나 완전

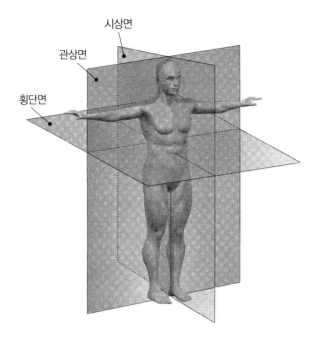

〈신체 평면도〉

시상면

관상면

횡단면

히 깨어 있는 상태에서 훈련을 하는 것이 가장 좋다. CD 트랙 4번에 바디
스캔에 대한 가이드가 있고, 그 순서는 다음과 같다.

- 자리를 찾아서 바로 앉거나 눕는다. 베개나 담요를 사용해서 머리와
  목, 무릎을 받쳐 몸을 편하게 만든다.
- 깊은 숨을 몇 번 쉬면서 몸을 이완시킨다. 눈을 감거나 반쯤 감은 상
  태에서 시선을 한곳에 고정시킨다.
- 당신의 주의가 손전등과 같다고 생각하고, 몸의 각 부분을 밝히기 위
  해서 주의를 그곳에 맞춘다고 상상한다.

머리의 위와 앞
- 머리 위부터 집중한다. 가려움이나 떨림, 조이는 느낌이 있는가? 전혀

감각이 없을 수도 있다. 당신이 알아차리는 무엇이든지 마음속으로 그것에 "얼얼함"과 같은 명칭을 붙인다.

- 주의를 이마로 옮긴다. 그곳에 멈춘 후 어떤 감각이 있는지 확인하고 그 부분을 이완시킨다.
- 주의를 눈으로 옮겨서 그 부분을 이완시킨다.
- 주의를 얼굴로 옮겨서 뺨과 코를 알아차린다. 콧구멍에 들어가고 나오는 공기 흐름의 미미한 감각이 있을 것이다.
- 당신의 주의를 입과 턱으로 옮겨서, 그 부분의 근육을 부드럽게 한다.
- 턱과 목구멍을 알아차리고 필요하면 그 부분을 이완시킨다.

## 머리 뒤

- 주의를 머리 뒤와 목으로 이동하고 그곳의 느낌을 알아차린다.
- 만약 당김이나 긴장감을 느끼면, 목을 이완시킨다.

## 오른쪽 어깨와 팔

- 주의를 오른쪽 어깨에 가져간다. 그곳에 어떤 느낌이 있는가? 어깨의 앞과 뒤를 스캔한다. 그 부분에서 긴장감이 느껴진다면 어깨에 힘을 빼도록 한다.
- 주의를 오른쪽 팔 윗부분으로 이동한다. 잠깐 살펴본다.
- 팔꿈치 주변의 감각을 알아차린다.
- 주의를 팔 아래 부위로 옮기고, 그다음 손목과 손으로 옮긴다.
- 손가락 다섯 개를 모두 느낀다. 손가락들을 살짝 펼치거나 움직여보고 그 감각을 알아차린다.

---

스캔을 할 때, 성급한 느낌이나 급히 하려는 마음, 또는 떠오르는 어떤 생각을 알아차려라. 그리고 예를 들면 "성급함" 같은 명칭을 붙이고 스캔 과정으로 되돌아가라. 이런 방법으로 참을성 훈련을 한다.

---

### 왼쪽 어깨와 팔

- 왼쪽 어깨와 팔에 대해서는, 팔 위쪽에서 팔꿈치로, 그리고 팔목과 (왼쪽) 손 순서로 이전의 과정을 천천히 반복한다.

### 등

- 주의를 등의 윗부분으로 이동하고 그곳의 감각을 스캔한다. 만약에 당신이 바닥이나 침대에 누워 있다면 접촉하고 있는 부분과 압박감을 알아차린다.
- 주의를 등의 윗부분을 가로질러 스캔하고, 그다음 등줄기를 따라 등 아래로 스캔한다. 그곳에 무엇이 있는지 알아차리고, 긴장감이 있는 곳을 이완한다.

### 가슴

- 주의를 가슴으로 이동하고 그곳의 감각을 느낀다. 아마도 호흡할 때마다 가슴이 미미하게 상하 운동하는 것을 느낄 것이다.
- 가슴을 이완시킨다.

### 배와 엉덩이 사이

- 배를 알아차리고 호흡을 할 때 그곳의 움직임을 알아차린다.
- 아랫배의 양쪽에 있는 엉덩이를 느끼고 골반에 어떤 감각이 있는지 알아차린다.
- 엉덩이와 그 주위를 이완시킨다.

### 오른쪽 다리

- 주의를 오른쪽 다리로 옮기고 허벅지의 앞과 뒤를 알아차린다.
- 주의를 무릎으로 옮긴다. 그리고 그 주위에 느껴지는 감각을 알아차린다.
- 그다음 주의를 종아리, 발목으로 옮긴다.

- 발과 다섯 발가락 모두를 알아차린다. 만약에 발가락에 감각이 안 느껴진다면 감각이 무뎌졌다는 것을 알아차리라. 또한 발가락을 움직여 그것을 알아차릴 수 있다.

### 왼쪽 다리
- 왼쪽 허벅지에서 시작해서 무릎으로, 그리고 정강이와 발로 내려오면서 이전 과정을 반복한다.

### 몸 전체
- 왼쪽 다리를 스캔했다면, 자각의 문을 열어서 몸 전체를 스캔한다. 당신에게 두드러지게 느껴지는 몸의 어떤 부분이나 감각이 있는가? 지금 이 순간 어떻게 느끼는지 알아차린다.

### 바디 스캔의 요점
1. 머리부터 시작해서 발가락으로 진행하거나 그 반대로 할 수도 있다. 사실상 어디서부터 시작하든 상관없고 매번 같은 순서로 하고, 가끔 새로운 방식을 시도해도 된다.
2. 변형한 방법으로 "적극적 바디 스캔"이 있는데, 바디 스캔을 할 때 몸의 대부분을 조금 움직이는 것이다. 이런 움직임은 몸의 감각들을 알아차리게 도와준다(이것은 앞서 손가락의 감각을 느낄 때 했었다). 예를 들면, 입술을 오므리거나 미소를 지어 입술의 감각을 느낀다. 또는 어깨와 팔, 손목을 부드럽게 돌리면서 그곳의 감각을 관찰한다.
3. 바디 스캔을 할 때 몸의 각 부분을 이완시키기 힘들다면, "점진적 근육 이완하기" 기법이 도움이 될 수 있다. 이 기법에서는 우선 관찰할 양쪽 부위를 긴장시킨 다음(예를 들면, 양 주먹을 꽉 쥐거나 양 허벅지를 긴장시키는 등), 뚜렷한 이완의 감각을 느낄 수 있게 그 부위의 긴장을 풀면 된다.

4. 당신의 주의가 사랑이 담긴 주의로서, 보살피는 접촉(caring touch)과 같다고 상상한다. 그래서 바디 스캔을 하는 동안 주의를 가져가는 어느 곳에서든 감각을 알아차릴 뿐 아니라 당신과 당신의 몸을 돌보려는 의도를 그곳에 쏟아 넣도록 한다.

5. 몸의 각 부분을 알아차릴 때, 몸의 구석구석에 신선한 공기를 공급하듯이 "숨을 들이마시는 것"을 상상한다. 그 호흡이 각 부위를 이완시키고, 열게 하고, 또한 스트레스를 풀게 한다고 상상한다.

## 일상생활 중의 바디 스캔

대학원생인 켈리는 2주 안에 논문을 제출해야 한다. 그녀는 매일 아침 3시간 동안 방해받지 않고 논문을 준비하기로 계획했다. 그러나 어느 날 아침에, 숙모로부터 삼촌이 편찮으시다는 전화를 받았다. 숙모는 켈리가 의학정보를 찾아주기를 원했다. 켈리는 도와주고 싶은 마음이 간절했지만, 한편으로는 자신의 계획을 미루어야 한다는 생각에 속으로 갈등했다.

몇 시간 후 켈리는 다시 논문을 쓰려고 했지만 집중을 할 수 없었다. 그녀는 아침에 계획이 지체된 것과 다가오는 마감일 때문에 스트레스를 받았다. 속이 불편했고, 몸이 떨리고, 정신이 산만해졌다. 그녀는 몇 분간 앉아서 조용히 바디 스캔을 하기로 했다. 바디 스캔을 하면서 알아차리는 느낌에 "목이 뻐근함", "떨리는 느낌", "안절부절못함"이라고 명칭을 붙였다. 긴장감을 알아차릴 때마다 깊은 호흡을 하면서 "그곳에 숨을 불어넣고 이완시킨다"는 상상을 했다. 몇 분 후 그녀는 조금 피곤하지만 이완되는 느낌으로 몸이 풀리는 것을 알아차렸다. 그녀는 더 차분해지고 논문을 쓸 준비가 될 때까지 앉아서 몸에 집중했다.

## ADHD와 서투름

릴리는 어릴 적 별명이 "얼뜨기"였다. 그녀는 어릴 때 음료수를 자주 쏟은 기억이 있다. 한 번은 아침 식사 때 주스를 다 쏟아서 창피한 나머지 몇 시간 동안 정원에 숨어 있었던 적도 있다. 그녀는 성인이 되어서도 계속 서툴러서 남들과 자주 부딪혔다. 남편은 그녀가 공간 감각과 신체의 협응력이 없다는 것을 알아차렸다. 그녀는 남편과 같이 걸을 때, 남편에게 기대어 걷는 경향이 있다. 부엌에서 요리를 같이 할 때, 남편은 릴리가 뜨거운 데 닿거나 열려 있는 수납장 문에 머리를 찧을까 봐 걱정한다.

남편이 그녀에게 신체 협응에 문제가 있다는 것을 지적했을 때 그녀는 처음에는 방어적이었다. 그녀는 얼뜨기 같은 느낌을 싫어했다. 그러나 시간이 지나면서 그녀는 부끄러움과 자기 비판적인 태도에 거리를 두고, 호기심과 비판단적인 태도로 자신의 행동을 관찰하기 시작했다. 그녀는 자기 몸을 더 자각해서 서투름을 교정할 수 있었다. 예를 들면, 친구에게 음료수를 쏟기 전에 스스로 알아채는 것이다. 중요한 변화는 그녀가 계속 넘어지거나 무엇을 넘어뜨릴 때 더 자신에게 연민을 가지고 유머로 반응할 수 있게 되었다는 것이다.

ADHD에서 신체 협응과 서투름은 문제가 될 수 있다. 실제로 ADHD를 가지고 있지 않은 사람들보다 ADHD를 가진 아동과 성인은 반응 속도가 느리고 적절한 시간에 동작하는 것을 힘들어한다.[2] 뇌영상법을 사용해 ADHD 증상을 보이는 사람을 연구해본 결과, 동작과 타이밍에 관련된 뇌 부분에 이상이 있었다.[3]

이때까지 습득한 지식과 다음의 훈련으로, 당신은 비판단적인 태도와 호기심을 자신의 균형 감각과 신체 협응으로 가져가는 것을 시작할 수 있을 것이다.

## 마음챙김 움직임

이 훈련은 느리고 미미한 움직임을 통해 몸의 균형에 대한 더 좋은 자각을
계발하도록 돕는다.

- 두 발을 약간 벌리고 선다. 완벽하게 가만히 서 있는지 본다.
- 가끔 몸이 자연스럽게 살짝 움직일 것이다. 잠시 움직임에 대해 알아
  차린다.
- 중력의 중심이 어디인지 느낀다. 중심을 찾기 위해 왼쪽에서 오른쪽,
  앞에서 뒤로 움직여본다.
- 균형을 잃지 않으면서 몸을 중심으로부터 과하게 흔들어본다. 흔들림
  이 정지하는 부분과 몸이 중심으로 돌아오기 시작하는 부분들을 알아
  차린다.
- 중심으로 돌아와서 양팔을 몸의 양옆에 오게 내려놓는다.
- 눈을 감고 팔의 위치를 감지한다. 어깨를 돌리고, 머리를 돌린다. 이
  때 움직임의 감각을 알아차린다.
- 눈을 뜨고 한 발로 선다. 몸이 중력의 중심을 어떻게 조정하는지 알아
  차린다. 가라앉음과 흔들림을 알아차린다.
- 다시 두 발로 서서, 당신이 좋아하는 방식으로 몸을 뻗거나 굽혀서, 늘
  어남, 회전, 그리고 몸의 감각을 느낀다.

  예를 들어,

  ◦ 팔을 하늘을 향해 뻗는다.
  ◦ 팔을 좌우로 흔든다.
  ◦ 몸을 숙여서 손이 발끝에 닿게 한다.
  ◦ 좌우 양쪽으로 몸을 굽힌다.
  ◦ 당신이 알고 있는 요가 자세를 취해본다.

## 마음챙김 걷기(CD 트랙 5; 5분)

걷기 명상은 전통적인 마음챙김 훈련이다. 실제로 마음챙김 피정 동안에 정좌 훈련과 걷기 훈련이 교대로 수행된다. 여기서는 발의 움직임에 감각을 집중하는 전형적인 걷기 명상을 살펴본다. 이 명상은 신을 신고 해도 되고 맨발로 해도 된다. 맨발로 한다면 감각이 더 확실하게 느껴질 것이다.

- 눈을 뜨고 두 발로 선다.
- 천천히 한 발을 들어서 걷기 시작한다.
- 동작에 "들고 놓고"와 같은 명칭을 붙이거나, 명칭을 붙이지 않고 간단하게 동작을 관찰해도 된다.
- 걸으면서 발이 땅에 닿는 감각을 알아차린다. 특히 발 앞꿈치의 위치와 무게의 이동을 알아차린다.
- 마음이 방황한다면, 주의를 부드럽게 발로 되돌린다. 자신의 의도로 되돌아감으로써 주의를 훈련하고 있음을 기억한다.
- 한 번쯤은 뒤로 한 걸음이나 두 걸음 걸어보고 어떤 느낌이 나는지 알아차린다.

### 걷기 명상의 요점

걷기 명상의 전통적인 방식은 보통의 걸음걸이보다 훨씬 느린 속도로 걷는 것이다. 처음에는 어색하고 균형 잡기가 힘들 것이다. 걸을 때 무슨 일이 발생하는지 그냥 알아차리고, 천천히 계속하라. 아니면 보통의 속도나 빠른 속도로 다르게 해보라. 빠른 속도에서는 발의 감각보다 다리 전체나 팔의 움직임을 알아차리라. 그런 다음 걸을 때 서서히 속도를 줄이고 발을 향하여 초점을 좁힐 수 있다.

걷기 명상은 자기 대화(self-talk)와 상상을 결합하여, 삶의 다른 측면으로 이동할 수 있는 능력을 강화할 수 있다. 예를 들면, 우리가 발을 앞으로 내밀어 땅에 내딛는 것은 일을 주도하는 것과 진행하는 것 또는 새로운 일을 시작하는 것을 상징한다고 상상할 수 있다. 만약 당신이 일을 시작하기가 힘들다면, 이것이 좋은 연습이 될 수 있다.

아니면, 앞으로 내미는 발 앞꿈치에 집중하는 대신에, 바닥에서 떨어지는 발뒤꿈치에 집중할 수 있다. 발꿈치를 드는 것은 일을 떠나는 것을 상징한다고 상상할 수 있다. 전환과 내려놓기에 어려움이 있다면, 이것이 당신에게 좋은 연습이 될 것이다.

---

마음챙김 훈련은 본질적으로 유연하고 창의적인 것이다. 당신이 무엇을 할 때 자기가 하고 있는 것을 자각하는 한, 당신은 마음챙김을 훈련하고 있는 것이다.

---

## 마음-몸 연결성은 양방향 관계다

바쁘고 압도되는 상황에서, 메리는 긴장하는 습관이 있었다. 당장 걱정할 것이 없어도, 메리는 눈살을 자주 찌푸려 눈썹 사이에 깊은 주름이 생겼다. 어느 날 밤, 저녁 식사를 하러 나갔을 때, 친구가 그녀의 주름을 가리키며 "어머, 너 정말 긴장되고 피곤해 보여."라고 말했다.

그녀는 자기 표정을 완전히 자각하지 않았기 때문에 그 말을 듣고 놀랐다. 친구의 지적을 들은 후, 메리는 온종일 자기 표정을 살펴보기로 했다. 운전을 하다가 정지 신호를 받으면 그녀는 주기적으로 사이드 미러로 자기 얼굴을 보았다. 얼굴이 긴장되어 보이면 이마와 턱을 이완시켰다. 순간의 표정 변화가 그녀로 하여금 깊은 숨을 쉬게 하였고 몸의 다른 부분까지 이완시켰다.

우리 몸과 얼굴 표정 또는 자세는 우리 내면의 느낌을 반영한다. 우리가 슬플 때, 우리 얼굴은 풀 죽은 표정을 나타내고 어깨는 축 처진다. 몸 전체에서는 낮은 에너지와 낙담한 느낌이 드러난다. 우리는 본능적으로 이것을 알고 있기 때문에 보통 다른 사람의 얼굴과 몸이 소통하여 만드는 그들의 정서 또한 읽는다. 그러나 이 연결이 양방향이라는 사실에 대해 항상 깨닫지는 못한다. 하지만 일단 이것을 이해하면, 우리는 그 연결을 이용할 수 있다. 우리는 의도적으로 표정이나 자세를 바꿔서 우리가 느끼고 생각하는 방법을 변화시키고 형성할 수 있다.

예를 들면, 치료받는 환자가 자신 있게 말하는 것을 배우고 싶어할 때, 나는 말하기 전에 허리를 똑바로 세워 앉으라고 한다. 이런 자세의 변화는 소파에 구부정하게 앉아 있을 때보다 더 권위 있는 말투로 표현하도록 도와준다. 특정한 마음–몸 상태에 도달하기 위해 몸을 변화시키는 것은 몸을 기반으로 하는 심리 치료와 연기학원, 정좌 명상에서 이용된다. 명상에서, 올바른 자세(보통 허리를 바로 세우고 이완된 자세)는 정신과 정서 처리뿐만 아니라 각성을 촉진하는 방법으로 강조된다.

콜롬비아 대학의 데이나 카니(Dana Carney) 박사는 자세의 변화가 힘의 수준(테스토스테론)이나 스트레스(코르티솔) 호르몬, 행동과 내면의 감정에 두드러진 영향을 끼친다는 것을 증명하는 흥미로운 연구를 했다.[4] 이 연구에서, 실험 참가자 중 절반은 권위 있는 자세를 취하고 나머지 절반은 권위가 없는 자세를 취하도록 했다. 테이블 너머로 당당하게 발을 벌리고 서 있는 모습이라든지, 책상 위에 다리를 쭉 뻗어 걸치고 기대어 앉은 모습, 깍지 낀 손을 목 뒤로 받치고 기울여 앉은 자세 등 기업에서 고위 임원이 보이는 행동이라 예상할 수 있는 자세가 권위 있는 자세였다. 권위 없는 자세는 굴종하고 소심한 직원에게서 볼 수 있는 것으로, 팔을 몸에 바짝 붙이고 "위축되고" 옹색한 자세로 서 있거나 앉아 있는 모습 등이었다. 이 연구는 심지어 단 1분 동안이라도 권위 있는 자세를 유지하는 것이 테스토스테론 수준을 증가시키고, 코르티솔 수준은 감소시키며, 힘 있고 책임감 있는 내적 느낌을 증가시킨다는 것을 보여주었다. 또한 권위 있는 자세를 취한 실험 참가자들은 도박 게임에서 위험을 무릅쓰는 것으로 나타났다. 권위 없는 자세를 취한 참가자는 반대의 결과가 나타났다.

다음에 긍정적인 마음 전환을 하기 위해, 몸을 관여시키는 여러 가지 방법을 소개한다.

## 훈련 4.4

### 흔들기 명상과 춤 명상

흔들기 명상은 활동 명상의 한 예다. 이 훈련은 쿤달리니 요가(Kundalini yoga)에서 유래한 것으로, 흔들기, 춤추기, 가만히 서 있거나 앉아 있기, 눕기의 네 가지 순차적 단계로 구성되어 있다. 시간은 일반적으로 10~15분이 소요되지만, 이 책에서는 심신의학센터(Center for Mind-Body Medicine)의 제임스 고든 박사가 변형시킨 짧은 형태의 명상을 소개한다.[5] 훈련을 처음 접할 때 약간 엉뚱하다고 생각할 수 있지만, 마음을 열고 어떤 느낌이 나는지 시도해보자. 이 명상은 스트레스나 안절부절못함을 완화시킬 뿐만 아니라 몸의 에너지를 증가시키는 좋은 방법이 될 수 있다. 만약 당신이 부모라면 자녀와 같이하면서 더욱 즐겁게 훈련을 할 수 있다.

준비
- 명상에 필요한 CD나 재생 목록을 만든다. CD나 재생 목록은 다음의 내용을 담아 구성한다.
  ◦ 명상을 준비하기 위하여 1분 혹은 2분의 초기 정적
  ◦ 5분 동안 몸을 흔들 수 있는 강렬하고 리드미컬한 음악
  ◦ 3~5분 동안 몸을 움직이거나 춤추고 싶게 만드는 음악

### 시작

- 양발을 어깨너비만큼 벌리고 무릎을 살짝 굽힌다.
- 어깨와 목에 힘을 빼고 숨을 여러 번 깊게 쉰다. 눈은 감거나 살짝 뜬 상태를 유지한다.

### 흔들기

- 음악이 나오면 몸 전체를 흔들기 시작한다. 에너지가 발에서 어깨와 머리까지 차오름을 느낀다.
- 내려놓는 연습을 하고 자신이 흔들리도록 둔다. 지치거나 지루해도 이 음악이 끝날 때까지 흔들기를 지속한다.
- 음악이 끝나면 당신의 호흡과 신체적 감각을 알아차린다.

### 춤추기

- 춤음악이 시작되면 몸이 원하는 대로 움직인다.
- 자유롭고 즉흥적으로 움직인다. 바보 같고 부끄럽게 느껴지면, 그것을 알아차리되 계속 움직인다.

### 서 있거나 앉거나 누워 있기

- 음악이 끝나면 조용히 서 있거나, 앉거나, 눕는다.
- 이완할 때 호흡과 몸을 알아차린다.

## 몸과 마음의 연결을 이용하는 다른 방법

### "부드러운 미소"를 연습하라

이 글을 읽으면서 입 꼬리를 올려서 작고 가볍게 미소를 지어보라. 만성적으로 턱이 긴장된다면 위 치아와 아래 치아 사이에 작은 공간을 두고 미소를 지으라. 당신이 내면에서 느끼는 것에 미묘한 변화가 있는지 알아차리라. 그러한 미소를 지으면 몸 전체에 이완의 신호가 흘러서 "내면의 미소"나

가벼운 느낌이 생길 것이다. 하루 동안 부드러운 미소를 연습하라(몇 초 만이라도). 이 연습은 당신의 인생관 전체에 변화를 줄 것이다.

### 유산소 운동을 하라

유산소 운동을 하면 우리의 호흡과 신체 에너지를 변화시킬 수 있고, 집중력과 사고력, 기분을 개선할 수 있다. 어떤 과제나 문제에 막힐 때마다 짧은 휴식을 취하고 신체 활동을 하라. 헬스장에 가거나 한 블록 정도 걷거나 혹은 간단하게 스트레칭을 하거나 방 안에서 팔 벌려 뛰기를 할 수 있다. 그다음 다시 과제로 돌아가라. 당신은 문제를 다루는 데 있어서 증가된 동기와 새로운 통찰력이 생겼음을 알아차릴 것이다.

### 마사지(또는 심부근육을 풀어주는 비슷한 활동)를 받으라

마사지는 우리 몸을 긴장된 상태에서 안정된 상태로 바로 바꿔준다. 만약에 마사지를 한 번도 받아보지 않았다면, 친구나 동료에게 한 번 받아보고 높아진 자각의 몸과 마음의 상태 변화를 알아차리라. 요가나 온수욕, 사우나도 근육을 이완시켜주는 활동이다.

이런 이완된 상태에 접근하기 위한 다른 방법으로 또 뭐가 있을까?

### 학습 능력 향상을 위한 몸 사용

학습 방법에는 여러 가지가 있고, 많은 사람들은 다른 것과 비교해서 한 가지만 선호한다. 그 주된 유형은 다음과 같다.

1. 시각적 학습(보고 배움)
2. 청각적 학습(듣고 배움)
3. 읽기와 쓰기(소리 나는 그대로)
4. 운동 감각 또는 촉각 학습(활동으로 배움)

ADHD 증상을 가진 대다수의 아동과 성인 들은 시각적 학습법과 활동적 학습법을 추구한다. 만약에 당신도 이와 같다면, 정보를 외적으로 만들고 학습 과정에서 몸을 사용하는 것이 많은 도움이 될 것이다. 어떤 주제를 공부할 때 몸을 사용해 정보와 연관 짓고, 손을 사용하는 것을 유도하는 학습 도구를 만들라. 정보를 직접 쓰거나 그리거나, 플래시 카드를 만들거나, 모델을 만들라.

새로운 생활 기술을 배울 때 이미지와 함께 몸동작을 사용하여 그 느낌이나 태도가 스며들도록 하라. 예를 들면, 만약 당신이 더 단정적이어야 한다면, 두려운 상대에게 단정적으로 얘기를 한다고 상상하라. 즉, 곧은 자세로 앉거나 서서 팔을 움직여 단호하게 "No"를 표현하는 제스처를 연습하라. 이 동작은 당신 몸에 있는 단정적인 에너지를 이용하도록 도울 것이다.

반면에, 당신이 대화할 때 자동적으로 다른 사람 의견에 반대하는 경향이 있다면(이 현상은 ADHD의 증상이나 부정적/반항적인 특성을 가진 성인들에게 흔하다.), 열린 태도를 가지고 언쟁하지 않는 사람과 말하고 있는 것을 시각화하라. 손바닥을 열고 수용적인 자세를 취해서 그 이미지를 강화하라.

## 어려운 몸 감각 다루기: 고통과 안절부절못함

ADHD 성인들은 안절부절못함을 정말로 없애버리고 싶은, 매우 불편하고 무척 고통스러운 느낌이라고 자주 말한다. 여기서 우리는 육체적인 고통이나 심한 안절부절못함 같은 어려운 몸 감각을 다루는 마음챙김의 방법을 탐구할 것이다.

마음챙김을 할 때 이런 말이 있다. "고통은 피할 수 없지만 괴로움은 선택할 수 있다."

이 말의 뜻은, 우리는 고통이나 불편감(ADHD 증상 중 안절부절못함 같은)은 항상 피할 수 없지만 그와 연관된 괴로움은 조절할 수 있다는 것이다. 불편감에 대한 우리의 태도와 관계를 바꿈으로써 우리는 경험하는 것에서 엄청난 차이를 만들 수 있다.

예를 들면, 지속되는 많은 괴로움은 다음 중 하나 이상의 조건에서 비롯된다.

- 불편감에 부정적인 반응을 하는 것(무서움, 공포, 화냄)
- 불편감에 저항하거나 다른 일을 바라는 것(예: 항상 바쁜 상황을 만들기, 해결 방안이 없음에도 불구하고 계속 찾으려고 하는 것, 남을 탓하는 것)
- 불편감을 과잉 동일시하는 것(예: "무릎 통증"보다는 "나의 고통", "안절부절못함을 알아차린다."보다는 "나는 안절부절못한다.")
- 불편감에 대해 이야깃거리를 만드는 것(예: "이 일은 절대로 끝나지 않을 것이다." 또는 "나는 무력해.")

마음챙김을 사용하여 반응하지 않는 방법으로 불편함을 받아들이고 불편함에 대해 탐색하면, 괴로움은 최소화될 것이다. 이 방법이 어떻게 사용되는지 다음 사례를 통해 알아보자.

### 육체적 고통의 마음챙김

존은 두통 때문에 잠에서 깼다. 일을 하면서 스트레스를 많이 받아 목과 어깨는 많이 긴장되어 있었다. 그는 두통에 시달려서 처방전 없이 구할 수 있는 진통제를 복용했다. 그 약 덕분에 통증은 줄었지만 성가신 불편감은 하루 종일 지속되었다. 존은 갈수록 짜증이 났고, 불편감이 사라지지 않아 더 조바심이 났다. 이 느낌들이 목을 더 긴장시켰고 통증 또한 증가했다. 좌절한 존은 내과의사인 친구 로버트에게 전화를 걸었다. 로버트는 "마음챙김 기반 스트레스 감소(MBSR)" 수업을 듣고 있었다. 그래서 그는 존에게 마음챙김을 함께해보자고 했다. 통화 내용은 다음과 같다.

로버트: 네가 받는 고통을 마음챙김으로 해결해보는 건 어때?

존: 그래, 뭘 해야 하지?

로버트: 처음엔 통증을 받아들일 수 있는지 확인해야 해. 그것을 이겨내려고 하면 안 돼. 그렇다고 그것을 좋아할 필요도 없어. 그냥 초조한 마음으로 떨쳐 내려고 하지 마. 그 대신에 그 통증에 대해 궁금증을 가져봐. 통증을 단순히 몸의 감각으로 탐구할 수 있는지 관찰해봐.

존: 알았어. 아, 내 통증은 너무 심한데……

로버트: 그 고통을 "내 통증"으로 말고 덜 개인적인 방식으로 묘사해봐. 그러니까 좀 더 감각적으로 묘사해봐. 예를 들면, "날카로운 느낌이 든다." 또는 "욱신거리는 느낌이 있다." 이런 식으로.

존: 흠, 이마 주위에, 지속되는 압박을 주는 통증이 느껴져.

로버트: 그 범위가 어느 정도지? 이마 전체? 아니면 다른 부분도 그래?

존: 이마와 관자놀이 사이 쪽 대부분이 그래.

로버트: 통증이 바뀌고 있어, 아니면 그대로야?

존: 위아래로 고동치는 것 같은 느낌이야.

로버트: 또 다른 느낌이 나니?

존: 더 심해지고 있는데 그곳에 집중하고 있어. 이 통증이 없어지지 않을 것 같아!

로버트: 그런 상황이 가끔 생기곤 해. 처음엔 두려운 생각을 그냥 생각으로 알아차리고, 주의를 네 호흡이나 손바닥같이 편안한 곳으로 옮겨. 그곳에 잠시 집중하고 이완해봐.


존은 잠시 호흡에 집중했다.


존: 한결 나아졌어.

로버트: 좋아, 네가 준비되었다면 주의를 다시 통증 부위에 옮기고 감각

이나 생각이나 느낌을 좀 더 알아차려봐. 너무 과한 느낌이 시작되면, 다시 호흡으로 돌아가.

로버트가 이 통증의 마음챙김 접근법을 존에게 안내해주자, 존은 두통이 줄어드는 것을 느꼈다. 그는 이완감을 더 느낄 수 있었고 전체적으로 불편감이 줄어들었다.

훈련 4.5

## 안절부절못함 다루기

앞의 예에서, 로버트는 어떻게 마음챙김 주의를 육체적 고통으로 가져갈 수 있는지를 보여주었다. 안절부절못함을 다루는 것도 이와 같다. (1) 우리의 주의를 수용과 호기심을 가지고 불편한 감각에 두고, (2) 우리의 주의를 호흡이나 손바닥 또는 주위의 소리처럼 중립적이고 편안한 곳으로 이동하라. 이러한 주의 이동은 새롭고 치유적인 방법으로 우리로 하여금 불편감과 더불어 살 수 있도록 도울 수 있다.

당신이 안절부절못함을 느낄 때, 다음의 방법을 시도해보라.

- 안절부절못한 감각에 대해 호기심을 가진다. 마음챙김으로 조사하고 관찰할 수 있는 것인지 알아본다.
- 다른 감각을 알아차리고 그것을 마음으로 묘사한다. "나의" 혹은 "나는" 대신에 중립적인 언어(예를 들어, 와글거리는 에너지, 톡 쏘는 느낌, 움직이려고 하는 마음)를 사용한다.
- 이것을 탐구할 때, "나는 이것을 참을 수 없어."와 같은 현재의 어떤 생각이나 느낌을 자각하는가? 그 생각이나 느낌에 반응하지 않고 관찰할 수 있는 현상으로 이것들을 알아차린다.

- 안절부절못한 감각을 탐구한 후에 호흡이나 소리 같은 중립적이고 안전한 초점으로 돌아간다. 호흡이나 소리에 필요한 만큼 길게 집중한다. 그리고 다시 호기심을 가지고 안절부절못한 감각을 살펴본다.

### 안절부절못함을 다루는 팁

안절부절못한 감각이 견딜 수 없게 느껴진다면, 그 감각을 조사할 때 당신의 온화함과 동정적 태도를 자신에게 가져가는 방법을 사용할 수 있다. 예를 들면, "나는 ADHD를 가지고 있기 때문에 안절부절못함을 이겨 내기 힘들다는 것을 안다."나 "내겐 ADHD가 있어서 이 모임에 앉아 있는 것이 힘들어."와 같은 말을 자신에게 상기시키라. 또한 그 안절부절못함에 숨을 불어넣고 동정심으로 그것을 잡고 있는 것을 상상하라.

또한, 안절부절못한 느낌을 내려놓는 기회를 찾을 수 있는지도 보라. 마음챙김으로 이 전략을 연습하고, 당신의 몸과 마음이 어떻게 느끼는지 알아차리라. 예를 들면,

- 잠시 걸어보고 걸을 때와 그 후에 당신의 안절부절못함이 어떻게 느껴지는지를 알아차린다.
- 또 다른 마음챙김 분산(의도적으로 당신을 분산시키고 있는 것을 아는 것)을 시도해보고, 주기적으로 몸에서 느껴지는 것을 점검한다.
- 손목을 돌리거나 발목을 돌리는 것처럼 작고 구분되는 동작을 한다. 다시 동작을 할 때와 동작이 끝난 후의 안절부절못함의 느낌을 알아차린다.

마지막으로, 약을 복용해서 안절부절못함의 느낌을 조절하는 것에 대해 의사와 상담을 할지 고려해보라. 안절부절못함이 육체적 고통처럼 심하다

면 ADHD 치료약물이 도움이 될 수 있다.

## 훈련을 위해 제안하는 리마인더

다음은 이 단계에 필요한 두 가지 유용한 리마인더다.

- 몸 상태를 확인하라.
- STOP(Stop, Take a breath, Observe the body, Proceed; 정지, 호흡, 관찰, 진행)

이 표지를 주변의 잘 보이는 곳에 붙이라.

## 제4단계 요약

공식 훈련
- 매일 10분 정도 바디 스캔, 걷기 명상, 또는 흔들기와 춤 명상 중 한 가지를 하라.

일상에서의 마음챙김 자각
- 몸 감각 알아차림을 강조하는 STOP 연습을 사용하라.
- 일상에서 느린 속도나 보통 속도, 빠른 속도의 움직임에 더 많은 자각을 가져가라. 예를 들면, 느린 속도로는 스트레칭, 요가, 태극권, 보통 속도로는 걷기, 빠른 속도로는 춤이나 뛰는 동작이 있다.
- 부드러운 미소 짓기, 운동하기, 마사지 받기 등으로 몸과 마음에 변화를 주고 그 감각을 알아차리라.
- 학습력을 강화하기 위하여 몸을 이용하는 훈련을 하라.

- 통증이나 안절부절못함과 같은 어려운 감각을 알아차리라.
- 일상생활에서 앉거나 걸을 때나 서 있을 때 당신 몸의 자세를 알아차리라. 누워 있다가 앉을 때, 그다음 설 때, 그다음 걸을 때로 전환하는 순간에 특별히 주의를 가져가라. 몸을 움직이려는 충동이 처음 일어나는 때와 어떻게 몸이 따라가는지를 알아차릴 수 있는지 보라.
- 매일 운동을 할 때 몸동작에 더 많은 자각을 가져가라.
- 균형 감각을 개선하기 위해 춤, 요가, 태극권, 산악자전거 타기, 암벽 등반, 스노보드 타기, 스케이트보드 타기처럼 균형 잡기와 관련된 활동에 도전하라. 예를 들면, 암벽 등반은 현재 순간에 대한 정교한 주의력이 필요하고, 손과 발을 마음챙김으로 움직이고 지속적으로 몸 균형의 변화를 자각하는 것이 필요하다. 이런 활동을 배우는 데 남들보다 시간이 더 걸린다면 자신에 대해서 인내심을 가지라.

# 제5단계 당신의 마음을 관찰하라

## 생각에 대한 마음챙김

"제 마음은 항상 바빠요. 당신이 만약에 한 가지에 대해서만 물어도 수만 가지 잡다한 생각이 떠올라요."라고 캐럴린은 말했다.

　'무슨 말인지 알겠군.' 하고 나는 마음속으로 생각했다. 캐럴린은 내 사무실에 ADHD 진단을 받기 위해 왔는데, 그녀를 집중 상태로 유지시키기가 힘들었다. 내가 질문하면 캐럴린은 너무 길고 세부적인 사항들을 설명하며 대답했다. 어떤 때는 다른 주제로 방향을 바꾸었다. 그녀는 통찰력 있어 보였고, 종종 재미있고 유머 있게 대답했지만, 그 대답은 항상 내 질문에 대한 응답은 아니었다.

안절부절못한 몸과 함께, 바쁘거나 안절부절못한 마음은 보통 ADHD와 함께 있다. 이것은 불행이자 축복이다. 안절부절못한 마음은, 옆길로 새거나 다른 생각에 빠지지 않고 집중해서 일을 끝내기를 어렵게 만들 수 있다. 반면에, 많은 생각과 아이디어를 가지기 때문에 일들 간에 색다르고 흥미로운 연결을 만들 수 있다. ADHD를 지닌 많은 성인들은 자신들의 끊임없는 호기심에서 나오는 "독창적인" 생각과 창의력을 보여준다.

　이 단계에서, 우리는 마음챙김으로 생각을 관찰하는 것을 배울 것이다.

강한 이끌림이나 정서적 흥분이 없어서 수행하기가 상당히 쉬워질 때, 우리는 ADHD-마음 패턴을 관찰하는 데 집중할 것이다. (이 단계는 제6단계를 준비하는 단계다. 제6단계에서는 어려운 생각과 정서를 관찰하고 변환시키는 것을 배울 것이다.)

## ADHD 마음

ADHD에서 사고의 흐름은 보통 불규칙적이다. 아이디어들이 자주 가지를 뻗어 나가거나 이리저리로 넘나들 수 있다. 이와 반대로 어떤 것에 대해서는 한 방향으로만 생각되거나 강박감을 가져, 일종의 경직된 사고를 하는 경향이 있다.

생각이 이리저리 넘나들 때, ADHD 마음속은 때로는 정돈되지 않은 옷장처럼, 때로는 구불구불한 길처럼 보일 수 있지만, 결국에는 새로운 통찰에 도달한다. 때때로 ADHD 마음속은 불균형적이거나 어떤 쪽으로 편향되기도 한다. 예로 들면, 사고방식이 지나치게 낙관적이거나 비관적일 수 있다. (다음 글을 참고하라.)

### 자기 지각과 ADHD

ADHD를 가진 사람은 정확한 자기 지각(self-perception)이 어려운 것 같다. 예를 들면, 자신이 실제로 보여주는 결과보다 더 능숙하게 일을 잘 처리했다고 생각하는 것과 같이, 긍정적으로 왜곡된 자기 지각을 하는 것이 ADHD 아동에게 공통적으로 나타난다.[1] 이와 같은 아동의 자기 과대평가는 사회생활과 학업, 행동 영역 전반에 걸쳐서 발견된다. 자기 과대평가는 부분적으로 어떤 인지적 손상의 결과일 수도 있고 어린 시절의 자기 방어적 역할이었을 수 있다. 하지만 그 전체적인 영향은 어느 정도인지 아직 알 수 없다. 그와 동시에 ADHD를 지닌 아동은 일반적으로 타인의 성과에 대

해서는 정확하게 인지한다.[2]

또한 자기 지각에 대한 정확성 문제는 ADHD를 가진 성인에게도 나타난다. 2005년 한 연구에서, ADHD를 가진 성인들은 자신들의 운전 숙련도를 기록된 성과보다 더 높게 평가하는 것으로 나타났다.[3] 그에 반해서, 2007년의 연구에서는 대학생 연령대 학생들 중에 ADHD를 지닌 학생들은 자신들의 학업 성과를 과소평가하는 경향을 보였다.[4]

나는 임상적인 경험에서, 많은 ADHD 성인들이 마음챙김을 소개받기 전부터 자신들의 정신 과정에 대해 알아채거나 그에 대해 농담하는 것을 보아 왔다. 어쩌면 다루기 힘들고, 계속 좌절하고, 또 왜곡된 마음으로 사는 경험을 반복하다 보면, 자신의 생각을 자기 자신으로부터 약간 떨어져서 보기가 수월해지는 것 같다. 그러나 이를 알고 있음에도 불구하고 ADHD를 가진 사람들이 자신의 정신이 이리저리 넘나들거나 균형 잡히지 않은 생각에 갇혀 있는 바로 그 순간을 알아차리기는 여전히 힘들 수 있다.

## 생각에 대한 마음챙김

생각에 대한 마음챙김 기반의 접근법은 전통적인 심리 치료와는 다르다. 전통적인 심리 치료는 사고 내용에 집중하려고 시도하기 전에 생각에 대한 다른 관계를 경험하도록 가르친다. 하지만 마음챙김은 우선 생각의 흐름을 관찰하거나 바라보도록 한다. 우리 머릿속의 이야기에 사로잡히는 대신에, 하늘에 떠 있는 구름을 보는 것 같이 우리의 생각을 계속 변화하는 흐름으로서 관찰하도록 한다. 이런 관점의 변화는 도움 되지 않는 생각에 사로잡히지 않게 해준다. 토론토 대학의 노먼 파브(Norman Farb)가 2007년에 시행한 연구에서, 마음챙김 훈련이 내면의 목소리와 자신에 대한 분석[5]에 사로잡혀 있는 경향성을 약화시킬 수 있으며, 직접적인 경험에 초점을 맞출 수 있도록 한다는 것이 밝혀졌다. 습관적인 자기 분석을 하면 도움 되지 않는 반추와 불안, 우울중에 더 빠지기 쉽기 때문에 이 사실은 중요하다.[6] 그에 반해, 마음챙김 안에서 현재 순간의 경험에 초점을 맞추는 것은 웰빙을 증진하는 것으로 나타났다.[7]

---

**훈련 5.1**

## 하늘 같은 마음(CD 트랙 6; 8분)

- 편하게 앉아서 눈을 감는다. 호흡을 알아차리고 현재 순간에 마음을 내려둔다.
- 안정감이 느껴지면 하얀 구름이 떠다니는 넓고 파란 하늘을 상상한다.
- 당신의 자각을, 지나가는 구름보다 더 크고 넓고 광대한 푸른 하늘로 느낀다. 그런 자각을 가지고 우리는 구름들이 오고 가는 것처럼 우리의 생각과 느낌을 볼 수 있다.
- 그것들을 바라볼 때 우리의 생각과 느낌을 자기화하지 말고 명칭을 붙인다. 예를 들면, "음, 저기에 걱정이 있네."나 "슬픔", "기억" 등으로 할 수 있다.
- 생각들은 구름처럼 빠르게 움직이거나 느리게 움직인다는 것을 알아차린다. 여러 생각들이 같이 움직일 수도 있고 나뉘어 움직일 수도 있다. 그것들은 가볍고 푹신하거나 어둡고 무거워 보일 수 있다.
- 생각들이 흐르는 것을 지켜볼 때, 생각들 사이의 공간을 감지할 수 있는지 알아본다. 이 공간(열려 있는 자각의 공간)은 마음에 이끌리는 것과 다르게 마음을 관찰할 수 있는 장소다. 이 공간에서 당신은 생각과 느낌들을 알아차리지만 그것들에 따라 행동하지 않도록 선택할 수 있다.
- 이 연습을 할 때, 당신은 생각에 빠지기 쉽다(즉, 구름 속에 들어가, 생각과 느낌의 내용으로 뒤덮인 상황). 이런 상황이 생길 때마다 호흡을 자각하고 자신을 현재 순간에 다시 내려놓는다. 그다음에 다시 마음을 관찰한다.

어릴 때 난 풀밭에 누워, 하늘에 떠다니는 구름을 보는 것을 좋아했다. 구름이 시시각각 움직이고 변하는 것에 놀랐던 기억이 있다. 어떻게 구름이 형성되는지는 모른 채, 나는 그냥 어떤 일이 전개될지 보려고 기다렸다. 그때는 깨닫지 못했지만, 나는 열리고 수용적인 자각을 경험했던 것이다.

## 훈련에 대한 팁과 변형

어떤 이미지나 은유는 생각과 느낌의 마음챙김 탐구에 사용될 수 있다. 예를 들어, 당신은 강둑에 서서 물에 떠 있는 나뭇잎을 보듯 당신의 생각과 느낌을 쳐다보는 것을 상상할 수 있다. 또는 당신이 영화관에 있을 때 스크린에 비춰진 당신의 생각과 기억, 느낌들을 쳐다보는 것을 상상할 수 있다. 당신의 생각을 바라보도록 도와주는, 열리고 관찰하는 시각을 갖도록 해주는 이미지라면 무엇이든 사용하라. 또한 열린 자각으로 연결하는 또 다른 방법으로, 다음에 나오는 훈련 "나무 아래서 생각 관찰하기"나 "바다 같은 마음"을 시도해보라.

일반적으로 생각들을 관찰하는 것이 힘들 수 있다. 왜냐하면 그 생각들이 미묘하거나, 아니면 걱정이나 강박적 사고, 자기 비판적 사고가 특히 강해서 물러서기가 어렵기 때문이다. 만약에 당신이 이번 장에 설명한 것처럼 생각과 느낌을 관찰하는 것이 불가능하면 이번 단계를 건너뛰고 제6단계 "당신의 정서를 관리하라"로 넘어가도 된다. 거기에 기술되어 있는 방법은, 부정적 느낌이 달라붙어 있는 강하거나 힘든 생각을 관찰할 수 있게 도와준다.

## 나무 아래서 생각 관찰하기

- 가지와 잎이 많은 나무가 있는 공원으로 간다.
- 그러한 나무를 찾아서 그 아래 누운 다음, 잎과 가지 들의 얽히고설킨 복잡한 연결망을 쳐다본다.
- 보통 그러한 연결망은 한곳에 시선을 고정하기가 힘들다. 만약 그렇다면, 당신의 주의가 한곳에서 다른 곳으로 어떻게 춤을 추는지 알아차린다.
- 그러나 만약 당신이 시선을 한곳에 고정하는 경향이 있다면, 주의를 이완하여 가지와 잎 들 사이로 가게 할 수 있는지 본다. 이 이완된 "주의의 춤(dance of attention)"은 당신의 자각을 열어, 생각에 사로잡히지 않고 당신의 생각을 쉽게 관찰할 수 있도록 한다.
- 나무 밑에서 쉴 때 어떤 생각이 떠오르는지 알아차린다.
- 잠시 후, 눈을 감고 그와 같이 넓은 자각으로 당신의 생각을 계속하여 관찰할 수 있는지 본다.

## 바다 같은 마음

- 편안하게 앉아서 눈을 감는다. 당신의 마음이 광대하고 깊은, 크고 푸른 바다라고 상상한다. 바다 표면에 파도가 치듯이, 당신의 생각도 가만있지 못하거나, 동요하거나 끊임없이 바뀔 수 있다. 하지만 바다의 표면이 가만있지 못하더라도 그 밑에는 항상 고요한 물이 있다. 사람의 마음도 이와 같다.
- 그 바다를 마음에 간직한 채, 당신 안에서 그 깊고 고요한 감각을 당신

과 연결할 수 있는지를 알아본다. 당신은 그 고요함의 공간에서 성난 파도같이 가만있지 못하는 생각들을 떨어져서 관찰할 수 있다.

- 표면의 파도와 그 밑에 깊고 고요함이 있는 바다를 상상하면서, 호흡이나 몸을 자각하면서 머무를 수 있는지를 본다. 바다를 마음속으로 떠올리고 당신의 생각을 관찰하면서 이 자각 안에서 깊게 머무는 것을 연습한다.

## 마음챙김 공상

ADHD 인생과 마음챙김 훈련에서는 공상을 경험할 기회가 많다. 제1~3단계에서 우리는 현재 순간으로 우리의 주의를 돌려놓음으로써(예를 들면, 주의를 호흡으로 돌리는 것) 방황하는 마음을 잡아 멈추게 하는 데 집중했다. 이제는 자각과 함께 공상을 탐구한다.

### 공상의 과학

캘리포니아–샌타바버라 대학의 조나던 스쿨러(Jonathan Schooler) 박사와 브리티시컬럼비아 대학의 칼리나 크리스토프(Kalina Christoff) 박사 등은 연구를 통해, 마음의 한 부분은 분석적 사고의 장소이며 '나는 이런 생각들을 생각하고 있다'는 의식적인 감각의 장소라고 주장한다. 그리고 마음의 다른 부분은 자연스럽게 일어나는 마음, 즉 방황하기와 공상하기와 관련되어 있다고 말한다. 종종 일상적인, 즉 자동적인 일을 하면 마음의 두 번째 부분인 공상이 개시되는 것이다.[8]

많은 뇌 연구들은 마음의 분석적인 면이 활성화되면, 집행 기능 네트워크가 일반적으로 활성화됨을 보여주었다. 반면에 어떤 사람이 공상할 때는 보통 "디폴트 네트워크(default network)"의 뇌 영역이 작동한다. 디폴트 네트워크는 흔히 표면적으로 놀고 있는 비생산적인 시간에 뇌가 어떻게 작동하는지를 반영하는 것이다. 그러나 이 양상이 항상 그렇지는 않다. 2009년 크리스토프 박사의 뇌 영상 연구에서, 디폴트 네트워크와 집행 기능 네트워크가 동시에 작동할 때 공상하는 경우가 있었음이 밝혀졌다.[9] 그것은 마치 공상하는 마음이 문제를 해결하는 것 같았다. 뇌의 수준에서, 그러한 활성화된 공상을 하는 것은 창의적인 생각을 하고 통찰력을 가지고 문제를 해결하는 상황과 유사하다.

또한 크리스토프 박사의 연구 결과는 참가자들이 자신이 공상하고 있음을 완전히 모르고 있을 때 활발한 공상이 가장 자주 나타났음도 보여주었다. 하지만 의도적으로 마음을 확인하는 습관이 그런 창의적인 사고의 순간을 활용할 수 있는 방법일 수도 있다고 스쿨러 박사는 제안했다.[10] 마음이 어디에 있고 무엇을 하고 있는지 주기적으로 마음챙김 자각을 하는 것은, 당신이 잠재적으로 통찰력 있는 생각을 알아차릴 수 있게 하는 것으로 보인다. 그런 자각으로, 당신은 또한 당면한 일에 다시 집중을 할지 마음을 좀 더 돌아다니도록 할지 선택할 수 있다.

공상의 전형적인 특징은 완전히 생각에 빠지는 것이다. 주변에 무슨 일이 일어나고 있는지도 모르고, 당신이 현재 순간에 일어나고 있는 것에서 떠내려가 버렸다는 것도 모른다는 것이다. 하지만 우리는 공상을 할 수 있고 우리가 공상한다는 것을 알 수도 있다. 우리는 이 능력을, 여러 가지 방식으로 마음챙김 공상을 위하여 개발할 수 있다.

- 여가 시간이 있을 때 마음을 편안하게 해서 잠시 동안 마음이 돌아다니도록 둔다. 주제를 정하거나(예를 들어, 지난 휴가에 있었던 일을 떠올리기) 그냥 당신의 생각이 스스로 내용을 만들어내도록 놔둔다. 가능하다면 편안히 앉아서 당신의 생각들이 어떻게 전개되는지 관찰한다. 이렇게 하기 위해서는 연습이 필요하고, 또 생각에 빠지기 쉬울 수 있다. 하지만 그럴 경우에는 생각의 연결고리를 기억하고 적어 내려가는 연습

을 할 수 있다.

- 자연스럽게 당신이 공상하고 있다는 것을 알아차리면, 생각들을 역으로 추적할 수 있는지를 알아본다. 당신의 마음이 거쳤던 경로와 무엇이 공상으로부터 나오게 했는지에 대해 호기심을 가져본다.
- 우리가 영화에 몰두하는 것은 공상하는 것과 많이 비슷하다. 영화를 볼 때, 주기적으로 당신이 영화에 몰두되어 있는지 확인해본다.

## 아하 모멘트를 위한 공간 만들기

발명가들과 창의적인 사람들은 흔히 어떤 문제를 적극적으로 해결하려고 하지 않을 때 엄청난 아이디어를 찾아낸다. 해결해야 할 문제와 무관하거나 일상적인 일을 하는 도중에 갑자기 "아하!" 하는 순간, 즉 아하 모멘트(aha! moement)가 찾아오는 것이다. 이와 비슷하게, (뇌 연구에서도) 반복적이거나, 익숙하거나, 지루한 일은 공상하기, 즉 통찰력 있는 마음이 일어나도록 할 수 있다. 그래서 우리는 아하 모멘트를 이용하기 위해 의도적으로 그러한 활동들을 하는 것이 중요하다고 생각한다. 여기에 몇 가지 예시가 있다.

- 만약에 어떤 문제에 막혀 있다면, 휴식을 취한다. 채소 썰기, 뜨개질, 세탁물 정리와 같은 반복적인 일을 하라. 그리고 마음이 스스로 그 문제에 다시 접근하는지 본다. 마음을 자유롭게 돌아다니도록 하면 보통은 해결 방안이 갑자기 생각날 것이다.
- 당신은 또한 파도나 흐르는 물, 어항 속 물고기를 관찰할 수 있다. 당신의 마음을 이완시켜서 돌아다니도록 할 수 있는 무엇이든 좋다.
- 마음챙김 명상을 하기 전에 마음에 있는 문제를 기술한다. 그리고 문제를 해결하려는 노력을 내려놓고, 명상에 초점을 맞춘다. 명상을 하면서 논리적인 마음을 내버려두고 가끔은 공상에 빠져본다. 명상을 하는 도중이나 그 후에 문제에 대한 통찰이 생기는지 보라.

## 도움이 안 되는 생각에 대한 마음챙김

50대 교사인 조는 마음챙김의 경험에 대해 다음과 같이 회상했다. "마음챙김을 배우기 전에 나는 '마음의 꿈속에서 산다'는 것이 무엇을 의미하는지 정말로 이해하지 못했어요. …… 하지만 어떤 생각에 사로잡혀 있거나 공상에 빠지는 것에 대해서는 이해할 수 있었지요. 그러나 마음속에 '오래된 영화'가 돌아가고 있지만, 깨어서 자각하고 있다고 생각을 하면서 살 수 있다는 것은 알지 못했어요. 나는 마음챙김과 심리 치료를 통해, 우리는 완전한 자각 없이 일을 어떤 특정한 방법으로 보거나 특정한 방법으로 반응하도록 조건화되어 있다는 것을 알게 되었어요. 나는 마음챙김을 통하여 나의 옛날 패턴들을 알 수 있어요. …… 이제 나는 옛날 패턴들이 나올 수 있다는 것을 받아들여요. 그것들은 내 과거의 한 부분이에요. 하지만 나는 그것들로부터 벗어나는 것도 선택할 수 있어요. 또한 더 도움 되는 생각들을 선택해서 불러들일 수도 있지요. 그 생각은 나 자신의 현명한 부분에서 나와요."

마음챙김 훈련을 통해 우리는 우리와 우리 생각 사이의 공간을 경험할 기회를 얻는다. 그런 순간들로 우리는 자유를 얻는다. 더구나 그런 순간에서 우리는 자신의 현명한 부분과 연결될 수 있고 더 긍정적인 결과를 내도록 우리를 인도할 수 있다. 이 현명한 자아는 무슨 일이 일어나는지 명료하게 알 수 있고, 우리가 그것을 완전히 받아들이도록 도울 수 있으며, 그리고 무엇이 변화되어야 하는지를 결정할 수 있다. 이 수용과 변화 사이의 긴장은 변증법적 행동 치료(Dialectical Behavioral Therapy; DBT)와 같은 마음챙김 기반 접근법의 핵심 주제다. 심리학자 마샤 린네한(Marsha Linnehan) 박사가 개발한 이 치료법은 자살할 생각과 충동성이 있는 환자에게 도움이 되었다.[11] 극심한 부정적 반응과 불균형적인 생각으로 힘들어하는 ADHD 성인들에게도 이 접근법은 성공적으로 적용되었다.[12]

---

### 수용과 변화의 균형 잡기

마음챙김 훈련과 종교 의식, 그리고 그것들에서 유래한 치료법들은, 효과적인 변화와 치유가 일어나기 위해서는 혁신적 수용(radical acceptance)이라 불리는 용기 있는 수용이 요구된다고 강조한다. 이 정서는 "익명의 알코올 중독자(Alcoholics Anonymous)" 모임과 "12단계 프로그램"에서 자주 사용되는 유명한 평온 기도문(Serenity Prayer)[13]에도 잘 나타나 있다.

> 신이시여,
> 내가 변화시킬 수 없다면 수용하는 평온함을 주시고,
> 내가 변화시킬 수 있다면 변화시킬 용기를 주시고,
> 그리고 이들의 차이를 알게 하는 지혜를 주소서

---

### 비판적 생각

비판적이거나 비난적이거나 못마땅해 하는 생각은 자동적으로 나오는 것으로, 경험에 대한 열림과 수용에 있어서 장벽이 될 수 있다. 또한 이 태도는 자신과 타인 사이의 연민 관계를 만드는 데 장벽이 된다. 자신에 대한 비판

적인 사고(부정적 자기 대화)와 자기 회의(self-doubt)는 ADHD를 지닌 성인들에게 흔하게 나타난다. ADHD를 지닌 성인들은 보통 자기가 수행한 과제에 대해 "아직도 숙제를 못했니? 게으름 그만 피우고 빨리해!"와 같은 비판적인 지적을 들으면서 자라왔다.

그러한 메시지들은 보통 나이가 들어감에 따라 내면화되어 "내적 비평가"를 형성한다. 이런 부정적인 생각은 "나는 할 수 없어." "난 멍청해." 또는 "나에게 문제가 있어."라는 말로 시작하는 자신에 대한 이야기를 만들어낼 수 있다. ADHD를 지닌 성인들은 자신 안에 그러한 이야기들을 담아두고 있으며, 이런 부정적인 자기 대화가 삶을 얼마나 방해하는지를 모른다.

어떤 때 나는 ADHD를 가진 사람의 말에서 내적 비판을 쉽게 듣지만, 또 어떤 때는 그것이 행복하고 당당한 행동에 감춰져 있는 것을 보곤 한다. 하지만 그 밑에는 여전히 불안정감과 부정적인 자기 대화가 있다. 마음챙김은 우리가 자기 비판의 전반에 대해 알아차리고 이해할 수 있도록 도와줄 수 있다. 이것을 어떻게 하는지 상세히 알아보도록 하자.

### 비판적 사고 관찰하기

하루를 지내며 떠오르는 비판적 생각에 대해 호기심을 가지라. 비판적인 사고는 당신과 당신 주변의 사람을 향하고 있을 것이다. 마음챙김 훈련으로 비판적 생각을 하루에 몇 번 하는지 세어보라. 해보면 아마 놀랄 것이다.

---

### 비판적 사고 세기

대학생 미나는 집에서의 마음챙김 훈련으로 자신이 하루 중 비판적 사고를 몇 번 하는지 세어보았다. "내가 다른 사람과 상호작용할 때마다 부정적인 판단을 얼마나 빨리 하는지 알아보기 시작했어요."라고 그녀는 말했다. "교수님이 제게 C를 주셨을 때, '저 교수는 참 나쁜 여자야.'라고 생각했어요.

그리고 제 시험 점수를 본 후에 '난 실패작이야.'라고 생각하는 제 자신을 봤습니다. 계속 제 자신을 관찰하면서, 같은 수업을 듣는 학생들과 이야기할 때 저는 '난 정말 멍청해.'라고 생각하고 있었어요. 전 제가 그런 생각을 얼마나 많이 하는지 발견했어요. 하루에 적어도 백 번 이상은 했어요."

우리가 비판적인 생각을 관찰할 때, 비판적인 생각을 비판하는 자신을 볼 수 있다. 예를 들면, "이 모든 부정적 비판을 하는 내가 참 한심해!"와 같은 생각을 하는 것이다. 하지만 괜찮다. 그 생각을 또 다른 비판적인 생각으로 알아차리면 된다.

### 강하고 고통스러운 자기 비판적 사고 무력화하기

가끔씩 가혹한 자기 비판은 우리에게 고통과 수치심을 준다. 마음챙김은 그런 생각들을 무력화하고 균형 잡힌 시각을 되찾도록 방법을 제시한다. 예를 들면, 그 생각이 참이라고 느끼더라도 결국 그냥 생각일 뿐이라고 스스로에게 상기시킬 수 있다. 그 생각들로부터 한 걸음 더 떨어지기 위해서는, 주의를 자기 몸으로 옮기고 호흡과 몸의 다른 감각을 알아차리라. 부정적인 생각에 기름을 붓는 정서를 의식하게 될 것이다. 그 순간에, 자기 연민의 태도를 가질 수 있는지 보라. 만약에 부정적인 생각과 정서가 강하다면 제6단계("당신의 정서를 관리하라")에 기술되어 있는 방법을 사용해보라.

### 자신을 가혹하게 대하는 것―줄리 이야기

나의 ADHD 환자 줄리는 자신이 직장에서 한 실수를 이야기해주었다. 그녀는 직장 상사와 동료 직원들과 함께 그녀가 진행하는 프로젝트에 대해 회의를 하고 있었다. 하지만 그녀는 주 고객의 이름을 기억하지 못했다. 그녀는 순간적으로 정신적 차단(mental block)을 겪었다. 정신적 차단은

ADHD를 가진 사람에게 보통 발생하는 현상이다. 그리고 그 고객의 회사 이름도 다르게 말했다. 그녀는 동료들 앞에서 너무 난처하고 창피했다. 그녀는 눈물을 보이며 내게 말했다. "저는 너무너무 바보 같아요! 제 뇌는 마치 눈이 성긴 체 같아요. 아무것도 붙잡질 못해요! 그들이 저를 멍청이로 생각할 겁니다."

난 줄리에게 실수한 자신에 대해 연민을 가지라고 권했다. 그녀가 그 방법을 처음에 받아들이기 힘들어해서 나는 그녀의 직장에서의 실수를 ADHD가 갖는 어려움의 부분으로 수용하도록 도와야만 했다. 그리고 시간이 지난 뒤, 그녀는 더 많은 자기 연민을 가질 수 있게 되었다.

### 연민의 생각과 도움 주는 생각 개발하기

지금 어려움을 겪고 있는 친구가 당신 맞은편에 앉아 있다면, 뭐라고 말할 것인가? 우리는 일반적으로 우리 자신보다 상대방에게 더 친절하고 더 도움을 주려고 한다. 그러므로 당신 내부의 비판적인 목소리가 고개를 쳐들 때마다, 당신의 다른 부분이 유사한 상황에 있는 친구에게 하듯 자신에게 조언할 수 있는지 알아보라. 다음은 ADHD 성인을 위한 인지행동 치료 워크북에 있는 사례로, 도움 주는 자기 코칭의 목소리에 대해 잘 설명하고 있다.[14]

### 코치 A 대 코치 B

조니는 야구를 연습하는 어린 소년이다. 그는 외야수로서 뜬공을 잡으려고 했지만 노력에도 불구하고 놓치고 말았다. 코치 A는 그에게 뛰어가서 소리를 질렀다. "그 공을 놓치다니, 믿을 수 없어! 넌 제대로 할 수 있는 게 하나도 없구나! 다음에는 제대로 해! 아니면 벤치에 계속 앉아 있게 될 테니까!"

이때 조니는 어떻게 느낄까? 아마도 그는 자신감을 잃고, 긴장하고, 결국 울먹일 것이다. 다음에 공을 잡을 기회가 와도 더 나아지지 않을 것이고, 그 어떤 기회가 와도 코치 A의 부정적인 말에 영향을 받아서 실력은 더 나빠질 것이다. 그는 이제 야구를 절대 하고 싶지 않거나 더 이상 야구를 즐기지 않을 것이다.

이제 같은 상황을 코치 B를 두고 재연해보자. 조니가 야구공 받는 연습을 하다가 뜬공을 놓친다. 코치 B가 지켜보고 있다가 이렇게 말한다. "저런, 공을 놓쳤구나. 여기서 기억해야 할 것이 있어. 뜬공은 항상 실제보다 멀리 떨어져 보인단다. 몇 발짝만 뒤로 물러서 있다가, 필요하면 앞으로 뛰어오면 되지 않을까? 다음에는 네가 어떻게 할지 함께 지켜보자꾸나."

지금 조니는 어떻게 느낄까? 아마도 그는 건설적이고 도움이 되는 피드백을 받았으므로 더 자신감을 가질 것이다. 그가 잘할 기회는 더 많아지고, 그는 계속 노력하도록 자극받을 것이며, 야구를 더 즐기게 될 것이다.

코치 B가 "참 잘했어!"나 "별거 아니야, 그냥 계속 연습해."라고 말하지 않았다는 것을 알아차려야 한다. 이런 종류의 말들은 어떤 이들에게는 도움이 되겠지만, 더 나아지기 위해 발버둥치지만 어떻게 해야 할지 모르는 소년에게는 해가 될 수도 있다. 변화를 만드는 것은 구체적인 피드백이 있는 진심 어린 친절한 접근법이다.

이 사례를 염두에 두고, 당신의 생각에 코치 A와 같은 소리가 많이 나는 것을 알아차리면, 대신에 코치 B를 불러올 수 있는지 알아보라.

## ADHD 마음의 함정

비판적 사고와 더불어, 어떤 생각들은 당신을 붙잡는 마음의 함정이 될 수 있다. ADHD에서 이런 마음의 함정은 흔히 긍정이나 부정의 극단으로 양극화된 생각에서 비롯된다. 마음챙김으로 당신은 인지 왜곡(cognitive distortions)[15]으로 알려진 그런 생각이 떠오르는 것을 알아차리고 다시 균형 잡을 수 있다[만약에 그 생각이 삶에 많은 문제를 발생시킨다면 인지행동치료 (CBT) 방법들이 그러한 생각들을 바꾸는 데 좀 더 도움이 될 수 있다]. 여기에 양극 화된 생각의 예들이 있다.

**실무율 사고(all-or-none thinking):** 자신이나 타인 또는 상황을 모두 좋거 나 모두 나쁘게 보거나, 어떤 것을 할 때 오직 한 가지 방법으로만 보는 것. 예를 들면, "난 항상 괜찮아야만 해." "난 오늘 하루 만에 이 일을 다 처리해야 해." "난 이 일을 절대 끝낼 수 없을 거야." "다 망했어." "이 일 은 절대 끝나지 않을 거야." 등등. "절대"와 "항상"이라는 단어는 이런 사 고가 일어나고 있다는 단서다.

**남 탓을 하거나 자신을 탓함:** 남을 탓하는 것은 반항성 장애(oppositional-defiant disorder; ODD)를 가진 사람에게 흔하게 나타나며, ADHD를 가진 아동 중 50 %가 반항성 장애가 있다. 그런 아동들이 성장하면 탓하는 습 관은 지속되고, 그로 인해 인간관계에서 분노와 좌절을 느끼게 될 것이다.
습관적으로 남을 탓하는 것과 정반대되는 것은 습관적으로 당신 자신 을 탓하는 것이다. 예를 들면, "이 일의 원인이 되는 것을 내가 끝마쳤어 야 했어."라고 하는 것이다. 어떤 일이 잘못되고 있으면 당신은 사건을 과하게 개인화시켜 자동적으로 자신의 책임으로 만드는 경향이 있다. 이 런 생각에서는, 이 문제에 대한 다른 사람의 잘못은 간과하고 계속 당신 자신의 자존감만 깎아내리게 된다.

**확대하기 또는 축소하기:** 확대하기에서는 상황의 한 측면이나 문제의 결과를 과대평가하는 경향이 있다. 파국화 또는 최악의 상황을 상상하는 것은 확대하기의 예다. 예를 들어, "이번 실수로 나는 해고당할 거야."라고 생각하거나, 마음의 함정에 갇혀 있다면, "그냥 작은 실수였어."와 같은 긍정적인 정보를 무시하고 대신에 "이번 실수는 끔찍해."와 같은 생각을 할 것이다.

반대로 축소하기에서는, 타인이나 자신 또는 상황에 대한 사실을 축소하거나 간과하는 경향이 있다. 예를 들면, 당신은 자신의 능력과 재능을 무시하거나 다른 사람의 잘못을 간과할 수 있다. 이런 사고방식은 어떤 행동에 대한 결과를 축소하거나 당신의 한계에 대해서는 비현실적으로 되는 데 기여할 수 있다. 그것은 일종의 희망사항일 수 있다. 예를 들어, "난 여기 한 시간 있다가 나중에 출발해도 공항에 도착할 수 있어."와 같은 생각이다. 어떤 일의 단계를 계획하는 데 어려움이 있고 그 일의 소요 시간을 과소 추정하는 것(집행 기능 장애)이 ADHD에서 이런 문제로 나타난다.

**추측하거나 뻔한 것을 보지 못함:** 추측으로 다른 사람이 무엇을 생각하고 느끼고 있는지를 안다고 자신을 설득하는 것이다. 어떤 일에 대해 확실한 증거가 없는데도 다 안다고 생각한다. 예를 들면, 당신은 친구가 연락이 없으면 당신에게 화가 났다고 추측한다. 이런 추측들은 흔히 부정적이지만, 긍정적인 추측도 문제를 만들 수 있다. 예를 들면, 당신은 직장 상사가 최근에 보낸 이메일에서 정기 주간회의에 대한 언급이 없으면, 자유롭게 다른 일을 해도 된다고 추측한다. 그리고 그 추측을 직장 동료에게 확인하지 않아서, 결국 참석해야 하는 회의에 가지 못하게 된다.

추측하는 것의 정반대는, 모든 증거들이 자기 앞에 있음에도 불구하고 적절한 결론을 내리지 못하는 것이다. ADHD에서 이것은 전환하기나 집행 기능의 어려움, 또는 정서에 휩싸이는 것과 관련된 문제로 나타날 수 있다. 예를 들어, 당신은 병원 예약이 오후 5시에 있고 병원에 가는 길에 가게에 들르기 위해 집에서 오후 4시에 떠날 계획을 한다. 하지만 당신은 집에서 4시 45분이 되어서야 출발하고, 가게에 들르기에 늦었는데도 처음 계획한 대로 가게에 들른다.

**경직된 규칙 기반의 생각 대 규칙 부재:** 이런 마음의 함정에는 "반드시 이 방식으로만 처리해야 돼." 또는 "꼭 이걸 할 필요는 없어."와 같은 말에 있는 것처럼, "반드시" 또는 "꼭"이라는 단어가 포함되어 있다. 그 규칙들은 지나치게 엄격하고 비현실적일 수 있는데, 그 규칙이 자신의 규칙에 맞지 않으면 죄책감이나 우울감을 느낄 수 있다. 예를 들면, 당신이 "난 이 일을 오늘 안에 해결해야 해."라고 생각하고 그렇게 하는 데 실패했다면, 당신은 실망하고 다음 날 시도하지 않게 될 것이다. 자신에 대해 엄격한 기준을 가지는 것은 또한 타인에 대해서도 마찬가지로 작용하는데 남들이 그 규칙을 깨버리면 당신은 분개할 것이다.

반대로, "할 필요 없어."와 같은 말은 자신에 대한 충분한 규칙이 없거나 그 규칙을 너무 자주 깨뜨리는 경향이 있다는 것을 의미한다. 이것은 목표를 이루기 위해 필요한 자기 절제와 자기 동기 유발의 개발을 막을 수 있다.

양극화된 생각의 재균형을 이루기 위해서는 현실은 흑백이기보다는 회색이라는 것을 기억하라. 자신에 대한 점검으로서, 자신이 어딘가 막혀 있거나 화가 났다면, 다음의 질문을 자신에게 하라.

- 나의 생각이 현재 균형 잡혀 있는가?
- 나는 마음의 어느 한 함정에 갇혀 있는가? 갇혀 있다면 어떤 함정에 갇혀 있나?
- 이것을 보는 다른 방법은 없나?

## 훈련을 위해 제안하는 리마인더

- 생각과 느낌의 목격자가 되기 위한 리마인더로서 당신 주변에 하늘과 구름의 이미지를 붙여놓으라.
- 생각들을 관찰하기 위해 STOP을 이용한다. 다음과 같은 리마인더를 만들라.

  > S = Stop (멈추라.)
  >
  > T = Take a breath (호흡하라.)
  >
  > O = Observe your thoughts (당신의 생각들을 관찰하라.)
  >
  > P = Proceed (계속 진행하라.)

- 당신 자신이 (화난) 코치 A가 아닌 (균형 잡힌) 코치 B임을 상기하라. 다음과 같은 리마인더를 붙이라.

  > 나는 코치 A가 아니라 코치 B다.

- 생각들과 느낌들 아래에 있는 고요함의 리마인더로서 파도의 이미지를 사용하라.

........................

## 제5단계의 요약

공식 훈련

- 하루에 10분 동안(또는 그 이상) 열린 자각 상태로 정좌 명상을 하라. 도움이 된다면 바다나 하늘의 이미지를 사용해도 되고, 그냥 간단히 당신 생각의 흐름을 관찰하는 연습을 하라.

## 일상생활에서의 마음챙김 자각

- 만약에 당신의 마음이 산만하게 느껴지거나 일을 산만하게 하고 있다고 알아차리면, 그것을 리마인더로 해서 심호흡을 하고, 주위의 소리를 듣거나 자신의 몸을 점검하라. 그리고 당신이 구름들에서 나와서, 멀리서 그 구름들을 쳐다보는 것을 상상하라.
- 높아지고 열린 자각으로 STOP 훈련을 시작하라. 비판적이거나 비난적이거나 양극화된 생각을 관찰하라. 그것들을 받아들이고 비판단적이고 균형 잡힌 생각들로 변환시키는 훈련을 하라.
- 흘러쓰기(flow writing)라고 불리는 일기 쓰기(journaling)를 시도해보라. 흘러쓰기는 무엇이 흘러나오는지 검열하지 않은 채로 빠르게 일어나는 것을 적는 것이다.
- 생각과 공상에 대한 마음챙김 훈련을 하라.
- 아하 모멘트를 위한 여유를 만들라. 문제 풀기를 멈추고, 짧은 휴식을 취하고, 이완되거나 반복적인 일을 하라.

# 제6단계  당신의 정서를 관리하라

## 느낌에 대한 마음챙김

제리는 웹과 그래픽 디자인을 하는 개인 회사를 차렸다. 친구인 사라는 그에게 마케팅 책자를 디자인해달라고 부탁했고, 제리는 그 기회를 잡았다. 그는 열심히 일했고 사라에게 좋은 가격을 제시했다. 그녀는 만족해하는 듯 보였고 제리에게 다음 일감도 주겠다고 말했다. 그러나 두어 달 후에, 제리는 사라가 다른 사람이 디자인한 새 책자를 가지고 있는 것을 알게 되었다. 제리는 배신감과 분노에 휩싸였다. 그는 즉시 사라의 사무실로 가서 그녀가 좋은 친구가 아니라고 말했다. 사라는 그의 분노 폭발에 놀랐고, 새 책자는 예술학교 학생이 학교 과제로 진행한 작은 프로젝트라고 제리에게 설명했다. 그리고 사라는 제리와 관련해서는, 회사의 웹사이트 디자인을 의뢰할 계획을 하고 있었다. 제리는 자신이 과잉 반응했던 것에 겸연쩍어하면서 자신의 조급함을 후회하며 사무실을 나왔다.

제리처럼 많은 ADHD 성인들은 분노와 좌절감 같은 정서 반응을 조절하는 데 문제가 있기 때문에, 직장에서나 친밀한 관계에서 문제를 만들 수 있다. (주의력 부족과 과잉 행동뿐만 아니라) 이런 정서 조절의 문제들은 ADHD에서 전에는 간과했으나 지금은 중요한 부분으로 인식되고 있다. 이 단계에서 우리는 정서의 수용과 자각에 초점을 맞추고, 그것들을 관리하기 위한 마음챙김 방법들에 관해 논의할 것이다.

## ADHD에서 정서

ADHD에 있어서 정서에 관한 연구가 과거에는 많지 않았지만 상황은 변하고 있다. 오리건 대학의 러셀 바클리(Russell Barkley) 박사와 동료들은 2010년의 연구에서 ADHD 성인들의 정서적 충동성(emotional impulsiveness)을 측정했고, 그것을 다른 지역의 성인들뿐만 아니라 같은 정신과의 다른 환자들과도 비교했다.[1] 대다수의 ADHD 참가자들(86 % 이상)은 다음 중 한 가지 이상의 증상을 보였다.

- 만성적 성급함
- 쉽게 좌절함
- 쉽게 들뜨거나 흥분함
- 과민하거나 쉽게 짜증 냄

- 빨리 화를 냄
- 과잉 반응함
- 화를 못 참음

이런 정서적 어려움들은 ADHD의 전형적인 부주의 증상들과 마찬가지로, 거의 공통적으로 나타나며, ADHD의 과잉 행동과 충동성의 증상들보다 더 공통적으로 나타난다. 또한 그것들은 직장이나 학교생활에 상당한 어려움을 일으키고, 미숙한 운전과 범죄 실행 경향성도 유발하며, 가정생활에 있어서는 낮은 결혼 만족도와 양육 스트레스를 불러오는 것으로 보인다.

열거된 충동적 정서들의 대부분은 부정적이지만, 그중 쉽게 들뜨거나 열정적인 것은 어떤 면에서는 긍정적으로 생각할 수도 있다. 그러나 ADHD에서, 억제되지 않고 즉각적으로 나타나는 열정으로 인해, 이미 아주 바쁜 상황에 있던 당신은 이전의 의도를 잊거나 먼저 세운 계획을 버리고 새 프로젝트를 시작할 수 있다.

예를 들면 당신은 어떤 중요한 심부름을 할 계획이 있는데, 우연히 친구를 만나서 들뜬 마음으로 공원에 놀러가기로 한다. 또한 한계를(시간이나 건강, 돈에 있어서) 무시하기도 한다. 아마도 당신은 새 사업에서 일어날 수 있는 위험들을 생각해보지도 않고 즉각 투자를 하겠다고 대답하거나, 감기를 나으려면 집에 있어야 하는데 함께 음악회에 가겠다고 말할 수 있다. 그런 흥분에 이끌린 결정은 인간관계에서 다툼이나 긴장과 함께 개인의 스트레스를 증가시킬 수 있다.

나는 진료실에서 자주 ADHD 성인들이 정서적 충동성과 더불어 다른 정서적 어려움들을 보고하는 것을 듣는다. 많은 사람들이 자신감이 없는 것과 자기 회의를 호소한다. 어떤 사람은 쉽게 흥분하고 또한 쉽게 낙심한다. 그리고 많은 사람들이 비난에 예민하여 자신들의 단점에 대하여 부끄러움을 경험할 수 있다. 그들의 정서적 민감성은 보통 정서 조절 기술 부족과 공존한다. 이런 상황은 빈번하게 과잉 반응으로 이끌 수 있는 일종의 이중 불행이라 할 수 있다.

많은 ADHD 성인들에게 정서를 관리하는 것은 분명히 도전이다. 그들은 정서를 인지하고 조절하고 표현하는 데 어려움을 느낄 수 있다. 마음챙김이 이런 면들 하나하나를 도울 수 있다. 정서의 표현은 마음챙김 대화로 용이해질 수 있는데 이것은 다음 제7단계에서 논의할 것이다. 그러나 현재 이 단계에서는 정서 반응을 내면적으로 인식하고 조절하는 데 초점을 맞출 것이다. 일상에서 비판단적인 방법으로 정서를 살피는 것으로 내용을 시작한다.

## 정서란 무엇일까?

정서들은 인간의 일부이고 우리 삶에 의미를 준다. 정서들은 우리가 어떤 것을 축하할 때와 누군가를 잃고 슬퍼할 때 일어난다. 뚜렷한 정서 장애(어떤 정서 상태에 고착되어 있는 느낌)를 제외한다면 정서들은 좋은 것도 나쁜 것도 아니다. 긍정적인 정서와 부정적인 정서들은 자연스럽고 삶의 중요한 부분이다. 두 정서 모두 우리 마음과 몸에서 이해되고 능숙하게 반응될 필요가 있는 신호로서 역할을 한다. 정서적 웰빙으로 가는 열쇠는 우리가 어떤 정서를 가지고 있는지 또는 그것이 어떤 정서인지가 아니고, 우리가 정서를 어떻게 이해하고, 정서와 어떻게 관계하고 있는지에 달려 있다.

여기에 우리 정서들에 대한 네 가지 기본 원칙, 즉 통찰이 있다.

### 1. 여러 가지 색깔의 정서들이 있다

정서들을 잘 이해하기 위해 과학자들은 그것들을 분류하려고 시도해왔다. 대부분이, 보편적이고 기본적인 정서들(분노, 혐오감, 두려움, 기쁨, 슬픔, 놀람)과 복합적이고 혼합된 정서들(사랑, 자부심, 당황함)이 있다는 데 동의한다. 자신의 정서를 설명하는 단어를 가지는 것은 성공적인 정서 조절을 위해 중요하다. 이 단계의 끝에 있는 표는 당신이 그것들을 심사숙고하여 정서적 상태에 명칭 붙이기를 돕는 단어들의 목록이다.

### 2. 정서는 역동적인 과정이고 "불응기"를 가진다

정서들은 정적이지 않다. 정서는 "움직이는 에너지(energy in motion), 즉 E-motion"이다. 어떤 사람은 정서들을 혜성(뒤따라가는 꼬리가 있는, 이동하는 에너지 구)에 비교한다. 우리의 정서는 보통 초기에 불같은 강도의 감각과 몸을 통하는 에너지가 있고, 그다음 잔여 효과(혜성의 꼬리)가 있다. 후자는 종종 정서의 불응기(refractory period)라 불린다. 그때는 격한 느낌이 이미 가라앉았지만, 우리의 생각과 내면 상태, 우리의 행동은 아직 정서의 영향을 받는 시기다.[2] 이 시기 동안에 우리는 여전히 평소 태도와는 다르게 생각하고 행동할 수도 있다. 예를 들면 무서운 소리를 들은 후에 더 조마조마해하는 것과 같은 것이다. 우리는 불응기와 그것이 우리에게 미치는 효과를 언제나 완전히 알지는 못한다. 그러나 마음챙김으로 그 효과들에 초점을 맞출 수 있고 그것에 끌려가기보다는 효과들을 관찰할 수 있다.

## 3. 정서는 몸과 마음에서 생긴다

정서 반응은 전형적으로 세 부분으로 되어 있다.

1) 느낌(예를 들면, 분노감)
2) 몸의 감각(등의 긴장과 꽉 다문 치아)
3) 관련된 생각("나는 이것을 싫어한다." "나는 당신을 때리고 싶다.")

## 4. 정서 반응들은 유발 요인, 구성 요소, 관련된 행동들로 일련의 단계들로 나눌 수 있고, 우리는 그것을 높아진 자각으로 관찰하는 것을 배울 수 있다

### 유발 요인 → 정서들 → 행동하려는 충동 → 행동

정서적 반응은 완전한 자각 없이 빠르게 일어날 수 있고, 보통은 우리가 충동적 행동을 하도록 유도한다. 바로 행동하지 않고 한 걸음 물러나 정서적 반응을 바라보는 능력은 정서 조절의 핵심이다. 훈련을 통해서 정서에 대한 마음챙김 관찰을 하면 우리가 이런 정서 반응의 유발 요인들과 충동들을 인식할 수 있게 되고, 필요하면 우리가 어떤 행동들을 취하길 원하는지 선택할 수 있다.

---

**훈련 6.1**

## 즐겁고, 불쾌하고, 중립적인 사건들

다음 며칠 동안 당신의 정서적 반응에 호기심을 가져보라. 매일 사건들을 기록하는 표를 만들고, 작은 사건이라도 정서 반응이 어떻게 일어나는지 주목하라. 긍정적, 부정적, 중립적 상태로 나누어볼 수 있다.[3] 정서가 일어날 때 당신은 경험들을 지켜볼 수 있고 아니면 나중에 그것들을 회상할 수도 있다. 당신은 다음 표의 가이드를 따라 각 부분의 반응을 기술할 수도 있다(예를 들면, 몸의 감각, 느낌, 생각 등).

| 요인 | 사건/유발 요인 | 즐거운가?<br>불쾌한가?<br>복통인가? | 몸의 감각 | 느낌 | 생각 | 행동<br>(있을 경우에) |
|---|---|---|---|---|---|---|
| 통증 | 명상 또는 일을 하는 시간에 방해 | 불쾌한 | — 목과 등이 긴장함<br>— 관자놀이는 아픈가<br>— 위장에서 가라앉는 느낌 | — 나 자신에게 짜증남<br>— 안달난<br>— 피곤<br>— 걱정<br>— 당황함 | — 내가 다시 그럴까<br>— 나는 일을 끝낼 수 없어,<br>— 나는 무능해서<br>— 이 일을 못할 것이고<br>— 나를 미워할거고,<br>등등 | — 자책하거나 심란해진다 |
| | 명상하기 | 즐거운 | 편안히 이완됨 | — 재미있는<br>— 느긋해진 | — 여유로운 난 이 순간,<br>등등 | — 계속 명상하고 싶다 |

* www.shambhala.com/MindfulnessPrescription에서 인쇄할 수 있는 표를 다운로드할 수 있다.

| 요일 | 사건/유발 요인 | 즐거운가? 불쾌한가? 보통인가? | 몸의 감각 | 느낌 | 생각 | 행동 (있을 경우에) |
|---|---|---|---|---|---|---|
| 화 | | | | | | |
| 수 | | | | | | |
| 목 | | | | | | |

| 요일 | 사건/유발 요인 | 즐거운가?<br>불쾌한가?<br>보통인가? | 몸의 감각 | 느낌 | 생각 | 행동<br>(있을 경우에) |
|---|---|---|---|---|---|---|
| 금 |  |  |  |  |  |  |
| 토 |  |  |  |  |  |  |
| 일 |  |  |  |  |  |  |

## 어려운 정서들의 마음챙김

정서에서 어려움은 종종 진정한 수용을 하지 않는 것에서 시작한다. 상황을 수용하지 않는 것, 우리 자신에 대한 것을 수용하지 않는 것, 기저에 있는 느낌을 인정하지 않는 것 등이다. 예를 들면, 당신이 ADHD를 가지고 있는 것을 수용하지 않는 것이나 당신이 실제로는 속상한데 화난 느낌을 습관적으로 회피하는 것이 이에 해당한다. 심리 치료 모임들에서는 이것을 "경험 회피"라 부르는데, 이것은 불쾌한 느낌과 생각 들을 회피하는 성향으로, 걱정, 공황, 분노, 우울, 중독 또는 정서적 마비와 같은 이차적인 문제들을 야기한다.

마음챙김은 우리가 그것을 좋아하든 싫어하든 비판단적 태도로 단순하게 그 대상을 알아차리도록 하기 때문에, 우리가 수용하도록 돕는다. 그것은 우리가 어떤 것을 피하거나 매달림이 없이 그리고 각 경험으로부터 배울 수 있는 유용한 지식을 가지고, 용감하게 실제(reality)를 직시할 수 있도록 한다.

---

### 불안 바라보기

셰릴은 ADHD를 가진 여성으로, 만성적인 두려움과 불안으로 힘들어한다. 우리 모임에서 나는 그녀에게, 불안을 관찰하고 견디는 방법으로 마음챙김 명상 안내문을 듣도록 격려했다. 다음의 두 구절이 정말로 그녀에게 꽂혔다. "이 느낌을 위한 공간을 만들라." "공간을 이용하라." 이 두 문장은 그녀가 불안에 휩싸이지 않고 불안에 주목하는 리마인더가 되었다. 그녀는 또한 불안을 학습 경험으로 받아들이기 시작하였고, 불안이 자신이나 당면한 상황에 대해 그녀에게 무엇을 말하는지를 더 깊이 깨닫게 되었다.

## RAIN(CD 트랙 7; 7분)

우리는 하늘에 있는 구름을 지켜보는 것처럼 매일 생각과 느낌 들을 마음 챙김으로 관찰할 수 있음을 배웠다. 그러나 이것이 쉽지 않은 때가 있다. 어려운 정서들은 어두운 비구름이나 태풍 같은 홍수의 위협적인 조짐들과 유사하다. RAIN은 당신이 어려운 느낌들을 균형 잡힌 방법으로 경험하도록 도와줄 수 있다. 그 균형은 물에 젖더라도 익사하지 않는 정도를 말한다.

RAIN에서 각각의 문자는 우리에게 마음챙김 관찰을 하는 방법을 상기시킨다.

R(Recognize) = 인지하라.

A(Accept) = 받아들이라.

I(Investigate) = 살펴보라.

N(Non-identify) = 동일시하지 마라.

CD에 있는 RAIN은 최근의 속상한 일에 대한 기억을 이용해서 당신이 각 단계를 탐구하도록 안내할 것이다. 당신은 나중에 일상생활에서 어떤 것이 강한 느낌을 불러일으키는 순간이나, 조용한 명상 중에 강한 느낌이 나올 때 RAIN을 이용할 수 있다.

- 바로 앉아 몇 번의 깊은 호흡을 하면서 이완한다. 눈을 감거나 살짝 뜬 상태를 유지한다.
- 지금, 당신이 경험한 어려운 상황이나 최근의 속상한 일을 마음속에 떠올린다. 무엇을 들었는지 또는 무엇이 정확하게 당신을 속상하게 했는지 기억한다.

- 먼저, 문자 R로 시작한다. 당신이 알아차린 느낌들(예를 들면, 슬픔, 분노, 상처 또는 당황)이 무엇이든 인지하고 명칭을 붙인다. 아니면 단지 무감각이나 단절의 느낌이 있을 수도 있다. 단순하게 호기심을 가지라.
- 계속하여 문자 A로 넘어가, 당신이 알아차린 것을 받아들인다. 당신이 그것을 좋아할 필요는 없다. 그냥 당신이 경험한 '실제'를 받아들인다. 당신이 특별한 반응을 하든지 하지 않든지 간에 자신을 비판하지 말고 그것을 관찰한다. 새로운 통찰력으로 경험을 환영하도록 한다.
- 다음, 문자 I에서는, 당신의 경험을 좀 더 살핀다. 당신의 주의를 몸에 두고 거기에 존재하는 어떤 감각들을 알아차린다. 가슴에 긴장감이나 꽉 조이는 느낌, 가라앉는 느낌 등이 있을 수 있다. 당신의 몸으로부터 당신의 느낌들을 알아차린다. 당신이 살필 때 다른 어떤 부가적인 생각이나 반응 들을 알아차리는가? 혹시 힘든 정서에 대한 반응인가, 아니면 어떤 정서를 가지는 것에 대한 분노 또는 부끄러운 느낌인가? 일어나고 있는 모든 것을 계속 인지하고 받아들인다.
- 이것을 할 때 자신에게 친절하고 부드럽게 대한다. 만약 어느 시점에 이 훈련이 너무 어렵거나 고통스럽다면, 주의를 호흡이나 다른 편안한 곳 또는 중립적 장소로 옮긴다. 당신이 돌아갈 준비가 된 것을 느끼는 경우에만 어려운 장소로 돌아간다.
- 마지막으로 RAIN에서 문자 N은, 어려운 경험과 동일시하지 않는 것을 연습하는 것이다. 결국, 어려웠던 경험은 일련의 반응과 감각 들의 단순한 집합이다. 당신은 그것으로 정의될 수 없다. 당신은 단지 당신의 경험을 지켜보고 그것과 함께 있다는 것을 알아차린다.
- 끝으로, 어려운 경험을 함께하도록 용기를 낸 당신 자신에게 감사하는 마음을 가진다. 정서나 생각이 강하거나 진실하다고 느낄 수 있지만, 그것들이 당신을 잡을 필요는 없다는 것을 알라. 당신은 마음챙김으로 그것들을 잡을 수 있다.

### RAIN에 대한 추가 정보

RAIN은 보통 부정적 느낌들에 이용되는데, 당신은 어떤 느낌에나 이 연습을 적용할 수 있다. 갑작스러운 흥분의 느낌에 RAIN을 시도해보라.

R = 당신이 갑자기 흥분을 하고 있다는 것을 인지한다.

A = 당신이 흥분된 것을 받아들이고, 만약 그것이 충동적이라면 그것을 받아들인다.

I = 당신 몸의 느낌을 살핀다. 현재의 어떤 충동이나 생각 들을 알아차린다. 아마 서두르는 느낌이나 몸이 울렁거리는 감각이 있을 것이다.

N = 그 느낌에 동일시하지 않는다. 즉시 행동하지 말고 당신이 관찰할 수 있는 대상으로서 흥분을 바라본다.

느낌들이 특별히 강하고 어려우면, 생각과 느낌 들을 기록하는(또는 그리는) 방법을 함께 사용할 수 있다. 그런 표현은 당신이 옆으로 비켜서서 그 경험을 덜 개인적으로 보게 도와줄 수 있다.

---

**질문: 어떤 때 나는, 마음챙김 훈련을 할 때 생각이나 느낌을 간단하게 메모하고 나서 호흡으로 돌아가라고 듣는다. 다른 때는 RAIN 훈련처럼 느낌에 집중하고 그것을 마음챙김으로 '살펴라'고 듣는다. 내가 언제 무엇을 해야 하는지 어떻게 아는가?**

당신이 처음 마음챙김을 배울 때 이것이 혼란스러울 수 있다. 초기 훈련들(제1~3단계)에서 우리는 보통 한 가지, 예를 들면 호흡 같은 것을 알아차리는 의도를 정한다. 주의 분산이나 생각, 걱정, 느낌 또는 이미지 들이 나타나서 우리의 주의를 빼앗아갈 때의 지침은, 주의 분산에 간단히 메모를 하거나 명칭을 붙이고 나서 호흡으로 돌아가라는 것이다. 당신은 생각이나 느낌을 알아차리지만, 그것에 관여하지 않고 대신에 의도한 닻(intended anchor)으로 돌아간다. 이러한 훈련은 집중을 훈련시키고, 바쁘거나 흔들리는 마음의 붙잡힌 상태를 느슨하게 하는 데 도움이 된다. 당신이 느낌의 강도를 줄이고 고요함을 느끼고 싶을 때는 언제나 제1~3단계 훈련(오감에 초점을 맞추거나 호흡, 몸 또는 소리들과 함께 있기)을 이용하라.

그러나 생각이나 느낌 들이 지속되는 경우가 있다. 예를 들면, 당신이 명상 훈련을 하려고 앉아서 계속 호흡으로 돌아가려고 하는데 어떤 느낌이 강하게 지속되는 것이다. 혹은 일상생활에서 일에 집중하려고 하는데 여전히 느낌이 당신을 계속 방해하는 경우다. 그런 경우에는 당신의 완전한 주의를 그 산만함으로 돌려서 그것을 좀 더 살피는 것이 도움이 된다. 여기에서 당신은 RAIN을 이용할 수 있다. 마치 당신이 그것을 눈으로 직시할 것을 마음먹은 것처럼 하는 것이다. 당신은 그런 고집스러운 손님과 함께하는 것으로부터 많은 것을 배울 수 있다.

다음 비유를 생각해보자. 아침 식사를 하면서 편하게 신문을 보는데 갑자기 당신의 옷자락이 끌어당겨지는 것을 알아차린다. 그것은 당신의 주의를 끌려는 아이의 행동이었다. 당신은 계속 신문 읽기를 원하기 때문에, 아이에게 멀리 가라는 몸짓을 할 수 있다. 그것이 잠시 동안은 효과가 있을 수 있지만 당신은 곧 또 다른 끌어당김을 느끼고, 그 후에도 몇 번이고 끌어당김은 되풀이된다. 그렇다면 신문 읽기를 멈추고 아이에게 당신의 완전한 주의를 두는 것이 현명할 것이다. 그때는 아이를 완전하게 받아들이고, 그 아이가 무엇을 원하는지를 보라. 때때로 이러한 완전한 받아들임이 그들을 만족시키고 그들 또한 때때로 당신에게 중요한 메시지를 준다.

## 우리의 정서에 반응하기

마음챙김은 어려운 정서들을 수용할 뿐 아니라 정서를 능숙하게 관리하기 위한 기초도 형성한다. 예를 들면, 단순히 마음챙김으로 정서 반응을 관찰하는 것만으로도 긍정적 정서 변화를 만들어낼 수 있다. 우리는 정신적 공간, 즉 우리가 그다음 순간에 원하는 것을 결정하도록 허용하는 공간을 만든다. 다음 예를 생각해보자.

제리는 늘 성격이 급하다. 그는 그런 성격 때문에 직장을 그만두었고, 결혼생활에도 어려움이 생겼다. 그의 아내 엘렌은, 그가 화를 낼 때는 바로 0에서 100으로 간다고 종종 불평했다. 화날 때 제리는 그 반응에 모든 주의를 빼앗겨 어디서든지 소리를 높이고 욕을 한다. 한번은 부부가 저녁식사를 하러 레스토랑에 간 적이 있었는데, 종업원이 조금 늦게 반응한다고 제리가 그 사람 앞에서 욕을 했다. 그 다툼은 엘렌을 당황스럽고 불편하게 만들었다. 그 후에 제리는 이성을 잃은 것을 후회하고 화를 낸 것에 대해 엘렌에게 사과를 했지만, 이런 일은 반복되어 그들의 관계에 상처가 되었다. 제리는 그의 정서를 조절하기 위해 마음챙김 수업에 참석하는 데 동의했다. 수업 중간쯤에 그가 처음으로, 하던 일을 멈추고 "왜 내가 땀을 흘리지?" 하고 묻는 시간을 가졌다는 이야기를 그룹과 공유했다. 이것은 그가 반응에 완전히 사로잡혀서 끌려다니지 않고 그의 과잉 반응에 대해 어렴풋이 알게 된 첫 순간이었다.

마음챙김으로 만들어진 그 공간이 우리 자신에게 다음과 같은 질문을 할 기회를 준다.

- 느낌에 머물기 원하는가, 아니면 그것을 없애기 위해 어떤 것을 하기를 원하는가?
- 내가 느낌(아니면, 그 느낌을 일으킨 사람)을 무시하는가?
- 나는 반응하는가?
- 만약 내가 반응한다면 나는 언제 어떻게 반응하는가?

정서에 대한 마음챙김 반응들은 자애심 연습과, 자기 연민과 인내, 기꺼이 하려는 마음의 태도를 포함할 수 있다. 공식 훈련에서 그리고 일상생활에서 이 반응들이 이용될 때 좀 더 자세히 살펴보자.

## 훈련 6.3

### 자애 명상(CD 트랙 8; 7분)

가끔 ADHD는 많은 정서적 고통과 부끄러움, 체념, 절망을 일으킨다. 자애 명상(loving-kindness meditation)은 이런 어려운 느낌들을 변화시키는 것을 도와주고 자신에 대한 더 많은 보살핌과 지지적인 태도를 만든다. 이 훈련을 통해 당신은 자신과 다른 사람에게 웰빙의 기원을 보낸다. 또한 훈련 처음에 "이 훈련이 내게 어려운가 아니면 쉬운가?"를 물음으로써 당신이 요즘 자신과 가지는 관계를 알아차리는 것도 좋은 훈련이 된다.

- 편하게 앉은 자세로 자리를 잡는다. 깊은 호흡을 몇 번 하고 몸을 이완시킨다.
- 이 훈련에서 당신은 자신과 타인에 대한 친근감과 사랑, 친절, 연민 같은 긍정적 정서를 만드는 데 초대된다. 이것은 항상 쉬운 것은 아니고, 처음에는 조금 부자연스럽게 느껴질 수 있다. 이 훈련 동안 당신에게 일어난 것에 대해 단순히 열린 마음으로 순간순간의 경험을 알아차리도록 한다.
- 당신 삶에서 사랑과 따뜻한 느낌을 쉽게 일으키는 사람을 마음에 떠올린다. 아마 아이나 당신에게 중요한 사람, 애완동물일 수도 있다. 그들이 당신 앞에 서 있다고 상상한다.
- 그들을 마음에 떠올렸을 때 당신이 어떻게 느끼는지 알아차린다. 행복감이 들거나, 몸에 온기가 느껴지고 또는 얼굴에 미소가 번지거나 마음이 열리는 느낌이 들 수 있다. 이 느낌이 자애심, 즉 보살핌과 친근감의 느낌이다.

- 당신이 사랑하는 사람을 상상할 때 당신이 그 사람의 행복과 웰빙을 조용히 기원할 수 있는지 본다. 당신은 "당신이 행복하기를, 당신이 안전하기를, 당신이 건강하고 편하게 살기를."과 같은 말을 사용할 수 있다. 혹은 사랑과 친절을 반영하는 자신만의 구절을 사용해도 된다.
- 웰빙의 기원을 여러 번 부드럽게 반복한다. 그렇게 할 때 당신 몸이 어떻게 느끼는지 계속 알아차린다.
- 만약 어느 한 시점에서 주의가 방황하고 있는 것을 발견하면, 부드럽게 주의를 돌려서 다시 시작한다.
- 이제 자애의 기원을 자신에게로 확장할 수 있는지 본다. "내가 행복하기를, 내가 안전하기를, 내가 건강하고 편하게 살기를, 나 자신을 있는 그대로 받아들이기를."과 같은 말을 반복할 수 있다. 또는 자신만의 말을 사용해도 된다.
- 당신에게 보살피는 기원을 확장시키는 것을 어떻게 느끼는지 알아차린다. 어떤 것도 느껴지지 않거나 자애심 외 다른 것을 느끼고 있음을 알아차린다면, 그냥 그것에 호기심을 가진다. 당신 생각들과 몸에 무엇이 일어나는지 알아차린다. 그것이 무엇이든지 간에 당신은 이 경험으로부터 배울 수 있다.
- 전통적으로 자애심은 자신으로부터 시작해서 우리가 사랑하는 사람들, 우리가 중립적으로 생각하는 사람들, 우리가 적으로 생각하는 사람들, 그런 다음 모든 존재들로 단계적으로 확장된다.
- 자애심을 당신 삶에 있는 다른 사람에게 보낼 수 있는지 본다. 가슴을 열고 모든 방향, 즉 당신이 관심을 가진 사람들, 당신이 중립적으로 느끼거나 알지 못하는 사람들, 괴로워하는 사람들로 자애를 확장하는 것을 상상한다. "우리 모두 행복하기를. 우리 모두 안전하고, 건강하고 편하게 살기를. 우리 모두 자신과 다른 사람들에게 연민을 가지고 온화하기를. 우리 모두가 기쁨과 웰빙을 경험하기를."과 같은 생각들

로 그들을 어루만지도록 한다.

- 당신이 어렵다고 생각하는 사람들이나 당신에게 어느 정도 해를 입히는 사람들에게 자애를 확장할 수 있는지 본다. 당신에게 무엇이 떠오르는지 보고 당신이 그런 기원을 보낼 준비가 되어 있는지 관찰한다.

---

우리 모두 행복하기를. 우리 모두 안전하고, 건강하고, 편하게 살기를. 우리 모두 우리 자신과 다른 사람들에게 관대하고 다정하기를. 우리 모두가 기쁨과 웰빙을 경험하기를.

---

## 자애심 훈련에 대한 팁

만약 자애의 주어진 구절을 기억하기가 힘들면 기억하기 쉬운 자신만의 구절을 만들어도 된다. "당신이 행복하고 잘 있기를."과 같이 짧을 수도 있다. 이 명상에서는 말 대신에 이미지를 이용할 수도 있다. 예를 들면, 자애를 당신의 심장으로부터 따뜻한 빛이 나와서 다른 사람들을 어루만지는 것으로 이미지화시키는 것이다.

만약 당신이 자신에 대한 보살핌과 친절한 느낌을 연결하는 것이 어렵다면, 당신의 어릴 때 사진을 찾아서 그 아이에게 사랑과 친절을 기원하는 훈련을 하라. 이 방법으로 훈련하는 것이 당신에게 어떻게 느껴지는지 알아차리라.

어떤 사람들은 자기 자신을 향해 친절한 느낌을 연결시키는 데 다른 사람의 도움이 필요하기도 하다. 배려심이 많은 친구나 배우자, 치료자가 도움이 될 수 있다. 당신에게 좋은 기원을 보내주고 당신을 보살피는 사람을 상상해보라. (만약 당신이 종교를 믿는 사람이라면 명상 중에 신이나 더 높은 힘, 또는 우주와 당신이 그 근원으로부터 받는 사랑을 생각하는 것이 도움이 될 수 있다.)

당신에게 어떤 방법으로 상처를 준 사람에게 자애를 보내는 것은 어렵다는 것을 명심하라. 그 경우에는 우선 그 사람이 야기한 분노와 슬픔을 당신 자신이 경험하도록 허용해야 할 수도 있다. 당신이 준비되었다고 느낄 때 그것이 어렵더라도 그들을 위한 자애심을 훈련한다. 그런 훈련은 보통 부정적인 느낌들로부터 당신의 마음을 자유롭게 한다.

---

**질문: 때때로 내가 할 수 있는 거라고는 내가 정서적으로 정말 힘든 시간을 보내고 있음을 인식하는 것밖에 없다. 나는 마음 상태가 좋지 않아서 숨쉬기가 너무 힘들거나 내 느낌들을 살피기가 어렵다. 나는 바로 즉시 좋아지기를 원한다. 내가 무엇을 할 수 있나?**

부정적인 느낌들이 매우 강한 때가 있다. 변증법적 행동 치료(Dialectical Behavioral Therapy)는 그 강도를 경감해줄 수 있는 유용한 전략들[이른바 고통 감내력 기술(distress-tolerance skills)][4]을 제공한다. 여기 DBT의 몇 가지 방법들이 있다.

- **분산시키기:** 즐거운 활동들을 한다. 다른 어떤 것(예를 들면, 다른 사람을 돕는 것)에 바빠지거나 또는 자극적인 느낌을 주는 어떤 것(냉수 샤워, 매운 음식 먹기, 강한 향기 맡기 같은 것)을 함으로써 당신 마음에서 괴로운 상황을 밀어낸다.
- **신체적 건강 돌보기:** 예를 들면, 당신이 신체적으로 아프다면 적절한 치료를 받고 있는지를 확인한다. 적절하게 먹고, 충분히 자고 운동하고 그리고 당신의 정서를 극단적으로 만드는 과량의 약물과 술을 피하고 있는지를 확인한다.
- **당신을 편하게 하고 이완시키기:** 예를 들면, 배우자나 친구에게 전화를 하거나, 애완동물과 함께 시간을 보내거나, 마음을 평화롭게 하는 이미지를 사용하거나, 용기를 주는 책을 읽거나, 기도하거나, 일기를 쓰거나, 휴가를 내는 것 등이다.

## 연민, 인내, 용서 그리고 의지의 힘

일상에서 자신과 다른 사람들을 위하여 연민과 인내, 용서를 가지는 의식적인 결정은 강한 부정적인 느낌의 순간들을 변화시킬 수 있다. 여기에 몇 가지 예들이 있다.

### 자기 연민

바브는 ADHD를 가진 뛰어난 교육자다. 그녀는 온라인 잡지에 실을 인터뷰 요청을 받았는데, 인터뷰를 녹음하여 그것을 기록하여 싣는 식이었다. 인터뷰 전에 바브는 긴장이 되어, 자신이 잘 수행할 수 있을지 걱정이 되었다. 그럼에도 불구하고 그녀는 기자의 전화 인터뷰를 수락했고 질문에 최선을 다해 대답했다.

몇 주 후에 인터뷰를 글로 옮긴 기사가 온라인에 게시되었다. 바브는 그 글을 읽자마자 창피하고 부끄러웠다. 그 글은 그녀가 어떻게 한 주제에서 다른 주제로 튀어 넘어가는지를 보여주었다. 그녀의 대답 중 일부는 첫 질문에 대한 이야기로 시작하다가 방향을 바꾸어 다른 관련 없는 주제로 이어지고 있었다. 기자는 질문을 여러 번 되물어야 했다. 그 기사는 또한, 긴 문장과 중언부언하는 내용들을 담고 있었다. 바브는 읽기를 멈추고 노트북을 닫아야 했다. 그녀는 웃음거리가 된 것 같고, 자신이 어리석은 느낌이 들었다.

마음이 동요되고 구역질이 나서, 그녀는 거실을 서성거리기 시작했다. '내 학생들이 이것을 보면 어떻게 생각할까?' 하고 그녀는 생각했다. 그녀는 서투른 자신에게 화가 나기 시작했다. 하지만 그 순간에 자기 연민을 훈련했던 것을 기억했다. 그녀는 마음속으로 '나는 지금 스스로에게 연민의 마음을 가질 수 있을까? 나는 나의 ADHD 마음이 작용하는 것에 대하여 연민의 마음을 가질 수 있을까?'라고 물었다.

그녀는 변화를 느꼈다. 자기 자신에 대한 부끄러움과 분노가 줄어들고 긴장한 근육이 이완되었다. 또한 호흡에 집중하면서 마음속으로 '내가 괜찮기를, 내가 있는 그대로 나를 받아들이기를.'이라고 여러 번 반복하면서 짧은 자애심 훈련을 몇 분간 하였다. 이것이 강한 부정적 느낌을 중화시켰고 그녀가 그 상황에서 물러나도록 도와주었다. 그녀는 그 인터뷰가 마음에 들지 않았지만 더 이상 그것에 대해 자신을 나무라지 않았다. 그녀는 후에 그 기사로 돌아가서 강한 부정적 반응 없이 전부를 읽을 수 있었다. 그녀는 자신의 대답에 ADHD 방식의 비조직화가 보였지만, 다른 사람들에게 조금이라도 도움이 될 수 있는 정보가 전해졌다는 것에 대해 감사할 수 있었다.

**자기 연민 대 자존감** 여러 연구들은 자기 연민을 가지는 것이 높은 자존감을 가지는 것보다 중요하다는 것을 보여준다. 자기 연민은 일상에서 우리의 부정적인 느낌들을 완충시킬 뿐만 아니라 사람들이 부정적인 정서에 휩싸이지 않고 부정적인 사건들에서 그들의 역할을 인식하도록 도와주기도 한다.[5]

## 인내심

ADHD 성인인 제프는 11살 난 아들 패트릭의 등교 준비를 시킬 때 자주 스트레스를 받고 좌절한다. 패트릭 역시 ADHD이고 그 아이에게는 문밖에 나가는 것이 어려울 수 있다. 패트릭은 평소 느릿느릿하고, 학용품은 보통 사방에 널브려 놓고, 또 신발과 외투는 어디에 벗어뒀는지 잘 모른다. 전날 밤에 미리 챙기는 습관이 도움이 되지만 패트릭은 아침에도 여전히 정돈이 안 돼서 아버지를 기다리게 만든다. 그러나 제프는 아침의 혼란 중에 심호흡을 하고 패트릭과 자신을 위하여 인내와 연민을 훈련하는 것을 배웠다. 그가 긴장과 화와 인내의 한계를 느끼기 시작할 때에는 언제나 스스로에게 "내가 허둥지둥하고 다급해할 필요가 있을까? 나는 지금 패트릭과 그 애의 ADHD에 대해 공감할 수 있나? 나는 나 자신에 대해 역시 연민을 가질 수 있나?"라고 묻는다.

인내의 태도와 연관된 것은 자제하는 능력이다. 인내와 자제는 함께 충동적인 행동에 대한 해결책이 된다. 예를 들면, 나의 환자 중 한 명은 물건을 구매할 때 24시간 방침을 가지고 있다. 그 사람이나 그 가족 중 누군가가 가게에서 흥미로운 물건을 보았을 때 그들은 그것을 사기 전에 24시간을 기다려야 한다. 그 시간 내에 그들의 처음 정서들은 종종 없어져 구매 결정이 좀 더 이성적인 방법으로 이루어질 수 있다.

## 용서

"저는 스스로를 용서한 후에야 저의 ADHD를 다루는 법을 실제로 배웠어요." 이 놀라운 말은 40대의 매력적이고 생기 있는 여성 루이즈로부터 나왔다. 그녀는 세련되고, 호의적이며, 에너지가 넘치고, 매력적인 여성으로, 나는 왜 그녀가 자신을 용서해야 했는지가 궁금했다. 그녀는 설명했다. "제 삶을 돌이켜볼 때 저는 저만의 방법으로 살았던 때가 있었어요. 저는 과잉 반응을 했고, 상황을 오해했고, 문제에 대해 내가 잘못한 점을 보지 않았어요. 저는 극도로 긴장하고, 스스로를 과신하고, 때로는 다른 사람들을 밀어붙이는 경향이 있었어요. 저는 파티에서 재담꾼이 되고 스타가 되었지만, 거기서 정말 친구들과 함께하는 시간은 갖지 못했어요." 그녀는 후회의 목록을 살피면서도 자신을 수용하고 용서하는 느낌을 나타냈다. "이것을 말로 하기까지 오랜 시간이 걸렸지만, 나 자신을 용서하는 것이 나에게 전에 없던 어떤 평화를 주었어요. 또한 그것은 제가 변화할 수 있도록 도와주었어요."라고 말했다.

## 어려운 느낌을 경험하려는 의지

캐시는 미국 동부에서 자랐지만 대학 시절에 서부로 왔다. 그녀의 직계가족 대부분은 동부에 남아 있고 그녀는 LA에 결국 뿌리를 내렸다. 캐시는 가족을 방문하기 위해 정기적으로 동부를 오고 갔고, 가족들은 그것에 감사했지만 결코 그녀에게 오지는 않았다. 마침내 그녀의 오빠 폴이 여름에 그녀를 방문하기로 약속했다. 캐시는 스스로 이루어낸 삶을 오빠에게 보여주고 싶어서 오빠의 방문을 고대하고 있었다. 그녀는 시기를 맞춰 8월에 휴가를 내었고 그를 시내 곳곳에 데리고 갈 계획을 세웠다.

8월이 되었을 때, 폴이 전화를 해서 캐시에게 가지 못한다고 말했다. 대신에 그는 가족과 함께 플로리다에 여행을 갈 계획을 세웠다. 그 소식을 듣고 캐시는 "괜찮아. 난 여러 가지 일을 하며 휴가를 보낼 거야."라고 오빠에게 말했다. 그녀는 계획의 변화가 문제가 되지 않는 듯이 태연하게 말했다. '어쩔 수 없지.'라고 생각하며 그녀는 전화를 끊었다.

그날 저녁 늦게, 그녀는 오빠에 대한 실망과 분노가 커지는 것을 느꼈다. 그녀는 "융통성 있는 것"과 "강한 것"을 좋아했기 때문에 그런 부정적인 느낌을 습관적으로 밀어냈다. 그러나 이번에는 그녀 자신이 마음챙김으로 그 정서들을 느끼도록 했다. 그녀는 자신의 가족이 그녀 집에 전혀 와보지 않은 것에 대하여 생각했을 때 정서들이 생기고, 그리고서 가라앉고, 그러고 나서 아픔을 느끼는 것을 지켜보았다. 그녀는 그 아픔으로부터 멀어지려는 강한 충동을 알아차렸지만, 그 느낌과 함께하겠다는 결정을 내렸다. 그녀의 눈에 눈물이 차올랐고, 가슴이 먹먹해짐을 느꼈다. 그녀는 자신이 울도록 내버려두었다. 그녀는 동부로 가기 위해 항상 노력했던 것에 얼마나 지쳤는지, 그리고 가족들이 자기를 보러 와 주기를 얼마나 많이 원했는지 깨달았다. 그녀는 다음 날 폴에게 전화해서 자신의 느낌들을 말하기로 결심했다.

당신이, 자신이 전에 회피했던 느낌을 가지도록 처음으로 허용했을 때, 그 감정은 마치 노골적으로 여과 없이 표현되듯 매우 강렬할 수 있다. 성인이기 때문에 그런 느낌을 가지는 것이 당황스러울 수도 있지만, 그것이 더 나은 정서 조절을 개발하는 중간 단계임을 아는 것이 중요하다. 당신이 화를 표현하는 것을 피해왔다면, 스스로 처음으로 화를 느끼도록 허용했을 때 그 정서가 매우 약하거나 혹은 매우 강할 수 있다. 만약 당신이 화가 나 있는 동안에 대화를 하려고 하면 서투르거나 과잉 반응을 할지도 모른다. 이 과정 중에 자신에 대해 인내심을 가지는 것이 중요하다. 당신이 마음챙김으로 이 정서를 경험하도록 스스로를 계속 허용할 때 이 어려움은 일반적으로 개선된다. 그리고 무엇을 말해야 할지, 아니면 무엇을 해야 할지가 자연스럽게 분명해진다.

## 정서에 따라 행동하는 것을 기꺼이 자제하려는 마음

이언은 사무실에서 긴 하루를 마치고 집으로 가려는 중이었다. 차를 타고 주차장 출구로 향했는데, 출구가 다른 차로 막혀 있었다. 그 차 안의 여자는 방문객이었고, 잘못된 출구로 갔던 것이다. 그녀 차 뒤로 차들이 줄을 이루었고 이언은 막힌 것이 풀릴 때까지 기다려야 한다는 것을 깨달았다. 그는 긴장하기 시작했고 순식간에 불끈 치미는 화를 느꼈다. 보통 때라면 욕을 하기 시작하면서 경적을 울렸을 것이다. 그러나 이번에는 자신에게 "과잉 반응하지 마라."라고 말했고 마음챙김으로 그 분노를 지켜보기로 결정했다. 그는 호흡을 몇 번 하고 그 느낌이 약해질 때까지 느낌들에 "분노, 분노, 분노"라고 명칭을 붙였다. 그는 그의 반응이 분노에서 화로, 그리고 나서 조급함으로 이동하는 것을 주목했다. 그는 "화, 화, 화"라고 계속 명칭을 붙이고 나서 또한 "조급함, 조급함, 조급함"이라고 알아차리기를 했다. 마음챙김으로 정서 반응을 알아차리고 그것에 이름을 붙이는 것이 그가 반응하는 것과 그가 화에 충동적으로 행동하는 것을 분산하도록 도와주었다. 그는 긴장을 덜 느끼고 분노를 조절한 것이 자랑스러웠다.

어떤 정서에 빠지는 습관은 "나는 옳고 너는 그르다."라거나 "나는 이렇게 느낄 권리가 있다."와 같은 생각에 의해 자극될 수 있다. 이런 문장들이 사실이더라도 때로는 그것들이 과도한 부정적 정서들을 부채질할 수 있다. 과도한 느낌에서 물러나려는 의지는 어려운 상황을 대처하도록 도울 수 있다.

친밀한 관계에서 그런 의지는 대화와 문제 해결을 만들어낼 수 있다.

## 긍정적 정서들

긍정적 정서를 만들면 스트레스와 부정적 정서를 해소할 수 있다. 비교적 새로운 분야인 긍정 심리학은 감사나 기쁨과 같은 긍정적인 정서들이 우리 삶에서 얼마나 중요한지를 다시 한 번 일깨워주었다.

---

### 긍정 심리학의 과학

여러 연구들은 긍정적인 정서들에 많은 이점들이 있음을 보여준다. 예를 들면,

- 사람들은 긍정적인 기분에 있을 때 더 창조적이고 통찰력 있게 문제들을 해결하는 경향이 있다. 긍정적인 기분은 주의와 인지적 조절 영역들을 변화시키는 것으로 보이고, 새로운 해결책을 찾는 능력을 높일 수도 있다.[6]
- 감사의 훈련은 매일의 사건들을 되돌아보고, 다른 사람들의 도움이나 그날의 긍정적인 사건들에 크게 감사하는 것으로, 우울증을 개선하고 기쁨과 웰빙을 증진시키는 것으로 보인다.[7]
- 가톨릭 성직자들에 대한 한 유명한 연구에서, 그들이 20대일 때 쓴 글에서 표현된 기쁨과 사랑과 희망의 양으로 그들의 수명을 예측했다. 더 높은 수준의 긍정적 표현을 한 사람들이 더 낮은 수준의 긍정적 표현을 한 사람보다 평균 10년 더 오래 살았다.[8]

---

전반적으로 긍정적인 정서들의 경험은 웰빙과 활력을 가져온다. 여기에 당신의 삶에서 긍정적인 정서들을 증가시키는 몇 가지 제안들이 있다.

- 당신의 개인적 강점들의 목록을 만드는 시간을 가지라. ADHD의 경우, 부정적인 증상들과 힘들어하는 영역들에 중점을 두기 때문에 당신의 뛰어난 영역들을 검토하는 것이 중요하다. 무엇이 당신에게 쉬운가? 당신의 어떤 점이 자랑스러운가? 당신이 강점과 장점 들의 목록을 만들 때 당신이 어떻게 느끼는지 알아차리라. 자신을 긍정적인 측면으로 보는 것이 쉬운가, 아니면 어려운가? 자신이 주저하는 것을 발견하면, 당신 친구에게 당신의 강점들의 목록 만드는 것을 도와달라고 요청하라. 당신의 강점들을 소유하는 것과 그 강점들에 대한 자신감과 감사함을 적극적으로 가지는 것을 훈련해보라.
- ADHD를 가진 성공한 사람들에 대한 이야기와 책 들을 찾아 읽으라. 이러한 것들은 ADHD를 다룰 때 희망을 줄 수 있고 창조적인 해결책을 제시하기도 한다. 그것들은 당신만의 ADHD를 새롭고 긍정적인 방법으로 재구성하도록 도울 수 있다.
- 매일 하루를 마칠 무렵에 감사하는 훈련을 하라. 어려울 때는 당신의 어려움에 긍정적인 의미를 찾으라. 예를 들면, 당신의 심리적 탄성력 또는 어려운 시기 동안에 배운 교훈들에 감사하기.
- 당신의 스케줄이나 해야 할 일 목록(to-do list)을 만들 때, 놀이나 이완의 시간을 포함시키라. 만약 당신이 밀린 일 때문에 휴식 취하기가 어렵다면, 당신의 에너지를 보충하고 일로 돌아왔을 때 더 효율적이 되는 생산적인 방법으로서 휴가를 생각하라. 놀이 시간이 창조적인 통찰로 이끌 수 있음을 기억하라.
- 매일 웃음과 유머를 이용하라. 특히 당신의 ADHD를 다룰 때. 때때로 당신이 방심하여 냉장고 안에 요리책을 넣어둔다거나 콘서트에 티켓을 안 가져 갔을 때 당신이 할 수 있는 일은 웃는 것밖에 없다. ADHD 유머를 온라인과 책, ADHD 관련 학회와 모임에서 찾아보라.

## 훈련을 위해 제안하는 리마인더

- 생각과 정서 들이 강하거나 어려울 때 RAIN을 사용하라.

  R(Recognize) = 인지하라.

  A(Accept) = 받아들이라.

  I(Investigate) = 살펴보라.

  N(Non-identify) = 동일시하지 마라.

  RAIN을 보기 쉬운 곳에 붙이라.

- 자애의 기원들을 붙여놓으라.

  내가 행복하기를,

  내가 고통이 없기를,

  내가 안전하기를,

  내가 평화롭고 마음이 편안하기를,

  내가 기쁨을 찾기를,

  내가 건강하고 강하기를,

  나 자신을 있는 그대로 받아들이기를,

  내가 ............ 하기를

## 제6단계 요약

공식 훈련

- 매일 10분간(또는 그 이상) 푸른 하늘 명상과 같은 열린 자각 명상을 하라. 만약 당신이 어려운 생각과 정서 들을 알아차린다면 RAIN에서와 같이 그것들을 탐구하라.

- 그게 아니면 매일 10분간 자애 명상을 하라.

## 일상생활에서의 마음챙김 자각

- 일상생활에서 즐거운/불쾌한/중립의 느낌들을 알아차리라.
  다음 표는 당신의 느낌들을 관찰하고 명칭을 붙이는 것을 도와준다.[9]
  또한 어떤 정서가 드물거나 흔한지, 또는 어렵거나 쉬운지를 성찰하기
  위해서 표를 사용할 수 있다.

| 정서 형태 | 특정한 예 |
|---|---|
| 부정적이고 강한 | 화, 약 오름, 모욕감, 혐오감, 짜증 |
| 부정적이고 조절이 안 됨 | 불안, 당황, 두려움, 난감함, 무력감, 걱정 |
| 부정적인 생각들 | 의심, 부러움, 좌절, 죄책감, 부끄러움 |
| 부정적이고 수동적인 | 지루함, 절망, 실망, 아픔, 슬픔 |
| 동요 | 스트레스, 충격, 긴장 |
| 긍정적이고 활발한 | 재미, 기쁨, 의기양양, 들뜸, 행복, 환희, 즐거움 |
| 보살핌 | 애정, 공감, 우애, 사랑 |
| 긍정적인 생각들 | 용기, 희망, 자신감, 만족, 신뢰 |
| 조용한 긍정 | 고요, 만족, 이완, 안심, 평온 |
| 반응적 | 흥미, 공손, 놀람 |

- 일상에서 정서들에 대한 자각을 향상시키기 위해서 STOP이나 RAIN
  을 사용하라.
- 당신이 어려운 정서들을 경험할 때는 언제나 자애를 위해 잠시 멈추라.
- 일상생활에서 자기 연민, 용서, 인내, 기꺼이 하려는 마음(willingness)
  을 훈련하라.
- 유머, 재미, 감사를 포함하는 긍정적 정서들을 증가시키라. 매일 하나
  내지 세 가지 고마운 것들을 기록하는 감사 일기를 계속 쓰기를 시도
  하라.

# 제7단계  기술적으로 대화하라

## 마음챙김 듣기와 말하기

조앤은 항상 에너지 넘치고 쉽게 흥분한다. 그녀의 자매인 몰리는 조앤을 "옆에 있기 어려운 사람"이라고 묘사한다. 몰리는 "조앤과는 간단한 대화도 나누기 어려워요. 말을 잘 가로막고 쉽게 흥분해요. 마치 자신의 주장을 항상 증명해야 하는 것처럼 말이죠. 또 질문을 많이 해서 너무 짜증나게 하고 공격적인데, 그녀는 '단지 궁금했을 뿐이야.'라고 말해요. 한번은 조앤의 상사도 너무 많은 질문을 한다고 말했다고 해요."라고 했다. 내가 치료 시간에 조앤에게 이런 이야기를 했을 때 그녀는 "제 상사가 무례해요."라고 단순히 대답을 하고는 문제를 인식하지 않았다.

대화와 사회적 기술에서 어려움을 겪는 것은 ADHD 어린이들에게 공통적으로 나타나며 종종 어른이 될 때까지 지속된다. 방해하고 경청하지 않는 문제는 ADHD 환자에게 매우 공통적으로 나타나는 것이어서 ADHD를 진단하는 데 이용된다. 또한 명확하고 직접적이고 적절히 주장하는 대화가 어렵기 때문에, 충동적이거나, 감정적인 말을 하거나, 다투거나, 다른 사람을 불쾌하게 만든다. ADHD 성인 환자들이 이것을 해결해야 할 필요가 있는 문제로 인식하지 않아도 이것은 분노나 오해, 고립감을 만든다. 부부 중 한 사람 또는 두 사람 모두 ADHD를 가지면 결혼 생활에서 흔히 심한 갈등과 스트레스를 겪고 급기야 이혼에까지 이른다.

이 단계에서 우리는 마음챙김 대화에 초점을 둔다. 여기서 당신은 자신의 대화 방식을 관찰하고, 마음챙김 듣기와 말하기를 훈련할 것이다.


## ADHD에서 공통적으로 나타나는 대화의 문제점

당신은 다른 사람들이 당신의 대화 방식을 어떻게 받아들이는지 잘 모를 수 있다. 다음에 ADHD에서 공통적으로 나타나는 대화의 문제점에 관한 항목이 있다. 비판단적 태도로 알아보고 당신에게 적용되는 것에 체크하라. 그리고 배우자나 가족 또는 친구에게서 당신에 대한 견해를 들어보라.

### 부주의로 일어나는 일

❏ 대화의 일부를 듣지 않음

❏ 듣지 않는다고 지적받음

❏ 들은 것을 잊어버림

❏ 대화 중에 멍한 느낌을 가짐

### 충동성으로 일어나는 일

❏ 끼어들기

❏ 대화 중에 잘 참지 못함

❏ 말을 많이 함

❏ 말을 크게 함

❏ 불쑥 말함

❏ 나중에 후회할 말을 함

### 실행 기능 어려움으로 일어나는 일

❏ 주제에서 벗어나는 경향

❏ 너무 자세하게 말함(예를 들면, 짧은 대답을 요구하는 상황에서)

❏ 반복해서 말함

❏ 다른 방법이지만 같은 이야기를 함

❏ 화제를 갑자기 바꿈

❏ 두서없이 대화해서, 듣는 이가 혼란스러워하거나 알아듣지 못함

**감정 조절 문제와 낮은 자존감으로 일어나는 일**

❏ 감정에 휘말려서 말로 표현할 수 없음

❏ 심한 분노

❏ 비난에 아주 예민함

❏ 지나치게 좋게 해주려 함—"아니요."라고 말하거나 반대하기가 어려움

❏ 대립함—"예."라고 말하거나 동의하기가 어려움

## 자신의 대화 관찰하기

당신이 매일 행하는 대화를 생각해보라. 많은 경우, 말의 내용과 흐름을 따라가다 보면 대화가 하나의 선으로 움직이는 것을 알 수 있다. 이러한 선들은 ADHD 성인인 경우와 아닌 경우가 매우 다르게 나타난다. 다음 예는 그 차이를 보여준다. 그 선들은 두 응답의 흐름을 나타낸다.

ADHD 성인인 짐과의 대화

의사: 새 직업은 어때요?

짐: 첫 번째 날에 한 여자가 오리엔테이션을 너무 천천히, 지루하게 해서 펄쩍 뛸 것 같았어요. 저는 양해를 구하고 커피를 가져왔어요. 알다시피, 최근에 커피를 많이 마시는데 그것 때문에 각성제가 효력이 없는지 모르겠어요. 저는 에스프레소로 아침을 시작하고 낮에는 보통 적어도

두 잔 이상을 마셔요. 근데 저는 커피를 끊고 싶어요. 대체로 저는 운동을 더 많이 하려고 하고 더 잘 먹으려고 노력하고 있어요. 제 아내는 제가 체중을 줄이기를 원해요.

의사: 일 이야기로 돌아가서, 그곳에서 당신은 어떻게 하고 있나요?

ADHD가 없는 성인인 로버트와의 대화 ──────▶

의사: 새 일은 어떤가요?

로버트: 좋아요. 새 스케줄에 익숙해지고 있고 전반적으로 괜찮아요.

짐은 자신의 대답이 주제에서 어떻게 벗어났는지 몰랐다. 만약 그가 벗어난 것을 금방 알아차리거나 원래 질문을 기억하는 의식적인 결정을 했다면 자기 교정을 할 수 있었을 것이다. 이런 능력은 마음챙김 훈련을 통해서 개발할 수 있다.

### 훈련 7.1

## 말할 때 STOP하기

당신은 대화에서 더 높은 자각을 개발하고 말의 흐름을 지시하는 데 도움이 되는 다용도의 STOP 리마인더를 이용할 수 있다. 말할 때, 당신의 일부가 옆에서 당신의 변화를 호기심을 가지고 관찰한다고 상상해보라.

S(Stop) = 멈추고 자동 조정에서 벗어나라.

T(Take a mindful breath) = 마음챙김 호흡을 하라.

O(Observe) = 당신이 대화를 어떻게 하고 있고 대화 중 어디에 있는지 관찰하라. 당신은 다음 질문들을 자신에게 할 수 있다.
   ◦ 나의 주의는 어디에 있는가?

◦ 나는 화자와, 원래 질문이나 주제에 초점을 맞추고 있는가?

◦ 내 몸은 이완되어 있는가, 아니면 긴장하고 있는가?

◦ 내가 말할 때 내면의 생각과 느낌 들을 자각하고 있는가?

◦ 지금 나의 태도는 옳은가?(판단적인가, 아니면 비판단적인가?)

◦ 다른 사람이 말할 때 끼어들려는 충동이 있는가?

P(Proceed) = 당신이 하던 대로 계속하든지 아니면 수정하면서 진행하라.

◦ 산만해지면, 말하는 사람에게 다시 집중한다.

◦ 주제에서 벗어나거나 다른 길로 접어들면, 원래 주제로 돌아간다.

◦ 긴장되면, 몸을 이완시킨다.

◦ 반응적인 느낌이 들거나 너무 감정적이 되면, 그 느낌에 명칭을 붙이고, 깊게 호흡하여 몸과 마음을 가라앉힌다. 때때로 이것은 "우리가 이 이야기를 하면서 저는 허둥대고 있어요."와 같이 당신이 어떻게 느끼고 있는지 상대에게 알리는 데 도움을 줄 수 있다.

◦ 당신이 판단적으로 느낀다면, 비판단적인 태도와 어조를 가지도록 노력한다.

◦ 당신이 끼어들거나 끼어들고 싶은 충동을 가지면 그것을 알아차리고 그 반응을 붙잡으려고 노력한다.

## 당신의 대화를 관찰함에 있어서의 팁

여러 사회적 상황(예를 들면 친구들과 이야기하기, 상사와 이야기하기)에서 STOP을 사용하라. 각각의 상황에서 당신과 당신의 대화가 어떻게 차이가 나는지 호기심을 가지라.

대화 중에 당신이 멍하게 있음을 알아차린다면 말하는 사람에게 한 번 더 이야기해달라고 부탁하라. 그들이 말했던 것을 아는 척하지 말고 솔직해지라. 그 관계가 친밀하다면, ADHD 때문에 당신 마음이 방황했음을 그들에게 말해줄 수도 있을 것이다. 그러면 보통 그들은 반복해서 말해주는 것을 언짢게 여기지 않을 것이며, 당신이 경청하려고 노력하는 것에 고마워할 것이다.

정신을 차리고, 집중한 상태를 유지하도록 돕는 전략을 사용하라. 예를 들면, 몸을 약간 이동하거나 똑바로 세우고 상대방의 눈에 초점을 맞추라. 아니면 눈에 띄지 않는 다른 자극을 사용하라. 예를 들면, 발가락을 꼬물대거나, 클립을 만지작거리거나, 낙서를 하는 등이다. 안절부절못함이 듣는 것을 힘들게 만든다면 후자의 전략이 도움이 된다.

가끔씩 다른 사람에게 더욱 현존하려는 의도를 새롭게 하라. 진정한 경청은 서로에게 줄 수 있는 선물임을 자신에게 상기시키라.

## 비난에 대한 민감성 점검

정서적 민감성(emotional sensitivity)은 종종 ADHD 성인에게서 나타나고 비난에 대한 과민함을 포함하기도 한다. 특히 후자는 ADHD가 있는 성인을 대화에서 과잉 반응하게 하거나 빨리 방어적으로 만들어서 의사소통을 방해할 수 있다. 그리고 일단 부정적인 느낌이 일어나면 정서를 제어하거나 가라앉히는 것이 어려울 수 있다. 그래서 당신의 대화를 관찰할 때, 피드백이나 비난을 받아들이는 경우 새로운 호기심을 가지고 당신의 전형적인 반응을 알아보라. 그리고 다음 사항을 점검하라.

- 당신은 바로 비난을 떨쳐버리는가?
- 심하게 마음이 상하거나 분노를 느끼는가?
- 창피하거나 울적해지는가?
- 당신은 스스로에게 "나는 너무 예민해."라고 말하는가?
- 상대방을 바로 비난하는가, 아니면 '너는 정말 멍청이야.'와 같은 생각을 하는가?

어느 정도 거리를 두고 당신의 행동을 살피는 연습을 하고 민감성을 조절하는 전략을 사용하라. 예를 들면,

- 심하게 마음이 상하거나 창피하면, 자기 연민과 자애를 연습하라. 이것은 또한 '나는 비난받는 것이 힘들다.'라는 것을 자신에게 상기시키는 데 도움이 될 것이다.
- 비난 때문에 자신에게 비판적이거나 부정적인 생각이 생기면, 마음챙김으로 그 생각들을 살펴보라. 예를 들면, '나는 실패자야.'라는 생각을 알아차리면, 이것은 단지 생각일 뿐임을 자신에게 상기시키라. 그런 비판적인 사고에서 물러나서 '푸른 하늘과 구름' 비유를 생각하라. 또한 그 비난이 사실일지라도 자신을 받아들이는 연습을 하라. "바로 이 순간에도 나 자신을 받아들일 수 있는가?"라고 물어보라. 그 비난이 당신의 가치를 사라지게 해서는 안 된다는 것을 기억하라. 당신은 그것을 객관적으로 볼 수 있고 그것으로부터 깨달을 수 있다.
- 당신이 비난을 재빨리 묵살하는 경향이 있다면, 마음을 열고 그것을 깊이 고려하라. 그 비난에 어떤 진실이 있는가? 유용한 것을 받아들이라. 그 비난이 정확한지를 평가할 수 있도록 다른 사람들의 의견을 요청하라.
- 마지막으로, 비난에 대한 당신의 반응이 누가 그 비난을 전하는지에 따라 달라짐을 알아차리라. 그런 선택적인 민감성은 다른 어떤 것(이전의 실망이나 분노)이 관계에 걸림돌을 만든다는 신호일 수 있다.

## 대인 관계에서 대화하기

대화는 타인과의 관계에서 중요한 역할을 하는데, ADHD 성인들은 종종 이 영역에서 어려움을 겪는다. ADHD와 관련된 대화의 문제들은 특히 행동

이 고의적이거나 무심하게 보일 때 배우자와 동료, 친구 들 사이에서 긴장감을 일으키고 마음을 상하게 만든다. 게다가, 감정을 조절하는 데 문제가 있거나 반항적인 경향이 있는 ADHD 성인들은 화를 잘 내거나, 다른 사람을 자주 비난하거나, 대화에서 방어적이 될 수 있다. 그리고 비조직화와 습관적인 지각, 마무리 부족은, 반복적인 개선 요청에도 불구하고 변화가 없다면 다른 사람에게 언쟁과 실망의 요인이 될 수 있다. 마지막으로, ADHD는 자신의 감정과 요구를 깨닫고 표현하는 것을 방해할 수 있기 때문에, 연인 관계에서 진정한 친밀감을 가지는 것이 어려울 수 있다. 여기서 우리는 타인과의 더 나은 대화를 조성하기 위한 마음챙김 훈련과 마음챙김 관점을 알아본다.

**훈련 7.2**

## 마음챙김 듣기와 말하기

이 훈련은 천천히 말하기와 차례 지키기를 포함한다. 보통 쌍으로 이루어지고, 더 나은 대화 기술을 가지기를 원하는 연인들에게 훌륭한 연습이 될 것이다.

- 당신의 파트너와 마주 앉는다. 이완되고 수용적인 자세를 연습하고 (예를 들면, 몸을 앞으로 약간 기울이고, 팔짱 끼는 것은 피하라.), 자주 자연스럽게 눈을 지속적으로 맞춘다.
- 의미 있거나 문제가 되는 두 사람에 관한 주제를 고른다(예를 들면, 올해 휴가는 어디로 갈까?).
- 30초 동안 둘 중 한 사람은 말하는 사람, 다른 한 사람은 듣는 사람이 된다. 그다음에는 바꿔서 한다. 말하기와 듣기를 이런 식으로 서로 바꾸어서 5분에서 10분 동안 또는 주제가 고갈될 때까지 한다. 만약 30

초 간격을 지키는 것이 힘들면 타이머를 사용한다. 이것은 시간 자각에 좋은 연습이 될 것이다.

**마음챙김 듣기를 할 때—완전히 들으라**
- 완전한 주의로 듣는다.
- 끼어들거나 피드백을 주려는 충동을 자제한다.
- 열리고, 공감적이고, 비판단적이 되는 훈련을 한다.
- 호흡하고, 몸을 이완시키고, 그리고 계속한다.

**마음챙김 말하기를 할 때—자각으로 말하라**
- 단어를 의식적으로 골라가며, 평소 때보다 천천히 말한다.
- 진심으로 말하는 것을 연습한다. 정직하고, 직접적이고, 약하게.
- 호흡하고, 몸을 이완시키고, 그리고 계속한다.

## 비폭력적 대화

마음챙김 대화의 또 다른 도구는 비폭력적(또는 연민하는) 대화라고 불리는 것으로, 심리학자 마셜 로젠버그(Marshall Rosenberg)가 개발하였고, 2003년도 자신의 책《비폭력적 대화: 삶의 언어(*Nonviolent Communication: A Language of Life*)》*에 잘 설명해놓았다. 기분과 요구를 표현하지 않으면 그것이 종종 문제에 기름을 붓는 것이 되기 때문에, 이 비폭력적 대화의 단계들은 대인 관계에 있어 기분과 요구를 표현하도록 도와준다. 특별히, 부정적인 감정과 갈등이 심할 때는, 비폭력적 대화의 본질인 연민심을 갖는 접근이 언제나 직관적으로 맞는 것은 아니다. 그래서 다음에는 다른 사람에게 말하고 싶은 문제가 있을 때 도움이 되는 4단계 훈련을 두었다.

---

* 역주: 국내에서《비폭력 대화: 일상에서 쓰는 평화의 언어, 삶의 언어》로 번역 출판되었다.

1. 비판단적으로 그 사실들을 관찰하라.(예를 들면, "그때……")
2. 관찰하여 일어나는 당신의 감정을 표현하라.(예를 들면, "나는 ……을 느낀다.")
3. 이런 감정과 관련된 당신의 요구를 표현하라.(예를 들면, "그래서 나는 ……이 필요하기 때문이다.")
4. 다른 사람에게 구체적인 요청을 하라.(예를 들면, "나는 ……을 하고 싶다.")

예를 들면, 앤은 남편에게 "당신이 내게 매달 내는 청구서를 지불했는지 물어볼 때[관찰], 난 그것에 대한 생각만으로도 가슴이 철렁 내려앉는 느낌이에요[감정]. 난 ADHD 때문에 편지와 문서 정리가 어려우니 도움이 필요해요[필요]. 청구서 챙기는 것을 당신이 도와줄 수 있어요[요청]?"라고 설명했다.

이런 대화와, "왜 당신은 내게 청구서를 가지고 계속 잔소리해요? 왜 당신이 직접 하지는 않는 거예요!"를 비교해보라.

또한 비폭력적 대화의 단계들은 다른 사람을 공감하는 데 도움을 준다. 이 경우 당신은 자신의 감정 대신에 비판단적으로 사실을 관찰하고, 타인의 경험을 반영하고 그리고 상대가 말하지 않은 어떤 요구에 대한 당신의 느낌을 전달한다. 이 과정에서 당신은 타인의 감정과 요구에 대하여 어떤 추측을 할 수 있다. 좀 더 공감적인 대화의 시작을 만드는 비판단적이고 탐구심이 많은 태도로 이것들을 제안하라. 여기서 요청하는 단계는 보통 생략된다.

예를 들면, 앤드류는 아내에게 공감을 표현한다. "내가 우리 기념일을 잊었을 때[관찰], 당신은 아마 화가 나고 무시당한 기분이었을 거야[느낌]. 그리고 당신은 중요하고 존중받는 관계를 원하는구나[필요]."

이것과, "기념일을 잊어서 미안해. 하지만 그렇게 예민할 필요는 없잖아."를 비교해보라.

## ADHD의 영향을 받는 대인 관계에서 공감 개발하기

　마음챙김 대화의 훈련은 오해와 분노, 갈등을 해결하는 데 도움을 줄 수 있다. 하지만 ADHD 증상과 그것이 관계에 미치는 영향에 대하여 가족과 친구들에게 교육을 하는 것이 상호 이해와 공감을 만드는 데 더 필수적이다. 부부 치료의 다음 예를 보라.

　주디와 마크는 5년차 부부다. 주디는 "마크는 종종 우리가 의논한 것들을 잊어버리고 마치 전혀 듣지 못한 것처럼 행동해요."라고 불평한다. 그녀는 무시당한 느낌이고 그의 관심 부족에 화가 난다. 그녀는 다른 것들이 그에게 더 중요하기 때문에 그가 의도적으로 그렇게 한다고 생각한다. 마크는 주디가 비난하고 잔소리하는 것을 탓한다. 그는 아내가 자기의 망각을 너무 심각하게 생각하는데, 그것은 자기 입장에서는 그냥 실수일 뿐이라고 말한다. 전반적으로 그는 큰 문제가 아니라고 생각한다.

　치료가 진행되면서, 마크에게 ADHD 증상이 있음이 분명해졌다. 그의 망각은 뚜렷한 것이지만 주디를 무시한 의도적인 행동은 아니다. ADHD에 대한 교육은 주디와 마크가 서로의 차이를 이해하고 공감하는 데 도움이 되지만, 새로운 관점이 그들의 문제를 해결해주지는 않는다. 그러나 그것은 수용과 상호 문제 해결로 향하는 결정적인 변화를 일으킨다. 주디는 망각을 덜 개인적인 문제로 받아들이고 비난을 줄이고 더 많이 연민하는 것을 배운다. 마크는 망각에 대한 책임과 그것이 주디에게 미치는 영향을 좀 더 이해하는 것을 배운다. 그들은 치료 시간과 집에서 같이 마음챙김 말하기와 마음챙김 듣기 훈련을 한다. 주디는 마크에게 중요한 이야기를 할 때 그와 눈을 맞추고 종종 부드럽게 상기시킨다. 그는 그녀가 말할 때는 언제나 그녀에게 완전히 집중하고 잘 기억하도록 수첩에 적어둔다. 전반적으로 그는 덜 방어적이고 문제를 해결하기 위해 더 사전 대비를 하고, 주디는 ADHD 함정에 빠지지 않기 위하여 좀 더 이해하고 도우려 한다. 그들 모두 상대를 더욱 지지하고, 이제는 마크의 ADHD 증상에 대해 농담까지 한다.

마음챙김은 ADHD 교육으로 만들어진 선의(goodwill)를 강화할 수 있다. 예를 들면, 주디는 마크가 망각을 할 때마다 생기는 분노를 마음챙김으로 조절한다. 마크는 주디가 뭔가를 상기시킬 때마다 생기는 짜증으로부터 물러나기 위해 마음챙김 호흡을 한다. 또한 두 사람 다 자애심 연습을 하는데, 그 속에서 그들은 자신들과 서로에게 웰빙을 기원한다. 그들은 둘 중 한 사람이 속상해하거나 화를 내더라도(특히 그럴 때 더) 이 연습을 하는 것에 도전한다. 즉각적인 감정에 반대되는 행동을 하는 연습은 쉽지 않고, 의식적인 결정이 필요하다. 그러나 그것이 종종 긍정적 정서 변화를 만든다. 그것은 갈등 속에서도 상대에 대한 사랑과 관대한 감정을 갖도록 연결시키며 마음챙김 대화의 가능성을 연다.

대인 관계와 ADHD의 주제에 관하여 더 알고 싶으면, 지나 페라(Gina Pera)의 책《누구의 주의력 결핍 장애인가?(*Is it You, Me, or Adult ADD?*)》(2008)와 멜리사 오를로브(Melissa Orlov)의 책《결혼에 대한 ADHD의 영향(*The ADHD Effect on Marriage*)》을 참조하라.

## ADHD와 양육

좌절과 오해가 부모와 자식 사이에 생길 수 있다. ADHD는 강한 가족적 소인을 보이고 보통 ADHD 성인에게는 역시 ADHD인 자녀가 있다. 이런 조합은 특별히 더 도전적이며, 어른과 아이 모두 비조직화와 부정적 정서, 스트레스로 힘들 것이다.

연구들은 ADHD를 가진 소아의 뇌 발달이 3년 정도 느린 경향을 보여준다. 즉, 평균 11세인 ADHD 소아의 성숙도는 8세의 ADHD가 아닌 소아와 비슷하다.[1] 이는 ADHD 소아가 학교와 집에서 보내는 일상생활에서 행동을 조절하는 데 종종 문제가 있음을 의미한다. 또한 낮은 좌절내성(frustration tolerance)을 가지고 학습의 지연을 보인다. 이것이 부모와 아이들의 관계에서 긴장과 오해를 만들 수 있다.

만약 당신이 ADHD 아이의 부모라면, 당신의 아이는 보이지 않는 방식으로 힘들어하고 있음을 기억하라. 부모로서, 당신은 선생님이고, 당신이 아이에게 접근하는 방법은 아이에게 대단한 영향을 줄 것이다. 당신은 마음챙김 방식으로, 당신의 ADHD 자녀에게 비판단적이고 연민을 가진 관찰로 소통할 수 있고, 그런 관점은 아이에게 모델이 될 수 있다. 당신은 아이에게 자기수용을 개발하도록 도와줄 수 있고 긍정적인 방법들로 자기의 어려움들을 극복하도록 용기를 줄 수 있다. 또한 직접 아이에게 마음챙김을 가르칠 수 있다(아이들을 위한 마음챙김 자료의 마무리 장을 참조하라.)

마지막으로, 당신이 양육 스트레스를 받을 때, 부정적인 감정을 다스리는데 마음챙김을 사용하라. 휴식의 순간을 찾아서 자기 연민을 연습하라. 결국 양육은 어려우며, 부모는 완벽하지 않다. 마음챙김으로 당신은 어려운 순간을, 배움과 이해의 순간으로 변화시킬 수 있다.

양육 스트레스에 대처하기 위한 마음챙김 사용을 좀 더 알아보려면 소아과 의사 마크 버틴(Mark Bertin)이 쓴 《가족적 ADHD 해결책(*The Family ADHD Solution*)》(2011)을 보라.

## 마음챙김 현존(선택 없는 자각)

자신과 다른 사람에게 완전히 존재하는 능력을 갖추기 위해서는 유연하고 수용적인 주의가 필요하며, 또한 매순간 일어나는 어떤 반응이라도 알아차리는 능력이 필요하다. 이 능력, 즉 우리 안팎에서 일어나는 경험의 변화를 자각하는 것은 CD의 9번 트랙, 선택 없는 자각이라고도 불리는 "마음챙김 현존"을 훈련하면 강화될 수 있다.

이 훈련에서 우리는 집중해야 할 특정한 대상을 선택하지 않는다. 대신

현재 순간의 경험이 무엇이든 간에 그 흐름을 받아들이는 훈련을 한다.

## 마음챙김 현존(CD 트랙 9; 10분)

### 앉아서 이완한다

- 허리를 바로 세우고 편하게 앉는다.
- 당신의 몸을 간단히 스캔하고 긴장한 곳을 이완한다.

### 주의를 호흡에 닻을 내리라

- 부드럽게 주의를 호흡에 쉬게 한다. 콧구멍이나 복부, 가슴에서 호흡의 부드러운 움직임을 느낀다.
- 호흡은 언제나 거기에, 그 순간에 있음을 기억한다. 당신이 생각과 느낌에 빠져 있더라도 언제나 다시 호흡으로 돌아갈 수 있다.

### 의도를 설정한다

- 무엇이든 매순간 일어나는 것을 자각하고 받아들이려는 의도를 설정한다.
- 당신의 주의가 어디로 가는지 알아차리고, 뭔가 강하게 당신의 주의를 끌어당긴다면 그것을 살핀다. 그리고 호흡으로 돌아간다.
  - 소리가 들리면, 당신의 주의를 열고 호흡과 함께 그 소리에 대한 자각을 허락한다. 만약 그 소리가 당신의 주의를 호흡으로부터 끌어당기면 그 소리에 완전히 주의를 두고, 호흡 감각은 배경으로 내려놓는다. 소리가 더 이상 당신의 주의를 붙잡지 않을 때까지 그 소리를 듣는다. 그리고 호흡으로 돌아간다.
  - 몸에 어떤 감각이 생기면, 그것을 향하여 주의를 열고 그 감각과 호흡 모두를 자각 안에 잡아놓는다. 그 몸의 감각이 당신의 주의를 호

흡으로부터 끌어당기면 그 감각으로 주의를 돌리고, 호흡은 배경으로 사라지도록 한다. 그 감각을 탐구한다. 가려운가, 따가운가? 변하는가 아니면 그대로인가? 그것이 더 이상 당신의 주의를 붙잡지 않을 때, 다시 자각의 닻인 호흡으로 돌아간다.

○ 하나의 정서가 생기면, 다른 경험에서처럼, 당신의 주의를 그곳을 향하여 열고 호흡과 함께 그 정서를 알아차린다. 만약 그 정서가 당신의 주의를 끌어당기면, 그것에 집중하고 호흡이 배경으로 사라지도록 한다. 정서를 관찰하는 데 RAIN을 이용할 수 있다. 즉, 인지하고 받아들이고 그리고 살피는 것이다. 그것과 동일시하지 마라. 그 정서에 명칭을 붙이고 당신의 몸을 살핀다. 아마 가슴이 두근거리거나 배가 불편할 수 있다. 더 이상 정서가 존재하지 않을 때, 당신의 주의를 호흡이든 무엇이든 현재 순간에 있는 그것으로 되돌려 놓는다.

○ 어떤 생각이나 이미지가 당신의 자각으로 들어오면, 호흡을 계속하면서 그것의 존재를 인지한다. 여러 번 생각이 배경에 남아 있다가 하늘의 구름처럼 왔다 갔다 하는 것을 알아차릴 수 있을 것이다. 만약 당신이 생각 속에 빠지면, 깜빡 흘러감을 알아차리고, 그것에 "생각하기"라고 명칭을 붙인다. 그리고 부드럽게 호흡으로 돌아간다. 만약 한 생각에 집착하고 계속 생각이 난다면, 그것에 다시 주의를 가져가고 호흡을 배경으로 사라지게 한다. 생각의 유형에 대해 "걱정하기", "계획하기", "비판적 사고" 등의 명칭을 붙인다. 몸을 살피고 어떤 정서나 몸의 감각이 있는지 본다. 준비가 되면, 당신의 주의를 호흡으로 되돌린다.

○ 또한 당신은 다른 것들을 알아차릴 수도 있다. 일반적인 에너지 상태, 각성 수준, 태도나 기분 같은 것들이 될 수 있다. 다음의 것을 살필 준비가 될 때까지 각각의 경험을 조사할 수 있다.

- 자각의 연습을 위해 끝까지 자리를 지킨 것에 대해 스스로에게 감사한다. 자신에 대한 자애심을 확장시켜 자신이 잘되기를 기원한다. 예를 들어, "내가 행복하기를, 안전하기를, 내가 건강하고 편하게 살기를. 내가 자신과 타인에게 존재하기를."과 같은 것으로 기원하는 것이다.
- 모든 사람들에게 이런 기원을 확장한다. 예를 들어, "우리가 행복하기를, 안전하기를, 건강하기를, 마음이 편하기를. 우리 모두가 진정한 듣기와 서로에게 공감을 경험하기를."과 같은 것이다.

## 훈련을 위해 제안하는 리마인더

STOP에 대한 리마인더는 프로그램의 이 단계와 같이할 때 도움이 된다.

- S(Stop) = 멈추라.
- T(Take a breath) = 호흡하라.
- O(Observe speaking and listening) = 말하기와 듣기를 관찰하라.
- P(Proceed) = 진행하라.

## 제7단계 요약

### 공식 훈련

- 매일 15분 동안 마음챙김 현존의 정좌 명상(CD 트랙 9)을 하라.
- 정좌 명상 대신에, 당신의 모든 경험에 주목하면서 15분 걷기 명상을 할 수도 있다.

## 일상생활에서의 마음챙김 자각

- 직장과 집에서 일어나는 타인과의 상호 작용에서 STOP을 이용하라.

- 당신의 파트너나 자녀와 함께 마음챙김 듣기와 말하기를 할 때 다음 표현 형식을 이용하라.

  1. 천천히 말하고, 차례 지키기
  2. 비폭력적/연민하는 대화하기:

  "…… 그때" [사실 관찰]

  "나는 ……을 느낀다." [느낌]

  "그것은 …… 때문이다." [필요]

  "나는 ……하고 싶다." [요청]

- 즉흥 워크숍을 해보라. 그런 워크숍에서 당신은 빨리 반응하기 위하여 순간순간 일어나는 것에 대해 계속 주의를 기울여야 한다. 이것은 당신의 생각과 느낌, 반응 들을 더 자각하도록 할 수 있다.

# 제8단계 효과적이도록 속도를 늦추라

## 마음챙김 결정과 행동

조앤은 비조직화(disorganization) 때문에 어려움을 겪고 있다. 그녀는 두 초등학생 자녀의 활동을 지속적으로 파악하는 것이 힘들며, 집은 어지럽고 어수선하다. 옷장에는 옷이 쌓여 있고 책상에는 청구서와 광고 우편물, 잡지 그리고 아이들의 학교 공책들이 뒤섞여 있다. 그녀는 종종 물건들을 찾지 못하지만, 그런데도 책상 정리를 6개월이나 미루고 있다. "저는 정말 정리하고 싶어서 새 서류함을 샀지만 사실 사용하지 못하고 있어요."라고 그녀는 말한다.

커크는 다른 문제가 있다. 그는 대충 일하는 것을 좋아하고 동시에 여러 가지 집안일을 하는 경향이 있다. 최근에는 정원의 울타리를 새로 고치기 시작했다. 하지만 다 마칠 무렵에 완성하지 않고 창고 문 고치는 작업을 시작했다. 커크의 부인은 그가 일을 마무리하지 않는 것을 불평한다. 커크도 자신의 이런 문제점을 잘 알고 있고, 울타리를 완성할 거라고 약속한다. 그러나 그는 창고에서 계속 일을 하고 심지어 차를 손보는 일까지 시작했다.

ADHD가 있는 성인은, 해야 할 일을 알지만 그것을 완성할 수 없다고 보통 말한다. 조앤은 책상을 정리해야 한다는 것을 알지만 계속 미룬다. 커크는 벌여놓은 일이 많다는 것을 알지만 그런데도 진행 중인 일을 완성하기 전에 새로운 일을 시작한다. 이해하는 것과 행동하는 것 사이에 단절이 있는 것이다.

이 장에서 우리는 제1~7단계에서 배웠던 마음챙김 방법들을 통해 이 간극을 메울 것이다. 처음부터 끝까지 과제의 각 단계에서 당신에게 어떤 일이 일어나는지 자각하는 것을 심화하는 연습을 할 것이다. 그런 자각은 마음챙김 자기 코칭(당신의 행동을 안내할 수 있는 내면의 목소리)으로 이어질 것이다. 달력과 해야 할 일 목록 같은 조직적인 도구를 함께 사용하면 자기 코칭의 목소리가 마음챙김 결정과 일을 완료하는 데 도움이 될 것이다.

## 행동의 마음챙김

이전 단계에서 우리는 몸과 생각, 정서의 자각에 대하여 이야기했다. 이런 내적 경험이 모두 합쳐져 우리의 행동을 이끈다. 내적 경험은 목표를 달성하기 위한 강력한 동기 요인이자 강력한 장벽이다. 마음챙김은 우리가 우리 안에 무슨 일이 생기고 있는지 좀 더 명확하게 파악할 수 있게 도와주고, 우리에게 불리한 것이 아닌 우리에게 도움이 될 수 있는 결정과 행동을 형성하도록 한다. 또한 우리는 마음챙김으로 종종 가지고 있다고 생각하지 않은 내적 자원을 발견한다.

> ### 질문: 나는 내가 일을 미룬다는 것을 이미 알고 있다. 마음챙김 자각이 내가 일을 마치도록 도와줄 수 있는가?
>
> 당신은 자신이 일을 미루는 것을 자각하더라도, 미룸을 유도하는 더 깊은 생각이나 느낌은 모를 수 있다. 혹은 미룸에서 벗어나 스스로 행동하도록 동기를 부여하는 방법에 대해 확신이 없을 수도 있다. 마음챙김 자각은 회피하려고 할 때 회피하려는 그 일에 더 향하도록 하는 능력을 계발하도록

도와줄 수 있다. 당신은 그 순간 그 회피에 명칭을 붙이고, 내적 장애물(일에 대한 부정적인 생각과 느낌)을 비판단적으로 관찰하는 것을 배운다. 그리고 그 일을 하기 위한 내적 동기를 증가시키는 것을 선택할 수 있다. 그런 자각은 일이 생겼을 때 종종 미룸을 극복하는 열쇠가 되고, 그리고 그것은 당신이 계획표나 인지 행동 치료, 코칭과 같은 추가적인 방법을 활용하여 일을 순조롭게 하도록 도울 수 있다.

행동에 마음챙김을 이용하는 세 가지 기본 원칙은 다음과 같다.

- 멈추기
- 고요한 집중 연습하기
- 마음챙김 자기 코칭

원칙들 하나하나를 좀 더 자세히 살펴보자.

### 멈추기

당신의 일상 중에서, 정기적으로 멈추어 당신의 행동과 당신이 마쳐야 할 과제를 어떻게 해결하고 있는지 잘 살펴보는 것은 도움이 된다. 잘 알고 있는 STOP 훈련이 여기서 도움이 될 것이다.

**훈련 8.1**

### 일에 STOP 사용하기

당신이 일과 씨름할 때, STOP을 사용하여 당신의 주의와 몸, 생각, 느낌, 행동 들을 좀 더 깊이 살피라.

S(Stop) = (잠시) **멈추라.**

T(Take a breath) = **호흡하라.**

O(Observe) = (현재를) **관찰하라.**

- 유익한 흥미와 동기가 있는가?
- 지루하고 동기가 부족한가?
- 회피하거나 미루는가?
- 에너지가 많은가 아니면 적은가?
- 압도되는 느낌이나 생각이(혹은 둘 다) 드는가, 아니면 충만한 힘이 느껴지는가?
- 의심이 있는가?(예를 들면, "내가 이것을 해야 하나?")
- 다른 어떤 것을 원하는 느낌이 있는가?
- 나는 이미 다른 어떤 것을 하고 있는가?(생산적이긴 하지만 당신이 계획하지 않은 어떤 일을 하는 것은 일을 미루는 교묘한 방법이다.)
- 무엇을 발견하든 그것에 완전한 주의를 가져간다. 당신의 몸을 좀 더 살피고, 거기에 있을지도 모를 또 다른 생각과 느낌을 살핀다.(예를 들면, "내 가슴이 무거워." 또는 "내 마음이 예민해."). 만약 일을 하는데 장애물을 발견한다면 그 장애물을 직접 살펴보는 것을 상상하고 마음속으로 그것에 명칭을 붙인다. 예를 들면, '아, 회피다.'
- 만약 장애물에 대해 크게 말하거나 종이에 적는다면, 그것을 정복하기가 쉽다는 것을 알 수 있을 것이다. 또한 당신은 친구에게 전화해서 공유할 수도 있다. "내가 이것을 미루고 있어." 종종 마음챙김과 비판단적인 방법으로 얻은 완전한 인식은 장애물의 힘을 사라지게 하고 일에 대한 동기를 다시 가지게 할 수 있다.

P(Proceed) = (새로운 자각으로) **진행하라.**

## 고요한 집중

고요한 집중은 어떤 일이든 효율적으로 하는 데 필요하다. 만약 당신이 불안하거나 기진맥진하거나 좌절한다면, 이러한 느낌들은 집중하고 조직화하는 것을 어렵게 만들 것이다. 당신은 더 실수하거나 중요한 세부사항들을 빠뜨리거나 확실한 해결을 보지 못하게 된다.

만약 일상에서 당신이 압도되거나 불편하거나 동요되거나 안절부절못한다면, 다음과 같이 당신의 몸과 마음을 고요히 만드는 것을 연습하라.

- 여러 번의 깊은 마음챙김 호흡을 한다. 호흡에 집중하면서 짧은 정좌명상을 한다. 또는 고요함을 유도하고 당신의 관점이 변하도록 바디스캔을 한다.
- 좀 더 고요하고 더 집중하도록 이미지와 명상을 함께 이용한다. 당신은 제5단계에 나온 "바다 같은 마음" 명상을 이용하거나, 아니면 다음에 있는 "산 명상"을 시도하여 고요한 집중과 내적 안정을 기를 수 있다.

**훈련 8.2**

## 산 명상

- 긴장을 풀고 바른 자세로 앉는다. 즉, 위엄 있는 자세.
- 앉아서 호흡을 알아차린다.
- 마음속으로 산을 상상하고, 그것이 얼마나 강하고 굳건한지 생각해본다.
- 산이 땅과 어떻게 연결되어 있는지, 어떻게 거기서 수천 년 동안 비, 눈, 바람, 햇빛을 견디며 서 있었는지 생각해본다.
- 이제 당신이 산이라고 상상해본다. 당신 몸속에 그 굳건하고 강한 느낌을 연결시킨다.

- 당신 주위에 그 무엇이 휘몰아쳐도 당신은 산처럼 버틸 것이다. 비구름이 산을 지나가는 것처럼 격한 느낌이 당신을 지나가는 것을 지켜볼 수 있다.
- 앉은 채로, 다시 자각을 호흡으로 가져가고 조용히 다음 말을 반복한다.

"숨을 들이쉬면서, 나 자신을 산처럼 바라본다."
"숨을 내쉬면서, 나는 굳건하고 강함을 느낀다."

- 잠시 후, 호흡하면서 마음속으로 간단하게 말한다.

"들이쉬면서…… 산."
"내쉬면서…… 굳건하고 강함."

- 당신이 굳건하고 강하며 격한 느낌이 덜해짐을 느낄 때까지 마음속으로 그 구절을 반복한다.

만약 이 수련이 당신에게 맞는다면, 산 사진을 구해서(아니면 산을 그려서) 업무 공간에 붙여두라. 당신이 일의 각 단계를 처리할 때 그것은 당신의 굳건하고 내적 강인함을 상기시키는 시각적인 리마인더가 될 수 있다.

## 마음챙김 자기 코칭

마음챙김을 통해 우리는 좀 더 능률적이고 효과적이 될 수 있게 우리의 내적 자기 대화에 귀를 기울인다. 이것을 마음챙김 자기 코칭 목소리(mindful self-coaching voice) 라고 하는데, 이 목소리는 외부의 힘에 의존하여 과제를 완성하는 ADHD 성인에게는 일반적으로 기대하기 어렵다. 예를 들면, ADHD 성인은 종종 마감 기일까지나 다른 사람이 재촉할 때까지 일을 미룬다.

그러나 마음챙김은 당신이 어려운 과제를 수행하는 것을 포함하여 내부에서 당신의 행동들을 안내하는 자기 코칭 목소리를 개발하도록 도울 수 있다. 나는 달력, 해야 할 일 목록, 리마인더나 약물 같은 외적 방법들을 현명하게 이용함과 동시에 내적 소리에 귀를 기울이는 것이 ADHD에 가장 도움이 될 것이라고 믿는다.

마음챙김 자기 코칭은 현재 순간을 자주 살핌으로써 알게 되는 지지적이고 연민 담긴 격려를 하는 내적 소리를 개발하는 것을 포함한다. 예를 들어, "이것은 나한테 어렵지만 내가 할 수 있다는 것을 알아." "나는 계속 노력할 거야." "나는 천천히 할 필요가 있어." "나는 속도를 낼 필요가 있어." 등과 같은 것이다. 마음챙김을 훈련하고 자신과 다른 사람들을 더 깊이 알아가는 경험을 할 때, 당신은 자신의 행동을 더 잘 안내하는 통찰과 분별의 저장고를 만들어낼 것이다.

## 일을 완수하기 위한 전략

이제 일상적 과제 처리에서 좀 더 효율적이 되도록 멈춤과 고요한 집중, 마음챙김 자기 코칭을 어떻게 사용할 수 있는지 알아보자. 시간을 관리하는 것과 함께 일을 완수하는 것은 많은 ADHD 성인에게 도전이 되는 일이다. 과제를 완수하기 위한 마음챙김 접근은 당신이 과제의 순서, 즉 선택과 시작, 진행, 완료하기까지 어떻게 일을 하고 있는지 관찰하는 습관을 개발할 것을 권한다. 각 단계에서 좀 더 현재에 존재함으로써(당신이 하고 있는 것이 과제를 회피하는 것일지라도) 당신은 선택과 자기 조절, 마음챙김 행동을 위한 더 큰 능력을 계발할 것이다. 요약하면, 즉 일을 완수하는 것이다.

---

**마음챙김으로 선택하고, 시작하고, 진행하고, 완료하라**

현재 순간을 살피고 과제의 각 단계에서 당신의 내적 상태와 행동의 자각을 더 깊어지게 하라.

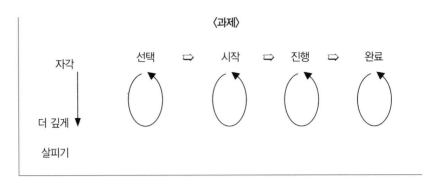

## 과제 선택하기

우리 삶의 대부분은 어느 주어진 날 또는 어느 주어진 시간에 우리가 하고 있을 수 있는, 동시에 일어나는 일들로 가득 차 있다. 어느 곳에 당신의 에너지를 써야 할지 아는 것은 도전일 수 있다. ADHD 뇌는, 아이디어는 많으나 그것들을 조직화하는 능력은 부족하기 때문에, 훨씬 더 힘들 수 있다. ADHD의 많은 성인들은 선택해야 하는 것들에 압도되어 어디서부터 시작해야 할지 알지 못한다고 보고한다. 또 다른 ADHD 성인들은 산만하여 중요한 과제를 간과할 수 있다. 많은 사람들은 항상 바쁘지만 비효율적이다. 대다수는 중요한 목표들, 특히 먼 미래에 성취해야 할 목표들에 집중하는 것이 어렵다고 한다. 대신에 당면한 일들이 보통 그들의 주의와 에너지를 점령한다. 이것에 대응하기 위하여, ADHD 성인들은 정기적으로 멈추어서 큰 그림을 살펴보는 것이 중요하다.

### 당신의 가치를 분명히 하라

수용 전념 치료(Acceptance Commitment Therapy; ACT)라고 불리는, 마음챙김을 기반으로 한 접근은 심리학자이자 연구자인 스티븐 헤이즈(Steven Hayes)[1]가 만든 것으로, 우리가 우리의 가치를 돌이켜봐서 행동들을 마음챙김으로 선택할 수 있도록 도와주는 유용한 방법들을 제공한다. 가치란 우리

삶과 행동을 안내하는 원칙들이다. 가치는, 우리가 성취하고 그것에 따라서 움직이는 것이 아니라는 점에서 목표나 결과 들과 다르다. 오히려 가치는 안내 기준이다. 예를 들면, "다음 경기에서 이기기" 목표를 가지는 것보다는 "훌륭한 선수 되기"의 가치 가지기, "10파운드 감량하기" 목표보다 "신체 건강해지기"의 가치 가지기이다.

일, 관계, 사회생활, 취미 등 당신 삶의 여러 영역에서 가치들을 명백하게 할 때, 당신이 실제로 얼마나 많은 시간을 투자하고 있는지 검토할 수 있다. 이것은 종종 놀라운 경험이 된다. 예를 들면, 당신은 좋은 부모가 되는 것이 중요한 가치인데도, 짧은 시간만 아이들과 함께 보낸다. 즉, 당신의 가치와 실제 행동 사이에 조정이 잘못되어 있는 것이다. 삶의 각 영역에서, 또한 당신은 이제 삶의 균형을 맞추기 위해 할 수 있는 행동들을 확인한다. 그런 반영은 당신이 언제 어디서 에너지를 쓰길 원하는지를 결정하고 다음 단계에 무엇을 해야 할지 확인하는 것을 도울 수 있다. 당신 가치들을 반영하는 것은 또한 당신 삶을 단순화하고 실제로 무엇이 문제인지 알아차릴 수 있게 도와준다.

다음은 열 개의 중요한 삶의 영역에서 당신의 가치를 확인하도록 도와주는 워크시트다. 지루하겠지만 다 채워볼 것을 권한다. 당신의 가치들을 분명하게 드러내놓는 것은 당신이 미래에 재집중하거나 우선순위를 재조정할 필요가 있을 때 당신이 돌아오도록 하는 견고한 닻이 된다.

표를 완성할 때, 당신이 잘하지 못하는 영역을 발견하더라도 이 작업이 그것을 수정하기 시작하는 기회임을 명심하라. 또한 당신이 한 번에 한 가지만을 잘할 수 있음을 알아라. 시간이 있을 때, 사소할지라도 하나의 가치만을 선택하여 그 가치를 성취하기 위한 무언가를 하라. 균형 잡힌 생활을 한다는 것은 삶의 각 영역에서 완벽하다는 뜻이 아니다. 그것은 단지 평상시의 삶 속에서 중요한 일들을 열심히 할 수 있다는 것을 의미한다.

## 가치 워크시트

- 삶의 각 영역(첫 번째 열)에, 하나의 중요한 가치를 적는다. 각 영역에 당신이 생각할 수 있는 가치가 하나보다 많을 수도 있지만 특별히 의미 있는 하나만으로 시작한다.
- A와 B열에 비판단적으로 당신의 삶을 반영한다.

**A열:** 그 가치가 당신에게 얼마나 중요한지를 1에서 10까지로 평가한다(1은 "전혀 중요하지 않음"이고 10은 "가장 중요함"이다).

**B열:** 당신의 실제 행동에서 그 가치가 얼마나 중요하게 나타나는지를 1에서 10까지로 평가한다.

**C열:** 당신의 가치에 따라 실행할 수 있는 단기 목표 하나와 장기 목표 하나를 정한다.

| 삶의 영역/가치 | A | B | C |
|---|---|---|---|
| | 가치의 중요도 1~10 | 실제 행동에 따른 평가 1~10 | ST: 단기 목표 LT: 장기 목표 |
| 예시: 건강/웰빙 나의 ADHD 잘 관리하기 | 9 | 3 | ST: 평가받기 |
| | | | LT: 성인 ADHD를 위한 책이나 웹사이트 보기 |

\* www.shambhala.com/MindfulnessPrescription에서 인쇄할 수 있는 표를 다운로드할 수 있다.

| 삶의 영역/가치 | A | B | C |
|---|---|---|---|
| | 가치의 중요도 1~10 | 실제 행동에 따른 평가 1~10 | ST: 단기 목표 LT: 장기 목표 |
| 건강/웰빙 | | | ST: |
| | | | LT: |
| 친밀한 관계 | | | ST: |
| | | | LT: |
| 양육 | | | ST: |
| | | | LT: |
| 가족 관계 | | | ST: |
| | | | LT: |
| 우정/사교 | | | ST: |
| | | | LT: |
| 경력/일 | | | ST: |
| | | | LT: |

| 삶의 영역/가치 | A | B | C |
|---|---|---|---|
| | 가치의 중요도 1~10 | 실제 행동에 따른 평가 1~10 | ST: 단기 목표<br>LT: 장기 목표 |
| 교육/개인적인 성장 | | | ST: |
| | | | LT: |
| 레크리에이션/여가 | | | ST: |
| | | | LT: |
| 영성 | | | ST: |
| | | | LT: |
| 시민 정신 | | | ST: |
| | | | LT: |

## 과제 시작하기

중요한 매일의 과제를 처리하거나 가치와 관련된 목표 중 하나를 정하는 것을 계획할 때 다음의 전략들을 시도해보라.

- 당신의 동기를 발견하고 시동을 걸라.
- 엔진의 회전 속도를 올리라.

- 음악을 이용하라.
- 당신의 기꺼이 하려는 마음이나 그 마음의 부족을 지켜보라.
- 기본 느낌들을 살피라 — 즐거움, 즐겁지 않음, 중립.
- "정면에서" 대신에 "측면에서" 과제를 시작하라.

### 당신의 동기를 발견하고 시동을 걸라

어떤 성인들은 희생을 치르더라도 그들을 자극하는 자기 비판과 같은 내면의 동기 부여 전략을 개발한다. 크리스는 40대의 비교적 성공한 금고 제작자다. 그는 ADHD가 있으며, 또한 불안과 우울로 힘들어한다. 그는 자신에게 매우 비판적이고, 항상 자기의 부족한 면을 찾는 것처럼 보이고, 종종 자기 업적을 대단치 않게 생각한다. 내가 그의 성과물에 주목할 때, 그는 "저는 제가 끝낸 일을 칭찬하기 시작하면 저의 엔진이 꺼질까 두려워요. 만약 제가 자기 비판을 멈춘다면 저는 게을러지고 일손을 놓을지 몰라요."라고 말한다. 자신에게 만족하지 못하는 이런 내면의 소리가 일의 성과를 이끄는 동안, 이 소리는 크리스의 삶에서 기쁨을 빼앗아간다. 그는 쉬는 동안에도 이완할 수 없고 더 일해야 한다고 지속적으로 걱정한다.

ADHD 성인이 비판의 소리를 사용하지 않고 자신에게 동기를 부여하는 것은 중요하다. 비판하는 대신에, 당면한 일에서 더 큰 의미를 발견함으로써 내면의 동기 부여가 종종 더 강해질 수 있다. 다음의 잘 알려진 이야기가 이것을 설명한다.

세 사람이 같이 일을 하고 있다. 지나가는 행인이 첫 번째 일꾼에게 "당신은 무엇을 하고 있나요?"라고 묻는다. 그 일꾼은 "저는 벽돌을 나르고 있어요."라고 답한다.

행인은 두 번째 일꾼에게 같은 질문을 한다. 두 번째 일꾼은 "저는 벽을 쌓고 있어요."라고 답한다.

그 후에 행인은 "당신은 무엇을 하고 있나요?"라고 물으면서 세 번째 일꾼에게 말을 건다. 일꾼은 "저는 성을 쌓고 있지요."라고 답한다.

자기 코칭을 통해 우리는 각각의 일을 정신적으로 구성하는 긍정적인 방법을 찾는 세 번째 일꾼과 같이 생각할 수 있다. 부정적인 결과들이 강력한 동기 요인이 될 수 있긴 하지만(예를 들면, 연이은 속도위반 딱지는 당신이 좀 더 천천히 운전하도록 만들 수 있다.) 당신이 올바른 일을 하기 위해 긍정적인 이유들을 찾을 수 있는지 알아보라("나는 안전 운전을 하길 원해."). 무엇이 당신에게 더 많이 동기를 주는지 호기심을 가지라. '과제를 긍정적으로 구성하는 것 아니면 부정적인 결과들을 생각하는 것?'

결과물을 상상하면서 당신의 동기에 시동을 걸라. 예를 들면, 내 책상이 깔끔해진 것과 어지러운 종이 파일들이 정리된 것을 마음속에 그려보라. 실제로 이런 이미지를 맛보고, 그 이미지가 만들어내는 몸의 감각, 생각, 느낌들을 살펴보라. 마지막으로, 당신의 동기를 크게 말하고 당신이 볼 수 있는 곳에 그것을 적어두라.

끝으로, 당신이 선택한 과제가 아무리 작은 일일지라도 그것을 끝까지 마무리함으로써 당신이 자기를 주도하는 내면의 근육을 개발하는 훈련을 하고 있다는 것을 기억하라.

### 엔진의 회전 속도를 올리라

만약 당신이 일을 시작하는 데 문제가 있다면, 당신의 에너지가 너무 낮아서 그러므로 에너지를 끌어올릴 필요가 있다. 신체 운동이 좋지만, 당신에게 활력과 동기가 주어지도록 이미지로 간단한 명상을 시도할 수 있다. 한번 시도해보라.

## 숨을 들이쉬면서, "나는 …… 같다."

- 당신이 집중하고 행동할 준비를 하도록 돕는 자연이나 당신의 삶, 책 또는 영화로부터 어떤 이미지를 떠올린다. 예를 들면, 점프할 준비를 하고 있는 웅크린 호랑이나 잠수부 같은 것.

- 이제 자신이 집중하고 시작할 준비가 되었음을 상상한다. 다음 문장을 완성하여 당신만의 명상을 만들라.

  숨을 들이쉬면서, 나는 _____ 와 같다. (당신의 이미지를 적는다.)

  숨을 내쉬면서, 나는 _____ 이다. (당신이 원하는 상태를 적는다.)

  예:

  숨을 들이쉬면서, 나는 호랑이 같은 나 자신을 본다.

  숨을 내쉬면서, 나는 집중하고 행동할 준비가 되어 있다.

  또는 짧게:

  들이쉬면서, 호랑이.

  내쉬면서, 행동할 준비.

- 호흡하고 그 문장을 여러 번 반복한다. 당신 몸 안에서 차오르는 에너지와 동기를 연결할 수 있는지 본다. 과제를 기꺼이 처리할 마음과 준비를 느낄 수 있는지 본다.

호랑이 이미지는 내가 과제를 미루고 있을 때 도움이 된다. 때때로 나는 내가 과제를 하게끔 돕기 위하여 "뛰어, 호랑이!"라는 말을 추가한다. 나에게 이런 이미지는 효과적이면서도 놀이 같고 재미있다. 놀이 같은 부분이 나로 하여금 과제를 미루는 것을 심각하게 받아들이지 않고 그냥 시작하도록 만들어준다.

**음악을 이용하라**

음악은 몸과 마음에 강력한 효과를 미친다. 당신이 즐겁지 않은 과제를 하려 할 때, 평소 당신을 기운 차리게 하는 음악을 켜라. 아마도 당신은 리듬에 따라 발을 까딱이거나 몸을 움직이려는 충동이 이는 것을 느낄 것이다. 당신은 증가된 에너지와 "활달함"을 느낄 것이다. 또한 피곤함과 내적 에너지를 함께 느낄 수 있다. 음악이 주는 재미와 동기 부여의 느낌에 집중하라. 이 느낌들을 받아들이고, 당신 몸으로 그 느낌들을 확장하라. 이제 즐겁지 않은 일을 시작하는 것이 좀 더 수월해졌는가?

다른 방법으로는, 고요한 음악에 잠길 수 있다. 온천에서 자주 들을 수 있는 그런 음악은 당신의 몸과 마음을 이완 상태로 전환하는 것을 도울 수 있다. 마음챙김 자각을 이 과정으로 가져오고 현재에 존재하는 어떤 생각이나 느낌, 몸의 감각들을 알아차리라. 그리고 자신에게 물으라. "내가 이완되었을 때와 충전되었을 때 중 어느 때가 과제를 처리하기 좀 더 쉬운가?"

**당신의 기꺼이 하려는 마음이나 그 마음의 부족을 지켜보라**

어떤 일을 하기를 원하는지 혹은 원하지 않는지에 대하여 항상 분명하고 정직해야 한다. 여기 하나의 예가 있다. 미용사인 켈리는 자기 사업에 대해 고심하고 있다. 그녀는 "내 미용실은 장사가 잘 안 돼요. 그런데도 난 홍보할 어떤 노력도 하고 싶지 않아요. 이것은 장기적으로 볼 때 좋은 결정이 아님을 알지만, 당장 그 어떤 것도 하고 싶지 않다고 나는 생각해요."라고 말한다. 켈리의 말은 가감 없이 솔직하다. 근면한 우리의 문화에서는 어떤 일을 하는 것에 대한 거부를 인정하는 것이 어려울 수 있다.

죄책감이나 스트레스 없이 이런 의지 부족을 인정하는 것이 수용의 첫 단계다. 이는 "이것이 바로 그거야."라는 표현이다. 그러나 그런 정직한 인정 후에 종종 다음의 질문이 시작된다. "나는 이것을 변화시키기를 원하는가?" 때때로 그 대답이 여전히 부정일 수도 있다. 그것은 정직한 선언이고 당신에게 일에서 벗어나는 결정을 자유롭게 할 수 있게 허용한다. 또한 이 과정은 나중에 노력하기로 결정하는 자유를 준다.

### 기본 느낌들을 살피라 ─ 즐거움, 즐겁지 않음, 중립

당신이 이미 탐구했던 것처럼, 실제로 우리 삶의 경험들은 다음의 세 가지 기본 느낌으로 설명할 수 있다. "나는 그것을 좋아한다."[즐거움], "나는 그것을 좋아하지 않는다." [즐겁지 않음], "나는 그것에 대하여 별 느낌이 없다." [중립]. 이런 기본 느낌들은 종종 우리를 완전한 자각 없이 많은 선택을 하도록 유도한다. 성인 ADHD의 경우, 재미없거나 중립의(지겨운) 과제를 계속하는 것이 종종 어렵다. 그러나 삶은 그것을 요구한다. 심리학자 존 렌호프(John Lehnhoff)[2]가 말한, 우리 정신 중의 "싫지만 해야 하는 센터(hate-it-but-do-it center)"라는 개념은 자기 코칭 부분을 나타내며, 어떤 것이 의미 있고 중요하기 때문에 기꺼이 그 불편을 참는 것을 말한다. ADHD 증상을 다룰 때 이 문구와 이면에 있는 그 개념이 매우 유용하다고 생각한다. 싫지만 해야 하는 센터는 자기 훈련의 초석이다. 마음챙김으로, 기꺼이 하는 마음과 마찬가지로 상황에 대한 불편함과 강한 반감의 느낌들도 호기심으로 지켜볼 수 있다.

### "정면에서" 대신에 "측면에서" 과제를 시작하라

때때로 정면에서 과제를 시작하는 것이 힘들게 느껴질 수 있다. 그렇다면 대신에 "측면에서" 과제를 시작하는 것을 시도하라. 과제의 작은 부분부터 시작하거나 자신에게 "일 전체를 안 해도 돼. 그냥 살짝 보는 거야."라고 말하면서 시도해보면 좋을 것이다. 가끔씩은 과제를 "살짝 보는 것"이 일을 시작하는 불안을 감소시킨다. 일단 일을 시작하면 그것이 그다지 어렵지 않다는 것을 알 수 있고, 당신의 과잉 집중은 일을 계속할 수 있게 한다. "측면에서" 대신에 "정면에서" 과제를 시작하는 것을 생각할 때 당신 몸에 차이가 있는지 살펴보라.

## 과제 진행하기

일단 한 과제를 시작했을 때, 그것을 계속하는 몇몇 방법들이 여기에 있다.

- 목록을 만들고, 우선순위를 정하고 그리고 과제를 나누라.
- 한 번에 한 가지 일에 집중하고 산만해진 후에라도 계속 돌아가라.
- 동시에 여러 가지 일을 한다면 마음챙김으로 그 일을 하라.
- 계속해서 자신에게 용기를 북돋아주라.
- 관찰하고 속도를 조정하라.
- 휴식을 취하되, 휴식을 연장하는 경향에 주의하라.
- "외부 엔진"과 구조 또는 사람들로부터의 도움을 찾아보라

**목록을 만들고, 우선순위를 정하고 그리고 과제를 나누라**

조직화의 기본 전략들, 즉 목록 만들기, 순서 정하기, 과제 나누기를 적는 것은 ADHD인 사람들에게 꼭 필요한 일이다. 이런 전략들은 우리가 알다시피 ADHD인 사람에게 취약한 집행 기능 기술들을 보완해준다. 또한 그것들은 언제라도 당신이 압도되거나 뇌가 얼어붙은 것 같거나 과제 안에서 길을 잃은 것처럼 느낄 때 특별히 도움이 된다. 만약 그러한 상황이 되면, 해야 할 일 목록을 작성하고, 할 일의 중요도에 따라 순서를 정하고, 큰일을 더 작은 덩어리들로 나누라. 이렇게 함으로써 당신은 뇌를 '한숨 쉬어가게' 할 수 있다. 결국, 당신의 뇌가 과제의 모든 것을 기억해야 하는 것으로부터 당신은 자유롭게 된다.

또한 정보를 차트나 표로 만들거나, 플래시 카드를 단계로 만들어 펼치거나, 또는 큰 소리로 설명하는 방법도 있다. 어떤 조직화 전략이 당신에게 가장 도움이 되는지 마음챙김으로 알아차리라. 과제를 수행하는 데 걸리는 시

간을 줄이는 경향에도 주의하라. 조직화하는 것이 너무 어렵다면, 이런 필수 기술들을 개발하도록 도울 수 있는 ADHD 코치나 CBT 치료사와 함께 해볼 수도 있을 것이다.

### 한 번에 한 가지 일에 집중하고 산만해진 후에라도 계속 돌아가라

아마도 당신은 동시에 여러 가지 일을 하는 것이 한 번에 한 가지 일에 집중하는 것보다 덜 효과적이고 더 힘들다는 것을 알 것이다. 마음챙김 훈련은 이탈하려는 충동을 알아차려서 시간이 많이 흐르기 전에 자기 교정을 하도록 도와준다. 다음 이야기는 좋은 예다.

커크는 다중 작업을 하는 습관을 억제하고 싶다. 그는 창고 문 고치는 것을 과제로 정했다. 하루 종일 그는 "내가 지금 무엇을 하고 있지? 그것이 창고 프로젝트와 관계가 있나?"라고 자신에게 물으며 현재 순간을 점검한다. 그는 이 실천을 위한 신호로 작업장에 "창고 문"이라는 표지판을 붙였다. 어느 시점에 그는 마당에 있는 연못 옆에 서서 분수를 만드는 생각에 잡혔다. 그는 호흡을 하고 새 프로젝트와 관련된 즐거운 기분을 알아차림으로써 그 순간에 대한 그의 자각을 더 깊어지게 했다. 그는 또한 창고 문에 관한 생각들과 다시 그것에 돌아가야 한다는 짜증 나는 느낌을 알아차렸다. 그러나 그 깊은 자각의 순간이 그에게 자기의 다중 작업 습관을 변화시키고 싶은 욕구를 기억하는 기회를 주었다. "나는 창고 문을 계속해볼 거야."라고 그는 자신에게 말했다.

### 동시에 여러 가지 일을 한다면 마음챙김으로 그 일을 하라

때때로 의도적으로 동시에 여러 가지 일을 하는 것이 좋을 때가 있다. 가족 치료사인 맨디는 한동안 마음챙김 훈련을 해왔다. 어느 오후, 그녀는 하루를 끝내고 임상 기록을 하는 중간에 이메일을 확인하는 자신을 알아차렸다. 그러나 그녀는 이를 알고 어떤 일이 일어나는지에 초점을 맞추는 알아차림을 계발해왔었다. 그녀는 기록하는 중간에 종종 지루함을 느끼는 것을 알아차렸다. 그 느낌이 그녀로 하여금 쓰는 것을 중단하고 이메일로 방향을 바꾸도록 했었다. 그녀는 증가된 자각으로 이 동작에 주목했고, 때때로 작업을 멈추고 이메일 확인하는 것을 허용했다. 그녀는 짧게 이메일 정리 후에 자신을 쓰는 작업으로 돌려보냈다. 자각으로 이 동작을 허용한 것이 실제로 그녀가 자기 일을 끝까지 하도록 도와주었다.

### 계속해서 자신에게 용기를 북돋아주라

과제가 특별히 길다면 과제 중에 당신의 에너지와 동기가 약해질 가능성이 있다. 자신이 계속 동기를 가질 수 있는 방법을 찾으라. 만약 당신이 가치 워크시트나 동기 리마인더를 만들었다면 그것을 검토해보라. 또한 당신이 어려움에도 불구하고 견뎌냈던 때를 기억할 수도 있다. 여기에 내가 사용하는 방법을 소개하겠다.

나와 내 친구는 주말 휴가 동안에 요세미티 국립공원의 하프돔 정상에 오를 생각이었다. 우리는 아침 일찍 출발해서 하루 만에 등산과 하산하는 도전적인 코스를 완주할 계획이었다. 나는 건강한 편이고 그런 등산을 할 수 있다고 생각했다. 그래서 우리는 공원까지 몇 시간을 운전해 갔고, 거기서 밤을 보내고 다음 날 5시에 출발했다. 10분 후에 나는 '우리가 어리석어. 난 이미 지쳤어. 해내지 못할 거야. 돌아가고 싶어.'라고 생각했다. 이런 생각에 잠겨 있을 때, 나는 한 노인이 지팡이를 짚으며 코스를 따라 올라가고 있는 것을 보았다. 그는 우리보다 훨씬 천천히 가고 있었고 한 걸음 한 걸음 조심스럽고 규칙적으로 자기 속도를 지키며 걷고 있었다. 그 순간 나는 '나도 할 수 있어. 내가 해야 할 일은 한 번에 한 걸음씩 집중해서 계속 천천히 가는 거야. 지치면 멈추고 쉬는 거야. 그리고 다시 준비되면 계속 가는 거지. 내가 얼마나 멀리 왔는지 누가 알겠어?'라고 생각했다. 이런 관점이 나를 계속하게 하고, 길 따라 아름다운 풍경을 즐기고 그리고 비로소 산 정상에 오를 수 있도록 도와주었다. 나는 내 자신이 멈추는 것을 허락했지만 또한 계속해서 더 걷도록 용기를 북돋아주었다. 이런 사고방식이 나를 목표에 도달하도록 도와주었다.

### 관찰하고 속도를 조정하라

만약 당신이 과제에 막혀 있다면 일을 완성할 수 있도록 빠르게 일하는 연습을 하라. 일단 완성하면, 당신은 언제라도 정확성을 확인하기 위해 다시 그 과제를 검토할 수 있다. "더 빨리 해."나 "막히지 마."와 같은 당신을 도울 수 있는 마음챙김 자기 코칭 목소리를 사용해보라. 당신이 강박적이거나 완벽주의자라면 때때로 이것이 도움이 된다.

그러나 당신이 세세하게 집중해야 할 때 대충 하고 있는 자신을 발견하면, 의도적으로 천천히 하는 연습을 하고, 당신의 몸과 속도를 늦추기 위해 깊은 호흡을 몇 번 하라. 자신이 천천히 하는 것을 상기시키는 자기 코칭을 사용하라.

### 휴식을 취하되, 휴식을 연장하는 경향에 주의하라

일정 시간 쉬고 나서 다시 시작할 시간이 되었을 때, 당신이 일로 돌아가는 것을 주저하는지 살피라. 이 순간이 전환과 일에 관련된 생각과 느낌을 알아차릴 수 있는 좋은 기회다. 이때가 '싫지만 해야 하는 센터'를 작동시켜야 할 시간이다.

### "외부 엔진"과 구조 또는 사람들로부터의 도움을 찾아보라

스스로 마감 기한을 정하거나, 다른 사람의 도움을 받거나 또는 과제에 전념할 시간을 보고 들을 수 있게 만드는 달력과 타이머 그리고 다른 조직화를 위한 도구를 사용하여 외적 구조를 만들라. 과제를 하는 동안 때때로 다른 사람과 한 방에 같이 있는 것만으로도 큰 변화를 만들 수 있다(이때 그들은 다른 일을 하고 있다). 당신에게도 이것이 맞는지 마음챙김으로 알아차리라.

## 과제 완료하기

과제를 마칠 때 당신이 성공하도록 도움을 주는 다음 전략들을 시도하라.

- 마감하기(closing)에 주의를 기울이라.
- 과제로부터 전환해서 나오라.
- 실수로 망쳤다면 자신을 용서하고 재빠르게 다시 하라.
- 완료(finishing)한 것에 대해 자신에게 상을 주라.

### 마감하기에 주의를 기울이라

과제를 완료 또는 "마감하기"는 일반적으로 성인 ADHD에게는 도전적인 일이다. 당신이 일의 끝에 다다를 때는 당신이 어떻게 하고 있는지를 스스로 자주 점검하라. 당신은 일을 더 미루거나 더 산만해지는가? 당신이 일을 끝낸다고 생각할 때 몸의 어떤 감각과 느낌, 생각 들이 나타나는가? 에너지가 줄어드는 감각이나 지루하다는 생각, 짜증, 불안을 알아차리는가? 실제로 당신이 아직 끝마치지 않았는데도 끝마친 느낌이 생기는가? 예를 들면, 택배를 부쳐야 할 물건이 있을 때 물건을 포장하여 택배비까지 물건 위에 함께 챙겨둔 것만으로 '다 했다'는 들뜬 생각을 할 수도 있다. 그러나 이런 생각과 느낌이 나중에 택배를 부쳐야 하는 일을 잊어버리게 만들 수 있다. 호기심을 가지고 이 모든 관찰들에 주목하라.

### 과제로부터 전환해서 나오라

과집중하는 경향과 하나의 과제에서 다른 것으로 전환할 때 어려움이 있는지 관찰하라. 당신의 주의를 관찰하는 한 방법으로 "내가 과집중하는가?"

라고 가끔 자신에게 물어보라. 물론 자발적으로 하기가 어려울 수 있다. 그래서 스스로 체크하는 습관을 갖도록 훈련하기 전에, 당신이 일하는 공간 옆에 그 질문을 적은 포스트잇을 붙이라. 포스트잇의 질문을, 과집중하는 당신을 붙잡고 그 순간에 있는 몸의 자각에 빠지게 하여 그 상태가 어떤지를 자각하게 하는 "큐(cue)" 사인으로 이용하라.

과잉 집중을 막기 위해, 유연한 집중을 하도록 도와주는 이미지나 명상을 이용할 수 있다. 예를 들면, 이 수련 잎에서 저 수련 잎으로 쉽게 뛰는 개구리를 상상하라. 그 개구리처럼 당신도 이 과제에서 저 과제로 쉽게 전환할 수 있음을 상상하라. 당신이 민첩함을 느낄 수 있는지, 꼼짝 못하는 것에 대한 저항감을 느낄 수 있는지 살펴보라. 다른 방법으로는, 당신을 위한 움직임과 유연성을 표현하는 손동작을 사용해보라. 그 움직임을 사용해서 쉽게 전환하기 위한 의도를 강화하라.

### 실수로 망쳤다면 자신을 용서하고 재빠르게 다시 하라

미루는 것 때문에 지금 일이 더욱 복잡해졌더라도, 단순히 당신의 의도를 새롭게 하고 일로 돌아가는 연습을 하라.

### 완료한 것에 대해 자신에게 상을 주라

끝마친 기분이 어떠한지 완전한 자각으로 알아차리라. 당신 몸으로 그것을 느낄 수 있게 멈추고, 생각과 느낌 들을 알아차리라. 스스로에게 상을 주고 그 상을 음미하라. 숙달이나 즐거움, 안도의 이 경험을 완전한 자각으로 받아들인다면, 그것은 당신에게 좋은 자원이 될 수 있다. 이 느낌의 짙은 기억이 나중에 당신이 새 일을 시작할 때 좋은 동기부여제가 될 것이다.

## 좋은 습관 만들기(마음챙김과 자동 조종의 결합)

반복적인 일을 할 때는 자동 조종을 이용하라. 우선 당신의 감각들을 마음챙김으로 사용하고 같은 행동을 반복함으로써 하나의 규칙적인 순서 (routine)를 만들라. 그다음 당신이 계획한 규칙적인 순서로부터 벗어나는 그 순간들을 알아차리고, 당신이 알아차린 바로 그 순간 자기 교정을 하라. 여기에 흔히 있는 문제에 대한 예시가 있다.

제리는 열쇠들을 아무 데나 둔다. 일주일에 최소 한 번은 출근하기 전에 미친 듯이 열쇠를 찾는다. 그는 열쇠들을 같은 장소에 두는 것이 그 문제 해결을 도울 수 있다는 말을 들었다. 그래서 열쇠를 놓을 장식용 접시를 구해서 부엌 선반에 두었다. 그러나 그는 여전히 열쇠를 거기에 잘 두지 않아서 결국 찾지 못한다. 우리 모임에서 한 번은 그가 바라는 습관을 가지도록 돕기 위해 마음챙김 훈련을 했다.

나는 제리에게 열쇠를 꺼내어 호기심을 가지고 열쇠를 살펴보라고 했다. 훈련은 그가 열쇠들의 모양과 색 그리고 그 재료가 된 여러 금속들을 관찰하는 것으로 시작했다. 그다음 그는 열쇠들을 손으로 만지면서 울퉁불퉁함과 차가움과 다른 감각들을 느꼈다. 그는 잠시 열쇠 꾸러미를 손에 들고 그 무게에 주목했다. 나는 그에게 그의 의도와 팔 움직임과 그리고 놓아버리는 바로 그 행위를 알아차리면서 열쇠들을 접시에 둘 수 있는지 물었다. 우리는 여러 번 그것을 연습했다.

제리는 집에서 연습할 때마다 이런 자각으로 열쇠들에 주목했다. 또한 그는 집에 돌아오면 언제나 그 습관을 강화하기 위해 마음속으로(또는 크게 밖으로) '나는 열쇠를 접시에 넣고 있다.'라고 말했다. 그는 열쇠들을 탁자 위에 둔 것을 알아차리면 즉시 주워서 접시에 두었다. 머잖아 제리는 생각할 필요 없이 자동적으로 그 열쇠들을 접시에 둘 것이다.

## 좋은 습관 훈련하기

- 당신이 어떤 습관을 강화하고 싶은지 생각한다. 아마 제리처럼, 마음 챙김으로 열쇠를 관리하는 연습이 필요할 수 있다. 아니면 아침에 비타민을 먹거나 밤에 치실질을 하는 것과 같은 다른 습관이 필요할 수도 있다.
- 당신의 감각들에 주목하고 당신의 생각과 느낌 들에 주목하면서, 천천히 그리고 마음챙김으로 반드시 그 행동을 하도록 한다.
- 당신이 행동할 때, 각 단계에서 당신의 완전한 인지를 강화하기 위해 순간순간 당신이 무엇을 하고 있는지 주목한다. ("나는 치실을 잡으려고 손을 뻗고 있다.")
- 만약 당신이 할 수 있다면, 행동을 시작하기로 결정한 바로 그 순간과 행동을 마치는 바로 그 순간을 관찰한다.
- 만약 당신이 산만해지고 어쩐지 의도한 습관대로 행동하지 않는 자신을 관찰하면, 무엇이 당신을 멈추게 하는지 호기심을 가지고, 당신의 의도를 새롭게 할 수 있는지 알아본다.
- 일주일 동안(필요하다면 더) 이렇게 하고, 습관을 만드는 욕구가 더욱 자동적으로 일어나는지 알아본다. 필요하면 시각적인 리마인더를 사용한다.

## 시간 관리

마지막이지만 중요한 것으로, 우리는 시간 관리라는 주제와 씨름한다. 아마 "시간 관리"라는 단어를 읽는 것만으로도 당신은 가라앉는 느낌을 받을 것이다. 만약 그렇다면, 많은 ADHD 성인에게 있어 시간 관리 기술이 어렵다는 것을 기억하라. 계획하기와 산만함, 건망증, 충동적인 결정들 모두가 이 어려움에 기여한다. 우리는 또한 연구들로부터 ADHD 소아와 ADHD 성인들에서 시간을 정확하게 추산하는 능력이 떨어진다는 것을 알고 있다.[3]

전형적으로 ADHD 성인들은 과제를 마치는 데 필요한 시간의 양을 과소평가한다(또는 자기들이 가진 시간의 양을 과대평가한다). 나는 종종 마감 시간이 다가올 때 지나치게 낙천적으로 시간을 짠다. 예를 들면, ADHD인 사람은 가게에 가는 데 30분이 걸릴 거라고 생각하지만 실제로는 한 시간 또는 그 이상이 걸린다.

이행 시간(transition time), 예를 들면, 어디를 갈 때 집을 떠나는 데 걸리는 시간을 ADHD 성인은 잘 고려하지 않는다. 나는 종종 내 환자들과 함께 그들이 아침에 준비하는 데 시간이 얼마나 걸리는지 회상해보고, 그들에게 며칠 동안 그 과정이 실제로 얼마나 걸리는지 재보라고 요구한다. 공통적으로 그들은 결과를 보고 놀란다. 예를 들면, 아침 식사를 하고 차를 타는 데까지 10분이 추가로 걸린다는 것을 알게 된다. 이것은 그들이 예상한 것보다 훨씬 더 긴 시간이다. 게다가, 많은 ADHD 성인들이 출발하기 전에 지각하게 만드는 "딱 한 가지만 더 하자."는 충동을 보고한다.

적절한 시간 관리에 있어 또 다른 공통의 장벽은 "나중에 시간이 있을 때 이것을 하겠다."는 식의 미룸이다. 그러나 많은 시간은 결코 오지 않기 때문에 미룬 과제들을 절대 완료할 수 없을 것이다. 만약 당신이 이런 식으로 미루는 경향이 있다면 "지금보다 더 나은 시간은 없다."라는 말을 기억하면 좋다.

마음챙김은 당신이 활동하는 데 시간이 얼마나 걸리는지와 이동 시간들을 어떻게 다루어야 하는지("이것은 5분 걸릴 것이다." 또는 "학교로 아이를 데리러 가기 전 뜨는 시간에 이 일을 할 수 있겠다.")에 관한 당신의 생각과 느낌 들에 당신이 주목하도록 도울 수 있다. 마음챙김으로 추정한 시간을 알고 나중에 실제 결과와 비교해보라. 당신이 시간을 인식하는 방법은 쉽게 변할 수 없지만 마음챙김 자기 코칭이 도와줄 수 있다. 만약 당신이 시간을 과소 추정하는 경향이 있다면 "이것이 현실적인 추정인가?" 또는 "거기에 주차하는 데도 시간이 필요하다."라고 자신에게 묻는 습관을 개발하라. 또한 당신이 현실적으로 느끼는 시간보다 10분이나 15분을 추가하는 것이 도움이 된다.

시간에 대한 당신의 본능적인 예상에 한 수 앞서도록 달력과 시청각적 시간 리마인더와 같은 도구들을 함께 이용하라.

## 훈련을 위해 제안하는 리마인더

이 단계를 위해 다음의 리마인더들이 도움이 된다.

- 멈추기
- 고요한 집중
- 마음챙김 자기 코칭

- 나누기
- 우선순위를 정하기
- 측면에서 시작하기

## 제8단계 요약

### 공식 훈련

매일 15분 동안 마음챙김 현존 명상을 하라.

### 일상생활에서의 마음챙김 자각

- 이미지를 사용하여 명상을 하라.
  - 고요함을 느끼기 위해(산 명상 또는 자신만의 이미지)

- ◦ 행동을 준비하기 위해(호랑이 이미지 또는 자신만의 이미지)
- ◦ 유연한 집중을 하기 위해(개구리 이미지 또는 자신만의 이미지)

- 과제 **선택하기**―**시작하기**―**진행하기**―**완료하기** 순서를 마음챙김으로 주목하라. 과제 중간에 자각을 점검하고, 심화시키기 위해 STOP을 하라.

# 총괄하기

ADHD 증상을 가진 당신의 일상생활에 마음챙김 활용하기

스티븐은 고급 치즈 가게를 시작한 지 얼마 안 되었다. 그는 새 사업을 시작하면서 많은 일을 해야 하는 까닭에, 하루에 10시간을 일해왔다. 그전에는 마음챙김 걷기와 조용한 정좌 명상 훈련을 하기 위해 시간을 내곤 했고, 그것을 통해 "매우 든든함"을 발견했다고 그는 말한다. 그러나 지금은 깨는 순간부터 잠자기 직전까지 분주함을 느낀다. "정말 피곤해지기 직전, 겨우 간신히 저녁을 먹고 여자 친구와 이야기하는 시간만 제게 있어요."라고 하며 그는 말을 잇는다. "나의 명상 훈련은 완전히 사라졌어요."

스티븐처럼, 우리 모두는 먹고 일하는 것 이외에 어떤 일을 할 여가 시간이 없는 것처럼 느껴질 때가 있다. 그러나 우리 모두는 가장 바쁠 때라도 균형을 잡기 위해 약간의 휴식 시간이 필요하고, ADHD인 사람들은 훨씬 더 필요하다. 또한 우리 중 일부는 맥이 빠지거나 지루해지지 않도록 연습하는 새로운 방법들이 필요할 수 있다. 그래서 여기에 당신의 삶에서 지속적인 마음챙김을 하기 위한 리마인더를 두었다.

1. 만약 당신이 한동안 마음챙김 훈련을 못 했다면, 의도를 새롭게 하고

다시 시작하라. 단지 한두 번일지라도 언제 어디서나 더 깊은 자각에 빠질 수 있음을 알아차리라. 마음챙김을 생각하는 바로 그 순간에 당신의 호흡을 관찰함으로써 현재와 연결하라.

2. 현재 순간을 알아차리는 훈련을 위해 시각적 리마인더나 전자 리마인더를 사용하라. 만약 그 리마인더가 너무 익숙해져서 그것을 무시하는 경향이 생겼다면, 새로운 것을 찾아내라.

3. 달력에, 고요한 정좌나 마음챙김 움직임, 마음챙김 날을 위한 스케줄을 짜라. 지역 명상센터에서 하루 종일 하는 피정에 등록하거나 자기에게 맞게 스케줄을 고안해도 좋다.

4. 스케줄을 만들어 단순한 마음챙김 훈련으로 자연 속에서 시간을 보내라. 호기심을 가지고 식물들을 관찰하고 주위의 소리를 들으라. 예를 들어, 걷기나 하이킹, 자전거 타기 또는 단순히 공원에 앉아 있을 때 당신 몸을 관찰하고 당신이 어떻게 느끼는지 체크하라.

5. 마음챙김에 대한 당신의 흥미와 이해를 새롭게 하기 위해, 마음챙김 명상 수업에 등록하라. 수업 구성과, 선생님과 동료 참가자들의 지지는 당신이 변함없이 머물도록 도울 수 있다. 다른 방법으로, 온라인 명상 모임에 가입하고 훈련을 위한 리마인더와 인용문, 제안들을 이메일로 받는 것도 좋다. www.eMindful.com에 접속하는 것도 좋은 방법이 된다.

6. 마음챙김을 탐구하는 마음챙김 동료를 찾으라. 마음챙김 훈련을 계속하도록 서로 도울 수 있다.

7. 마음챙김에 대한 강연에 가거나, 책을 읽거나, 주제에 대한 CD를 들으라. 훈련하는 속도가 늦더라도, 독서는 당신이 일상에서 더욱 현재로 전환하는 것을 도울 수 있다.

8. 마음챙김 일기를 쓰거나 스크랩북을 만들어, 삶에서 현재 순간과 자각을 돌이켜보는 데 이용하라.

9. 의도적으로 즉흥 수업에 등록하거나, 요가나 태극권, 무용, 암벽 타기, 다른 운동들을 하여, 당신의 몸과 생각, 느낌 들이 더 현재에 머물도록 하라.
10. 쇼핑이나 운전을 하거나 TV를 볼 때와 같이, 일상적인 장소에서 마음챙김을 하도록 스스로를 상기시키라. 매 순간이 당신 자신과 당신 삶을 더 깊이 연결하기 위한 기회가 되도록 하라.

## 일상을 마음챙김 자각으로 보내기

당신의 일과 중에 마음챙김을 넣어보라. 아침에 침대에서 벌떡 일어나는 대신에, 일어나거나 스트레칭을 할 때 몸의 감각들을 관찰해보라. 그런 다음, 하루 종일 좀 더 자각할 수 있도록 의도를 가지고, 언제나 멈추어서 당신의 주의와 현재 순간을 확인할 수 있음을 알라.

당신의 아침 일정을 주의와 자각을 훈련하는 기회로 이용하라. 예를 들면, 샤워할 때 자동적으로 빨리하고 생각에 잠기는 경향이 있음을 알아차리라. 감각들에 주의를 가져가는 연습의 기회로 샤워를 이용할 수 있는지 알아보라. 예를 들어, 비누 냄새를 맡거나, 몸에 닿는 물의 감각을 느끼거나, 현재에 있는 소리를 들어보라. 또한 아침식사를 할 때는 커피나 음식 냄새, 따뜻함, 맛을 알아차리며 주의를 당신의 감각들에 가져갈 수 있다. 만약 당신이 운동 중에 있다면 호기심을 가지고 운동할 때의 움직임과 호흡, 몸의 감각들에 주목하라.

집을 나설 준비를 하고 있을 때는 시간을 지키려는 당신의 의도가 당신의 준비들에 시시각각 잘 맞는지 알아차리라. 곁길로 새려 한다거나 출발하기 전 마지막 순간까지 많은 일을 하려고 하는가? 이런 ADHD 패턴들에 비판단적인 자각을 가져서 주의의 분산과 전환을 지켜보는 것이 어떻게 느껴지는지 알아차리라. 당신은 증가된 자각으로 도움이 안 되는 패턴에서 자신을 구해내는 더 큰 능력을 가질 것이다.

집에서 출발할 때는 서두르고 당신 몸을 긴장시키는 경향을 알아차린다. 그때는 깊은 호흡을 하고 몸을 부드럽게 하라. 주의를 열쇠로 가져가서, 증가된 자각으로 열쇠를 쥐고 가방이나 주머니에 넣으라. 그런 다음 차를 향하여 조금 천천히 걸어가고, 운전할 때는 이완된 상태를 유지하라. 만약 늦어서 뛴다면, 어떤 일이 일어나고 있는지 주목하고 명칭을 붙일 수 있는지 알아보라. '지각', '기진맥진한 느낌', '속도를 내고 싶은 충동' 같은 명칭을 붙일 수 있다. 그리고 과하게 반응하거나 급하지 않게 그것을 받아들이는 연습을 하라. 운전할 때, 빨간 불을 당신의 호흡을 알아차리라는 리마인더로 생각하라.

대화 중에는 주의를 당신의 말하는 방식으로 가져가라. 중간에 끼어들거나, 너무 많은 정보를 담거나, 주제에서 벗어나려는 충동이 있는지 확인하라. 다른 사람에게 자동적으로 동의하려 하거나 동의하지 않으려는 반사적인 반응처럼, 자동적인 패턴들에 호기심을 가지라. 당신의 대화 방식에 증가된 자각을 가지면, 당신이 메시지를 전달할 때 더 많은 선택을 할 수 있을 것이다. 사랑하는 사람들과 마음챙김 듣기와 말하기를 연습하라.

직장에서 일을 할 때는 일을 시작하고 끝내는 과정에 호기심을 가지라. 당신이 어떻게 일하는지 알아차리고, 일에 열중하거나 일을 완성하는 것을 꺼리는 느낌을 확인하라. 마지막에 일을 끝맺는 데 필요한 노력을 알아차리라. 이 과정 내내 어떤 생각과 느낌 들이 존재하는지 호기심을 가지라.

하루 동안, 당신이 압도당한 느낌이 드는지, 아니면 일을 잘 처리하고 있다고 느끼는지 주기적으로 확인하라. 무력한 느낌인가, 아니면 의욕 있고 충전된 느낌이 드는가? 아마도 당신은 중요하거나 복잡한 일을 미루는 경향을 알아차릴지도 모른다. 일어나고 있는 일에 비판단적인 자각을 가져가보라. STOP 또는 RAIN 리마인더를 사용하여 당신의 몸, 생각, 느낌, 행동 들을 좀 더 깊이 확인하라. 만약 당신이 압도당한 느낌이 든다면, 호흡으로 연결해서 당신의 몸을 이완하는 시간을 가지라. 그 후에는 그 느낌이 다르게 보일 것이다. 아니면 일어나고 있는 상황에 "미룸"이나 "두려움", "의심" 같은 명칭을 붙이면 당신은 그 경험에서 물러날 수 있고, 더 이상 그것과 동일시하지 않을 것이다. 또한 당신은 의도를 새롭게 하는 기회를 가져, 한 번에 한 단계씩 일을 다루려는 노력을 할 수 있다.

당신이 동료 및 다른 사람들과 소통할 때는 더 많은 주의와 현존, 비판단적인 태도를 가지려고 노력하라. 당신 자신과 다른 사람의 고유성과 공통성 모두에 호기심이 있는지 알아보라.

업무나 하루 일과 중 휴식을 취할 때, 사물에 시각적으로 주의를 기울이는 다른 방법들을 탐구하라. 예를 들면, 사진을 볼 때 사진의 가장 선명한 요소에 집중하라. 그다음에 배경에 집중하라. 동시에 두 가지 모두에 당신의 자각을 여는 것을 시도해보라.

일을 마칠 때 당신의 몸을 점검하고, 집으로 돌아갈 때 몸을 이완하라. 집에 들어갈 때는 자각을 그 순간으로 가져가라. 예를 들어, 열쇠를 내려놓는 행위와 열쇠를 두는 장소가 자각의 그 순간이 될 수 있다. 마음속으로 한 장소를 정하고, 완전한 자각을 가지고 열쇠를 그곳에 두거나 되찾는 훈련을 하라.

일단 집에 들어가면, 당신의 사랑하는 사람들을 위해 완전한 주의와 현존으로 그들과 인사하라. 상호 작용 속에서 사랑과 관심과 연민을 표현하고, 그들의 존재와 그들이 한 일에 감사를 느끼고 표현하라. 당신 자신과 다른 사람들을 위해 마음챙김 현존을 하라.

## 어린 자녀를 위한 마음챙김(그리고 당신 안의 아이)

캐시의 8살 난 아들 워런은 ADHD다. 캐시는 마음챙김을 배우고 있고, 그 접근이 그녀가 스트레스를 덜 받고 더 집중하도록 돕고, 새로운 방법으로 그녀를 삶에 연결시켜준다고 생각한다. 그녀는 워런과의 상호 작용에서 더 많이 존재하고 더 완전한 방법으로 함께 시간을 즐긴다. 그녀는 ADHD와 함께 마음챙김을 배움으로써 더 많은 연민과 증가된 회복탄력성을 가지고 아들의 어려움을 이해할 수 있게 되었다. 나와 이야기할 때, 그녀는 "저는 워런이 마음챙김을 배우기를 바랍니다. 워런은 잘 흥분하고 쉽게 화를 내요. 아이들에게 마음챙김을 가르칠 어떤 방법이 없을까요?"라고 물었다.

다섯 살 내지 여섯 살 난 어린이 그룹이 교실 가운데 원을 그리고 누워 있는 것을 상상해보자. 마음챙김 선생님이 부드럽게 아이들을 지도한다. "배 위에 곰인형을 두고 그것이 오르락내리락 하는 것을 지켜보세요." 이제 모든 아이들은 자신의 호흡 리듬에 따라 올라갔다 내려갔다 하는 작은 곰을 지켜볼 것이다. 아이들이 자신의 호흡을 지켜봄에 따라 전형적인 꼼지락거림은 천천히 잦아들 것이다. 아이들에게 마음챙김 자각을 가르치는 단체인 이너키즈(Innerkids) 재단의 설립자 수잔 카이저 그린랜드가 이 마음챙김을 사용하고 있다. 이와 비슷한 놀이 같은 연습들을 통해 아이들은 자신의 마음을 지켜보고, 정서들의 균형을 잡을 수 있다. 또한 아이들은 더 연민의 마음을 가지며 서로를 더 연결시키는 방법을 배운다.

아주 많은 아이들이 스트레스를 받고 고립되어 있는 오늘날, 이런 교육 방식은 매우 필요하다. 이너키즈와 다른 단체들이 어린아이들에게 마음챙김을 소개하고 있는데, 오늘날의 학교 교육 과정에서 흔히 간과되는 그런 기본적인 기술을 아이들에게 가르치는 것에 대하여 기대가 점점 커지고 있다.[1]

시각적이고 운동감각적인 방법으로 배우는 것을 좋아하는 ADHD 성인들에게 아이를 위한 마음챙김 훈련들은 유익하고 이해하기 쉬울 수 있다. 거기다 그들이 부모라면, 그 연습은 부모와 자녀가 함께할 수 있는 재미있고 유용한 것이다. 나중에는 아이들이 부모를 가르치는 것을 볼 수도 있다. 아이들을 위한 마음챙김에 대하여 더 알고 싶으면, 수잔 카이저 그린랜드가 쓴

《마음챙김 하는 자녀(*The Mindful Child*)》와, 다른 유사한 책들을 참고하라.

## 심리학, 마음챙김 그리고 영성에 대한 정보

이 책에서 나는 주로 심리학적 접근으로 마음챙김을 소개하고, ADHD에 잘 대처하도록 자각과 자기 조절을 개발하는 데 도움이 될 수 있는 하나의 마음 상태로서 마음챙김에 초점을 맞추었다. 그러나 마음챙김 전통이 심리학적 기법을 넘어서며, 윤리적이고 영적인 길임을 깨닫는 것이 중요하다. 자신과 현실의 무상, 자아 중심적 욕망 극복하기 그리고 모든 생명체의 상호 의존성의 개념들이 마음챙김의 중요한 가르침이다. 마음챙김의 방향은 도덕성을 가르치고, 자신과 타인, 심지어 적을 향한 연민을 계발하는 것이다.

비종교적인 마음챙김 프로그램을 통하거나 혹은 불교나 다른 영적 전통들을 통하여 이런 개념들을 공부하고 실행하는 것이 심리적 치유와 전체성(wholeness)을 깊어지게 하는 방법이라고 믿는다. 정리하면, 심리적 접근은 자기(self)를 통합시키는 것에 집중한다고 말한다면, 마음챙김과 영적인 길은 자기를 초월하는 것에 집중하는 것이라 할 수 있다. 심리학, 마음챙김 그리고 영성 모두 서로를 보완하고 개인의 성장과 회복탄력성을 촉진할 수 있다.

## 마치면서: ADHD 삶을 사는 것과 그 삶을 사랑하기

우리 삶은, 끊임없이 일어나고 지나가는 현재 순간들의 연속이다. 우리가 그런 순간들을 만나는 방법이 우리 삶을 전개하는 데 엄청난 변화를 만든다. 마음챙김, 즉 호기심과 친절함을 가지고 현재 순간을 자각하는 것은 우리가 우리 인생에 "나타나도록(show up)" 돕는다. 그런 자각이 없다면 우리 삶은 우리 자신과 다른 사람들에 있어서 단지 움직이고, 스트레스와 불행을 느끼고, 완전한 잠재력을 잃어버리고 사는 것으로 끝날 수 있다.

그리고 만약 ADHD를 가지고 있다면 그 삶은 어떨까? 보통 ADHD를 가진 삶은 실망과 희망의 춤으로 볼 수 있다. 거기서는 놀이나 기쁨, 성취의 순간들이 지나면 의심, 두려움, 절망의 순간들이 따라온다. 우리가 마음챙김 자각의 공간에 언제나 접근할 수 있음을 아는 것, 즉 열린 마음과 연민으로 어떤 경험이든 받아들일 수 있는 자각을 가지는 것은 하나의 생명줄이 될 수 있다. 왜냐하면 이것을 안다는 것이 자유와 치유가 가능하다는 것을 깨닫는 것이기 때문이다. 비록 완치는 아니더라도 말이다. 마음챙김은 회복탄력성과 희망을 가져오는 자원이다. 그것은 우리를 살아가게 하고 순간순간 끝없는 방법으로 우리를 놀라게 한다.

마음챙김 훈련은 사랑과 신뢰, 용기를 포함한다. 마음챙김 훈련은 당신의 내적 경험이 중요하고, 완전한 주의를 기울일 가치가 있음을 결정하는 사랑의 행위다. 그것은 실패나 투쟁하는 가운데 있더라도 당신이 ADHD든 아니든 언제나, 틀렸다기보다는 더 옳다는 믿음의 행위다. 그것은 비록 당신이 수용할 수 없다고 생각할지라도, 모든 것을, 가장 큰 고통까지도 수용하도록 하는 용기 있는 행위다. 당신 곁에 마음챙김을 둔다면, 당신은 ADHD 순간들뿐만 아니라 모든 순간에 대한 수용과 깊은 감사로 당신의 ADHD 삶과 그것이 가져오는 모든 것을 환영할 수 있을 것이다.

궁극적으로, 마음챙김은 우리 자신과 다른 사람들에 대하여 가지고 있는 모든 명칭이나 사례 들을 초월한 아름다움과 신비가 우리들 속에 있다는 심오한 자각을 준다. 또한 그 순간에 우리의 생각과 느낌 들이 어떠할지라도 통찰과 친절을 가지고 대답할 수 있는 내적 자원이 있음을 깊이 알게 된다. 우리는 지혜를 가지고 관찰하고 분별하는 것을 배운다. 또한 우리는 우리의 결함과 싸우고는 있지만 그럼에도 불구하고 우리가 온전하다는 것을 알게 된다. ADHD의 순간에도, 그리고 지금 이 순간에도.

시간을 내어 이 책을 읽어 준 것과, 당신 자신과 당신의 ADHD 그리고 당신의 나머지 인생과 함께 현재에 머무는 새로운 방법을 받아들이고 탐구한 것에 대하여 감사한다. 이러한 접근이 내게 도움이 되었던 만큼 힘이 되고 치유가 됨을 당신 역시 발견하기를 바란다. 그리고 무엇보다도 당신이 마음 챙김을 자신의 것으로 만들기를 희망한다.

# 자주 하는 질문(FAQ)

질문: 나는 약을 복용해야 할까 아니면 명상을 해야 할까?

그 대답은 몇 가지 상황들, 그러니까 주로 당신의 ADHD 증상이 얼마나 심한지와, 약 복용 외의 다른 것을 시도하는 것이 당신에게 얼마나 동기 부여가 되는지에 달려 있다. 나는 보통 두 가지를 다 권한다. 약은 많은 사람의 경우 효과가 좋으며 또 당신에게 큰 변화를 만들어줄 수 있다. 사실 약은 마음챙김의 능력, 특히 멈추고 충동을 제어하고 자기 반성을 하는 능력을 강화시키기도 한다. 그러나 만약 당신이 심각한 부작용을 경험하거나 약물에 의존하는 것을 최소화하기를 원한다면 인지 행동 치료(CBT)나 명상과 같은 비약물적 접근 방법들을 알아보아야 할 것이다. 특히 가벼운 증상을 가진 사람은 비약물적 접근만으로도 좋아질 수 있다.

다른 인지 훈련들과 마찬가지로 마음챙김과 같은 기술은 약을 보완할 수 있어서, 약의 양을 줄이거나, 또는 같은 수준을 유지하지만 ADHD 증상을 호전시킬 수 있다. 그러나 이 시점에서, 특별히 ADHD에 있어서 약 복용과 명상의 관계에 대한 연구는 아직 진행되고 있지 않다.

질문: ADHD 약물이 마음챙김 훈련에 방해가 될까 아니면 도움을 줄까?

시도해보고 관찰하라! 어떤 사람들은 ADHD 약물 복용이 정좌 명상 훈련을 할 때 집중하고 안절부절못함을 억제하도록 도와준다는 것을 발견했다. 또 어떤 사람들은 약물이 일을 할 때 성급하게 만든다는 것을 알고 약을 복용하지 않고 정좌 명상 하는 것을 더 선호한다. 앞서 말한 것처럼 어떤 환자들은 일상생활에서 각성제가 더 자연스럽게 돌이켜보게 하고 마음챙김을 하도록 만든다고 보고한다. 또 다른 이들은 무슨 일을 하든 더 의욕이 넘치고 더 잘 몰두한다고 느꼈다. 무엇을 선택하든 당신의 훈련과 일상 행동들의 결과를 관찰하는 데 마음챙김 자각을 사용할 수 있다.

질문: 나는 마음챙김을 포함하여 명상은 일종의 영적 훈련이라고 생각한다. 그것이 사실인가? 그렇다면 만약 내가 이미 영적 훈련을 했다면 어찌 되는가?

불교, 힌두교, 이슬람교, 기독교, 유대교에서 명상이 종종 영적 훈련인 것은 사실이다. 동시에 마음챙김은 신체와 심리 기능을 강화하고 뇌 건강을 증진하는 비종교적인 방법으로 이용될 수 있다. 마음챙김 명상은 이제 병원(예를 들면, UCLA 마음챙김 자각연구센터)에서 비종교적인 방식으로 가르치고 있다. 마음챙김을 이 방식으로 훈련할 때 다른 특별한 영적 관점을 가질 필요는 없다. 그러나 마음챙김의 비종교적인 훈련 과정에서도 종종 우애, 연민, 용서, 감사와 같은 주제에 따르는 윤리에 대하여 토론한다. 그런 보편적인 가르침은 그것이 무엇이건 관계없이 마음챙김 훈련을 지지하고 당신 자신의 영적 훈련과 연관 지을 수 있다.

질문: 명상 중에 마음은 텅 비어져야 하는가? 마음이 결코 멈추지 않는다.

명상이 어떻게 되어져야 하는지에 대해 많은 오해가 있고, 이것이 그 오해 중 하나다.

처음 명상 훈련을 시작할 때 마음이 얼마나 바쁜지 자주 알게 된다. 더 많은 훈련과 더 강한 이완으로 마음이 조용해지는 것을 경험하기도 하지만, 성공적인 마음챙김 경험을 하기 위해서 이런 마음 상태가 반드시 필요한 것은 아니다. 마음 상태가 어떻든 성공적인 훈련은 그 순간을 자각하는 것이다.

**질문: 마음챙김을 배우기 위해 정좌 명상을 해야 하는가?**

아니다. 일상생활에서 마음챙김 훈련을 할 수 있고, 마음챙김으로부터 배우고 혜택을 받을 수 있다. 예를 들면, 당신이 일상 중에 강한 정서들을 가지고 있다면 그 경험 중에 신체의 느낌을 주목하고 자기 연민(제6단계 참조)을 훈련함으로써 마음챙김 자각을 훈련할 수 있다. 또한 자각에 집중할 때 요가나 태극권, 무예와 같은 훈련들이 현재의 순간에 집중하는 좋은 훈련 방법이 될 것이다.

**질문: 왜 정좌 명상조차 힘든가?**

정좌 명상은 고요한 가운데 "아무것도 하지 않음"(일상생활의 대부분과 비교할 때)으로써 당신의 경험을 관찰하는 기회가 된다. 이것은 우리가 자각의 미묘한 변화를 보도록 도와주거나, 그렇지 않으면 알아차리지 못했던 것에 주목하도록 도와준다. 정좌 명상은 당신의 주의를 훈련하고 통찰력을 기르기 위한 "실험실"을 만들고 당신 자신을 새로운 방법으로 경험하는 데 도움이 될 것이다. 그런 이유로 나는 집에서나 강연이나 학회에 등록해서 적어도 몇 번 정좌 명상을 하기를 권한다. 일상생활에서 규칙적으로 정좌 명상을 지속하는 것이 어렵다 할지라도 그 경험은 매우 유익하며 나아가서 변화를 이끌어낼 것이다.

질문: 마음챙김을 하기 위해서는 비판단적이 되어야 한다. 그것은 내가 어떤 판단도 하지 않아야 한다는 것을 의미하는가, 아니면 '무엇이든 좋다'는 태도를 취해야 함을 의미하는가?

일상에서 우리는 때때로 누군가를 지나치게 비판적이거나 비난적인 사람으로 묘사하기 위해 "판단적"이라는 단어를 사용한다. 그러나 판단은 분별, 현명한 판단, 옳고 그름의 구별을 의미하기도 한다. 때때로 마음챙김 훈련을 시작하는 사람들은 좋은 판단일지라도 어떠한 판단도 해서는 안 되는 것에 대해 우려한다. 그래서 이 점을 명확히 하는 것이 중요하다.

마음챙김에서 비판단적 태도는 당신 자신과 전반적 좋은 평가의 건강한 관계를 발전시키는 첫걸음이다. 마음챙김 자기 관찰은 '초기에 판단을 유보함'으로써 모든 것을 명확하게 '좋다', '나쁘다'는 선입견 없이 보게 하는 '열림'을 만들어낸다. 이런 비판단적 태도는 우리의 생각과 느낌을 비반응의 방법으로 알아차리게 한다.

이런 초기의 태도는 무엇이든 완전한 수용을 허용하고, 관련된 것에 관한 자각을 확장시킨다. 그 과정에서 우리의 믿음은 완전히 시험받는다. 이렇게 해서 마음챙김은 일상생활에서 건전한 판단이 일어나는 길을 만들고, 필요하면 건강한 변화를 만든다. 비판단적인 관찰은 특히 윤리와 결합했을 때, 무엇이 도움이 되는지 아닌지, 무엇이 도덕적인지 아닌지 분별하도록 해준다. 이렇게 마음챙김과 좋은 판단은 서로 손을 잡고 간다.

# ADHD 증상 체크리스트

| 환자 이름 | | | | | 날짜 | |
|---|---|---|---|---|---|---|

다음 질문을 읽고 오른쪽에 평가 기준에 맞춰 답하시오. 자신이 어떻게 느끼고 행동하였는지를 가장 잘 설명하는 칸에 ×표 하시오.

| | 전혀 그렇지 않다 | 거의 그렇지 않다 (드물게 그렇다) | 약간 혹은 가끔 그렇다 | 자주 그렇다 | 매우 자주 그렇다 |
|---|---|---|---|---|---|
| 1. 어떤 일이 어려운 부분은 끝내 놓고, 그 일을 마무리 짓지 못해 곤란을 겪은 적이 있습니까? | | | | | |
| 2. 체계가 필요한 일을 해야 할 때 순서대로 진행하기 어려운 경우가 있습니까? | | | | | |
| 3. 약속이나 해야 할 일을 기억하는 데 곤란을 겪은 적이 있습니까? | | | | | |
| 4. 많은 생각이 필요한 일을 해야 할 때 그 일을 피하거나 미루는 경우가 있습니까? | | | | | |
| 5. 오래 앉아 있을 때 손을 만지작거리거나 발을 꼼지락거리는 경우가 있습니까? | | | | | |
| 6. 마치 모터가 달린 것처럼, 과도하게 혹은 멈출 수 없이 활동을 하는 경우가 있습니까? | | | | | |
| 파트 A | | | | | |
| 7. 지루하고 어려운 일을 할 때, 부주의해서 실수를 하는 경우가 있습니까? | | | | | |
| 8. 지루하고 반복적인 일을 할 때, 주의 집중이 힘든 경우가 있습니까? | | | | | |

| | | | |
|---|---|---|---|
| 9. 대화 중, 특히 상대방이 당신에게 직접적으로 말하고 있을 때에도 집중하기 힘든 경우가 있습니까? | | | |
| 10. 집이나 직장에서 물건을 엉뚱한 곳에 두거나 어디에 두셨는지 찾기 어려운 경우가 있습니까? | | | |
| 11. 주변에서 벌어지는 일이나 소음 때문에 주의가 산만해지는 경우가 있습니까? | | | |
| 12. 회의나 다른 사회적 상황에서, 계속 앉아 있어야 하는 곳에서 자리를 뜨는 경우가 있습니까? | | | |
| 13. 안절부절못하거나 조바심하는 경우가 있습니까? | | | |
| 14. 혼자 쉬고 있을 때, 긴장을 풀거나 마음을 편하게 갖기 어려운 경우가 있습니까? | | | |
| 15. 사회적 상황에서 나 혼자 말을 너무 많이 한다고 느끼는 경우가 있습니까? | | | |
| 16. 대화 도중 상대방이 말을 끝내기 전에 끼어들어 상대방의 말을 끊는 경우가 있습니까? | | | |
| 17. 차례를 지켜야 하는 상황에서 자신의 차례를 기다리는 것이 어려운 경우가 있습니까? | | | |
| 18. 다른 사람이 바쁘게 일할 때, 방해되는 행동을 하는 경우가 있습니까? | | | |

파트 B

세계보건기구 성인용 ADHD 자기 보고 척도(ASRS-v1.1) 증상 체크리스트 지시문.
www.shambhala.com/Mindfulness Prescription에서 이 표를 다운로드할 수 있습니다.

## 지시문

### 증상

1. 증상 체크리스트 파트 A와 파트 B의 모든 문항에 대해, 각 증상이 나타나는 빈도 중 가장 유사한 것을 골라 네모 칸에 × 표시를 하십시오.[1]
2. 파트 A를 채점하십시오. 파트 A에서 검게 칠한 부분에 표시한 문항수가 4개 이상이면 성인 ADHD일 가능성이 매우 높으며, 추가적인 평가가 필요합니다.
3. 파트 B 점수는 당신의 증상에 대한 추가 단서를 제공하며, 좀 더 정밀한 탐색을 가능하게 해줍니다. 특히 검게 칠한 부분에 표시가 되었을 경우에는 주의 깊게 살펴보아야 합니다.

### 기능 장애

1. 당신의 증상과 관련되어 나타나는 손상의 수준을 평가하십시오.
2. 직장 및 학교 상황, 사회적 상황 그리고 가정 상황을 고려하십시오.
3. 그 증상들이 업무 능력이나 가사 활동, 혹은 배우자나 주위 사람들과 지내는 데 어떤 영향을 미치고 있는지 생각하십시오.

### 아동기 유사 증상

이러한 증상이나 유사 증상 들이 어린 시절에도 있었는지 평가하십시오. 소아 ADHD 환자로 공식 진단받은 바가 없다 하더라도, 주의력이나 자기 통제의 문제가 어려서부터 그리고 오랜 기간 지속되어왔다는 증거를 찾아보십시오. 일부 중요한 증상들은 아동기부터 나타나지만, 모든 증상이 다 나타나는 것은 아닙니다.

## 요소

부주의 증상을 나타내는 질문: 1, 2, 3, 4, 7, 8, 9, 10, 11

과잉 행동 또는 충동성 증상을 나타내는 질문: 5, 6, 11, 12, 13, 14, 15, 16, 17, 18

# 마음챙김 훈련 목록

## 제1단계

훈련 1.1: 시각적 주의와 자각을 가지고 해보기

훈련 1.2: 비시각적 주의를 가지고 해보기

훈련 1.3: 오감에 맞추기

훈련 1.4: 마음챙김 먹기

## 제2단계

훈련 2.1: 세 곳에서 호흡 알아차리기

훈련 2.2: 마음챙김 호흡(CD 트랙 2)

훈련 2.3: 마음챙김 호흡과 걷기

## 제3단계

훈련 3.1: 음악 듣기

훈련 3.2: 소리, 호흡, 몸의 마음챙김(CD 트랙 3)

훈련 3.3: STOP

## 제4단계

훈련 4.1: 바디 스캔(CD 트랙 4)

훈련 4.2: 마음챙김 움직임

훈련 4.3: 마음챙김 걷기(CD 트랙 5)

훈련 4.4: 흔들기 명상과 춤 명상

훈련 4.5: 안절부절못함 다루기

## 제5단계

훈련 5.1: 하늘 같은 마음(CD 트랙 6)

훈련 5.2: 나무 아래서 생각 관찰하기

훈련 5.3: 바다 같은 마음

## 제6단계

훈련 6.1: 즐겁고, 불쾌하고, 중립적인 사건들

훈련 6.2: RAIN(CD 트랙 7)

훈련 6.3: 자애 명상(CD 트랙 8)

## 제7단계

훈련 7.1: 말할 때 STOP하기

훈련 7.2: 마음챙김 듣기와 말하기

훈련 7.3: 마음챙김 현존(CD 트랙 9)

## 제8단계

훈련 8.1: 일에 STOP 사용하기

훈련 8.2: 산 명상

훈련 8.3: 가치 워크시트

훈련 8.4: 숨을 들이쉬면서, "나는 …… 같다."

훈련 8.5: 좋은 습관 훈련하기

# 참고문헌

**독자들에게, 이번에는 좀 다르게 해보기를!**

1. Jeffrey M. Greeson, "Mindfulness Research Update: 2008," *Complementary Health Practice Review* 14, no. 1 (January 2009): 10-18; and Lisa Flook et al., "Effects of Mindful Awareness Practices on Executive Functions in Elementary School Children," Journal of Applied School Psychology 26, no. 1 (2010): 70-95.

2. Britta Hölzel et al., "Mindfulness Practice Leads to Increases in Regional Brain Gray Matter Density," *Psychiatry Research* 191, no. 1 (2011): 36-43; and Antoine Lutz et al., "Mental Training Enhances Attentional Stability: Neural and Behavioral Evidence," Journal of Neuroscience 29, no. 42 (October 2009): 13418-13427.

3. Lidia Zylowska et al., "Mindfulness Meditation Training in Adults and Adolescents with Attention Deficit Hyperactivity Disorder: A Feasibility Study," *Journal of Attention Disorders* 11, no. 6 (May 2008): 737-746.

**주의 집중의 다른 방법**

1. Jefferey N. Epstein and Yehoshua Tsal, "Evidence for Cognitive Training as a Treatment Strategy for Children with Attention-Deficit/Hyperactivity Disorder," *Journal of ADHD and Related Disorders* 1 no. 2 (2010):

49–64.

2. Kirk Warren Brown, Richard M. Ryan, and J. David Creswell, "Mindfulness: Theoretical Foundations and Evidence for Its Salutary Effects," *Psychological Inquiry* 18, no. 4 (2007): 211–237.

3. Lidia Zylowska, Susan Smalley, and Jeffrey Schwartz, "Mindfulness for Attention Deficit Hyperactivity Disorder," in *Clinical Handbook of Mindfulness*, ed. Fabrizio Didona (New York: Springer-Verlag, 2008); and Shruti Baijal and Rashmi Gupta, "Meditation-Based Training: A Possible Intervention for Attention Deficit Hyperactivity Disorder," *Psychiatry* 5, no. 4 (April 2008): 48–55.

4. Zindel V. Segal, J. Mark G. Williams, and John D. Teasdale, *Mindfulness-Based Cognitive Therapy for Depression: A New Approach to Preventing Relapse* (New York: Guilford, 2002).

5. Scott R. Bishop et al., "Mindfulness: A Proposed Operational Definition," *Clinical Psychology Science and Practice* 11, no. 3 (2004): 230–241.

6. Ruth A. Baer et al., "Construct Validity of the Five Facet Mindfulness Questionnaire in Meditating and Nonmeditating Samples," *Assessment* 15, no. 3 (2008): 329–342.

7. Jon Kabat-Zinn, *Full Catastrophe Living: Using the Wisdom of Your Body and Mind to Face Stress, Pain, and Illness* (New York: Delacorte Press, 1990).

8. Segal, Williams, and Teasdale.

9. For discussion of Dialectical Behavioral Therapy (DBT) and Acceptance Commitment Therapy (ACT), see Steven C. Hayes, Victoria M. Follette, and Marsha M. Linehan, eds., *Mindfulness and Acceptance: Expanding the Cognitive-Behavioral Tradition* (New York: Guilford, 2004). For mindfulness in Gestalt therapy, see Philip Brownell, *Gestalt Therapy: A Guide to Contemporary Practice* (New York: Springer, 2010).

10. Alberto Chiesa, Raffaella Calati, and Alessandro Serretti, "Does Mindfulness Training Improve Cognitive Abilities? A Systematic Review of Neuropsychological Findings," *Clinical Psychology Review* 31, no. 3 (April 2011): 449–464.

11. Melissa A. Tanner et al., "The Effects of The Transcendental Meditation

Program on Mindfulness," *Journal of Clinical Psychology* (2009): 574–589.

12. Susan L. Smalley et al., "Mindfulness and Attention Deficit Disorder," *Journal of Clinical Psychology* 65, no. 1 (2009): 1087–1098.

## ADHD에서 마음챙김과 자기 조절

1. Walter Mischel, Yuichi Shoda, and Monica L. Rodriguez, "Delay of Gratification in Children," *Science* n.s. 244, no. 4907 (May 1989): 933–938.

2. Jonah Lehrer, "Don't! The Secret of Self-Control," *New Yorker*, 18 May 2009, 26–32.

3. Russell A. Barkley, *ADHD and the Nature of Self-Control* (New York: Guilford, 1997). The 2006 paperback edition has a new afterword.

4. Russell A. Barkley, "The Nature of ADHD: The Executive Functions and Self Regulation," lecture at the 2010 CHADD Conference in Atlanta, GA, presented November 11, 2010.

5. Brandon J. Schmeichel and Roy F. Baumeister, "Self-Regulatory Strength," in Baumeister and Kathleen Vohs, eds., *Handbook of Self-Regulation*, 2nd ed. (New York: Guilford Press, 2011), 64–82.

6. Barkley, *ADHD and the Nature of Self-Control*.

7. Russell A. Barkley, *Taking Charge of Adult ADHD* (New York: Guilford Press, 2010).

8. Lidia Zylowska, Susan Smalley, and Jeffrey Schwartz, "Mindfulness for Attention Deficit Hyperactivity Disorder," in *Clinical Handbook of Mindfulness,* ed. Fabrizio Didona (New York: Springer-Verlag, 2008); and Shruti Baijal and Rashmi Gupta, "Meditation-Based Training: A Possible Intervention for Attention Deficit Hyperactivity Disorder," *Psychiatry* 5, no. 4 (April 2008): 48–55.

9. Bernd Hesslinger et al., "Psychotherapy of Attention Deficit Hyperactivity Disorder in Adults: A Pilot Study Using a Structured Skills Training Program," *European Archives of Psychiatry and Clinical Neuroscience* 252, no. 4 (2002): 177–184; and Alexandra Philipsen et al., "Structured Group Psychotherapy in Adults with Attention Deficit Hyperactivity

Disorder: Results of an Open Multicentre Study," *Journal of Nervous and Mental Disease* 195, no. 12 (2007): 1013-1019.

10. Philipsen et al., 1013-1019.

11. Nirbhay N. Singh et al., "Mindfulness Training for Parents and Their Children with ADHD Increases the Children's Compliance," *Journal of Child and Family Studies* 19, no. 2 (2010): 157-166.

12. Saskia van der Oord, Susan M. Bögels, and Dorreke Peijnenburg, "The Effectiveness of Mindfulness Training for Children with ADHD and Mindful Parenting for their Parents," *Journal of Child Family Studies* (February 2011): 1-9.

13. Linda J. Harrison, Ramesh Manocha, and Katya Rubia, "Sahaja Yoga Meditation as Family Treatment Programme for Children with Attention Deficit Hyperactivity Disorder," *Clinical Child Psychology and Psychiatry* 9, no. 4 (2004): 479-497.

14. Sarina J. Grosswald et al., "Use of the Transcendental Meditation Technique to Reduce Symptoms of Attention Deficit Hyperactivity Disorder (ADHD) by Reducing Stress and Anxiety: An Exploratory Study," *Current Issues in Education* 10, no. 2 (December 2008), http://cie.asu.edu/volume10/number2/.

15. Peng Pang, "Alternative Treatment for Teenagers with Mental Illness: Results from a Twelve-Week Controlled Pilot Study," American Psychiatric Association 2010 Annual Meeting, abstract NR2-77, presented 24 May 2010; and Maria Hernandez-Reif, Tiffany Field, and Eric Thimas, "Adolescents with Attention Deficit Hyperactivity Disorder Benefit from Tai Chi," *Journal of Bodywork and Movement Therapies* 5, no. 2 (2001): 120-123.

16. Amishi P. Jha, Jason Krompinger, and Michael J. Baime, "Mindfulness Training Modifies Subsystems of Attention," *Cognitive, Affective, & Behavioral Neuroscience* 7, no. 2 (2007): 109-119.

17. Katherine A. MacLean et al., "Intensive Meditation Training Improves Perceptual Discrimination and Sustained Attention," *Psychological Science* 21, no. 6 (2010): 829-839.

18. Alberto Chiesa, Raffaella Calati, and Alessandro Serretti, "Does Mind-

fulness Training Improve Cognitive Abilities? A Systematic Review of Neuropsychological Findings," *Clinical Psychology Review* 31, no. 3 (April 2011): 449–464.

19. Richard Chambers, Barbara Chuen Yee Lo, and Nicholas B. Allen, "The Impact of Intensive Mindfulness Training on Attentional Control, Cognitive Style, and Affect," *Cognitive Therapy and Research* 32, no. 3 (2008): 303–322.

20. Amishi P. Jha et al., "Examining the Protective Effects of Mindfulness Training on Working Memory Capacity and Affective Experience," *Emotion* 10, no. 1 (2010): 54–64.

21. Lisa Flook et al., "Effects of Mindful Awareness Practices on Executive Functions in Elementary School Children," *Journal of Applied School Psychology* 26, no. 1 (2010): 70–95.

22. Russell A. Barkley and Mariellen Fischer, "The Unique Contribution of Emotional Impulsiveness to Impairment in Major Life Activities in Hyperactive Children as Adults," *Journal of the American Academy of Child and Adolescent Psychiatry* 49, no. 5 (May 2010): 503–513.

23. Richard Chambers, Eleonora Gullone, and Nicholas B. Allen, "Mindful Emotion Regulation: An Integrative Review," *Clinical Psychology Review* 29 (2009): 560–572.

24. John D. Teasdale et al., "Prevention of Relapse/Recurrence in Major Depression by Mindfulness-Based Cognitive Therapy," *Journal of Consulting and Clinical Psychology* 68, no. 4 (2000): 615–623.

25. Willem Kuyken et al., "Mindfulness-Based Cognitive Therapy to Prevent Relapse in Recurrent Depression," *Journal of Consulting and Clinical Psychology* 76 (2008): 966–978.

26. Kirk Warren Brown and Richard M. Ryan, "The Benefits of Being Present: Mindfulness and Its Role in Psychological Well-Being," *Journal of Personality and Social Psychology* 84, no. 4 (2003): 822–848.

27. Nirbhay N. Singh et al., "Individuals with Mental Illness Can Control Their Aggressive Behavior through Mindfulness Training," *Behavior Modification* 31, no. 3 (May 2007): 313–328.

28. Jeffrey M. Greeson, "Mindfulness Research Update: 2008," *Complementary*

*Health Practice Review* 14, no. 1 (January 2009): 10–18.

29. Rodrigo Escobar et al., "Worse Quality of Life for Children with Newly Diagnosed Attention-Deficit/Hyperactivity Disorder, Compared with Asthmatic and Healthy Children," *Pediatrics* 116, no. 3 (September 2005): 364–369.

30. Val A. Harpin, "The Effect of ADHD on the Life of an Individual, Their Family, and Community from Preschool to Adult Life," *Archives of Disease in Childhood* 90, suppl. 1 (February 2005): i2–i7.

31. The Mindfulness Research Guide at www.mindfulexperience.org/publications.php.

32. Richard J. Davidson et al., "Alterations in Brain and Immune Function Produced by Mindfulness Meditation," *Psychosomatic Medicine* 65, no. 4 (2003): 564–570.

33. Harpin and Laurel Eakin, et al., "The Marital and Family Functioning of Adults with ADHD and Their Spouses," in *Journal of Attention Disorders* 8 no 1 (2004): 1–10.

34. David W. Goodman, "The Consequences of Attention-Deficit/Hyperactivity Disorder in Adults," *Journal of Psychiatric Practice* 13, no. 5 (2007): 318–327.

35. Daniel J. Siegel, *The Mindful Brain: Reflection and Attunement in the Cultivation of Well-Being* (New York: Norton, 2007).

36. James W. Carson et al., "Mindfulness-Based Relationship Enhancement," *Behavior Therapy* 35, no. 3 (2004): 471–494.

37. Ludwig Grepmair et al., "Promoting Mindfulness in Psychotherapists in Training Influences the Treatment Results of Their Patients: A Randomized, Double-Blind, Controlled Study," *Psychotherapy and Psychosomatics* 76, no. 6 (2007): 332–338.

38. Sharon Begley, *Train Your Mind, Change Your Brain: How a New Science Reveals Our Extraordinary Potential to Transform Ourselves* (New York: Ballantine Books, 2007); and Jeffrey M. Schwartz and Sharon Begley, *The Mind and the Brain: Neuroplasticity and the Power of Mental Force* (New York: HarperCollins, 2002).

39. Eleanor A. Maguire, Katherine Woollett, and Hugo J. Spiers. "London

Taxi Drivers and Bus Drivers: A Structural MRI and Neuropsychological Analysis," *Hippocampus* 16 (2006): 1091-1101.

40. Torkel Klingberg et al., "Computerized Training of Working Memory in Children with ADHD: A Randomized, Controlled Trial," *Journal of the American Academy of Child and Adolescent Psychiatry* 44, no. 2 (2005): 177-186.

41. Gregg H. Recanzone, Christoph E. Schreiner, and Michael M. Merzenich, "Plasticity in the Frequency Representation of Primary Auditory Cortex following Discrimination Training in Adult Owl Monkeys," *Journal of Neuroscience* 13, no. 1 (January 1993): 87-103.

42. Sara W. Lazar et al., "Meditation Experience Is Associated with Increased Cortical Thickness," *Neuroreport* 16, no. 17 (2005): 1893-1897.

43. Heleen A. Slagter et al., "Mental Training Affects Distribution of Limited Brain Resources," *PLoS Biology* 5, no. 6 (June 2007): e138.

44. Yi-Yuan Tang et al., "Short-Term Meditation Training Improves Attention and Self-Regulation," *PNAS* 104, no. 43 (2007): 17152-17156.

45. Britta Hölzel et al., "Mindfulness Practice Leads to Increases in Regional Brain Gray Matter Density," *Psychiatry Research* 191, no. 1 (January 2011): 36-43.

## 8단계 프로그램을 위한 준비

1. J. David Creswell et al., "Neural Correlates of Disposition Mindfulness during Affect Labeling," *Psychosomatic Medicine* 69, no. 6 (2007): 560-565.

## 제1단계 좀 더 현재에 머물라

1. Michael Posner et al., "Analyzing and Shaping Human Attentional Networks," *Neural Networks* 19, no. 9 (November 2006): 1422-1429.

2. Jennifer C. Mullane et al., "Alerting, Orienting, and Executive Attention in Children with ADHD," *Journal of Attention Disorders* 15, no. 4 (May 2011): 310-320.

3. Named after the Danish psychologist Edgar Rubin, who first presented this optical illusion in his 1915 study *Synsoplevede Figurer* (Visual Figures).

4. I am indebted to the psychologist and neurofeedback pioneer Dr. Les Fehmi for emphasizing the *awareness of space, timelessness, nothingness, or absence* in facilitation of an open-awareness state. Dr. Fehmi has described an approach similar to mindfulness derived from his work with neurofeedback. His book *Open-Focus Brain: Harnessing the Power of Attention to Heal Mind and Body* (with Jim Robbins; Boston: Trumpeter, 2007) describes practices such as looking at a painting, noticing its foreground, expanding the focus to simultaneously include its background, then expanding the focus further to include the awareness of space between yourself and the painting.

5. The raisin exercise was first described in Jon Kabat-Zinn, *Full Catastrophe Living: Using the Wisdom of Your Body and Mind to Face Stress, Pain, and Illness* (New York: Delacorte Press, 1990).

## 제3단계 당신의 자각을 주도하고 닻을 내리라

1. Devarajan Sridharan et al., "Neural Dynamics of Event Segmentation in Music: Converging Evidence for Dissociable Ventral and Dorsal Streams," *Neuron* 55, no. 3 (August 2007): 521-532.

## 제4단계 당신의 몸에 귀를 기울이라

1. The body-scan exercise is modeled after one described in Jon Kabat-Zinn, *Full Catastrophe Living: Using the Wisdom of Your Body and Mind to Face Stress, Pain, and Illness* (New York: Delacorte Press, 1990).

2. Ellen Fliers et al., "Motor Coordination Problems in Children and Adolescents with ADHD Rated by Parents and Teachers: Effects of Age and Gender," *Journal of Neural Transmission* 115, no. 2 (2008): 11-20.

3. Mariya V. Cherkasova and Lily Hechtman, "Neuroimaging in Attention-Deficit Hyperactivity Disorder: Beyond the Frontostriatal Circuitry," *Canadian Journal of Psychiatry* 54, no. 10 (October 2009): 651-664.

4. Dana R. Carney, Amy J. C. Cuddy, and Andy J. Yap, "Power Posing: Brief Nonverbal Displays Affect Neuroendocrine Levels and Risk Tolerance," *Psychological Science* 21, no. 10 (October 2010): 1363-1368.

5. James Gordon, *Unstuck: Your Guide to the Seven-Stage Journey Out of Depression* (New York: Penguin, 2008).

## 제5단계 당신의 마음을 관찰하라

1. Julie Sarno Owens et al., "A Critical Review of Self-Perceptions and the Positive Illusory Bias in Children with ADHD," *Clinical Child and Family Psychology Review* 10, no. 4 (2007): 335-351.

2. Nicole M. Evangelista et al., "The Positive Illusory Bias: Do Inflated Self-Perceptions in Children with ADHD Generalize to Perceptions of Others?" *Journal of Abnormal Child Psychology* 36, no. 5 (July 2008): 779-791.

3. Laura E. Knouse et al., "Accuracy of Self-Evaluation in Adults with ADHD: Evidence from a Driving Study," *Journal of Attention Disorders* 8, no. 4 (May 2005): 221-234.

4. Catherine M. Golden, "The Positive Illusory Bias: An Examination of Self-Perceptions in Adults with ADHD Symptomatology" (master's thesis, Ohio University, 2007), http://etd.ohiolink.edu/send-pdf.cgi/Golden%20Catherine%20M.pdf?ohiou1169218713.

5. Norman A. S. Farb et al., "Attending to the Present: Mindfulness Meditation Reveals Distinct Neural Modes of Self-Reference," *Social Cognitive and Affective Neuroscience* 2, no. 4 (2007): 313-322.

6. Ed Watkins and John D. Teasdale, "Rumination and Overgeneral Memory in Depression: Effects of Self-Focus and Analytic Thinking," *Journal of Abnormal Psychology* 110, no. 2 (May 2001): 353-357.

7. Richard J. Davidson, "Well-Being and Affective Style: Neural Substrates and Biobehavioural Correlates," *Philosophical Transactions of the Royal Society* 359 (2004): 1395-1411.

8. Kalina Christoff, Alan Gordon, and Rachell Smith, "The Role of Spontaneous Thought in Human Cognition," in *Neuroscience of Decision Making*, eds. Oshin Vartanian and David R. Mandel (London: Psychology Press, 2011); and Kalina Christoff et al., "Experience Sampling during fMRI Reveals Default Network and Executive System Contributions to Mind Wandering," *Proceedings of the National*

*Academy of Sciences* 106, no. 21 (2009): 8719-8724.

9. Kalina Christoff et al. (2009), pp. 8719-8724.

10. Jonathan W. Schooler, "Re-representing Consciousness: Dissociations between Experience and Meta-Consciousness." *Trends in Cognitive Sciences* 6, no. 8 (August 2002): 339-344, and personal communication, September 24, 2010.

11. Marsha M. Linehan, *Skills Training Manual for Treating Borderline Personality Disorder* (New York: Guilford, 1993).

12. Bernd Hesslinger et al., "Psychotherapy of Attention Deficit Hyperactivity Disorder in Adults: A Pilot Study Using a Structured Skills Training Program," *European Archives of Psychiatry and Clinical Neuroscience* 252, no. 4 (2002): 177-184.

13. http://en.wikipedia.org/wiki/Serenity_Prayer. Accessed October 1, 2010.

14. Steven A. Safren et al., *Mastering Your Adult ADHD: A Cognitive-Behavioral Treatment Program: Client Workbook* (New York: Oxford University Press, 2005). Originally described in Michael W. Otto, "Stories and Metaphors in Cognitive-Behavior Therapy," *Cognitive-Behavioral Practice* 7, no. 2 (2000), pp. 166-172.

15. Aaron T. Beck, Cognitive Therapy and the Emotional Disorders (Madison, CT: International Universities Press, Inc., 1975).

## 제6단계 당신의 정서를 관리하라

1. Russell A. Barkley and Mariellen Fischer, "The Unique Contribution of Emotional Impulsiveness to Impairment in Major Life Activities in Hyperactive Children as Adults," *Journal of the American Academy of Child and Adolescent Psychiatry* 49, no. 5 (May 2010): 503-513.

2. Paul Ekman, *Emotions Revealed: Recognizing Faces and Feelings to Improve Communication and Emotional Life* (New York: Times Books, 2003).

3. This exercise is adapted from Jon Kabat-Zinn's MBSR program in *Full Catastrophe Living: Using the Wisdom of Your Body and Mind to Face Stress, Pain, and Illness* (New York: Delacorte Press, 1990).

4. Marsha M. Linehan, *Skills Training Manual for Treating Borderline*

*Personality Disorder* (New York: Guilford, 1993).

5. Mark R. Leary et al., "Self-Compassion and Reactions to Unpleasant Self-Relevant Events: The Implications of Treating Oneself Kindly," *Journal of Personality and Social Psychology* 92, no. 5 (2007): 887-904.

6. Barbara Fredrickson, "The Value of Positive Emotions," *American Scientist* 91, no. 4 (July-August 2003): 330-335.

7. Robert A. Emmons, *Thanks! How the New Science of Gratitude Can Make You Happier* (Boston: Houghton Mifflin, 2007).

8. Deborah D. Danner, David A. Snowdon, and Wallace V. Friesen, "Positive Emotions in Early Life and Longevity: Findings from the Nun Study," *Journal of Personality and Social Psychology* 80, no. 5 (2001): 804-813.

9. The HUMAINE Emotion Annotation and Representation Language (EARL). The emotion categories are from http://emotion-research.net/ projects/humaine/earl/proposal#Categories. See E. Douglas-Cowie et al., "The HUMAINE Database: Addressing the Collection and Annotation of Naturalistic and Induced Emotional Data," in *Proceedings of the Affective Computing and Intelligent Interaction* (Lisbon, Portugal, 2007), pp. 488-500. Retrieved from http://dx.doi.org/10.1007/978-3-540-74889-2_43.

## 제7단계 기술적으로 대화하라

1. Philip Shaw et al., "Attention-Deficit/Hyperactivity Disorder Is Characterized by a Delay in Cortical Maturation," *PNAS* 104, no. 49 (December 2007): 19649-19654.

## 제8단계 효과적이도록 속도를 늦추라

1. Steven Hayes, *Get Out of Your Mind and Into Your Life: The New Acceptance and Commitment Therapy* (Oakland, Calif.: New Harbinger, 2005).

2. Mary Pipher, *Reviving Ophelia: Saving the Selves of Adolescent Girls* (New York: Ballantine, 1995), 157.

3. Russell A. Barkley, Keven R. Murphy, and Tracie Bush, "Time Perception

and Reproduction in Young Adults with Attention Deficit Hyperactivity Disorder," *Neuropsychology* 15, no. 3 (July 2001): 351–360; and Eve M. Valera et al., "Neural Substrates of Impaired Sensorimotor Timing in Adult Attention–Deficit/Hyperactivity Disorder," *Biological Psychiatry* 68, no. 4 (August 2010): 359–367.

## 총괄하기

1. See, for example, the website of the Association for Mindfulness in Education, at http://www.mindfuleducation.org/about.html.

## ADHD 증상 체크리스트

1. The World Health Organization Adult ADHD Self–Report Scale (ASRS–v1.1) Symptom Checklist. See R. C. Kessler et al., "The World Health Organization Adult ADHD Self–Report Scale (ASRS): A Short Screening Scale for Use in the General Population," in *Psychological Medicine* 35 no. 2 (Feb. 2005): 245–256.

# 찾아보기

# ADHD를 위한 마음챙김 처방

주의력 강화와 정서 관리, 목표 성취를 위한 8단계 프로그램

초판 1쇄 발행 | 2016년 3월 5일
초판 3쇄 발행 | 2024년 9월 15일

지은이 | 리디아 자일로스카
옮긴이 | 조현주·김선일
조향미·김찬우
펴낸이 | 조승식
펴낸곳 | 도서출판 북스힐
등록 | 1998년 7월 28일 제22-457호
주소 | 서울시 강북구 한천로 153길 17
전화 | 02-994-0071
팩스 | 02-994-0073
블로그 | blog.naver.com/booksgogo
이메일 | bookshill@bookshill.com

값 15,000원
ISBN 978-89-5526-998-7